U0451266

国家金融与发展实验室支付清算研究中心文库

金融科技与支付变革
——技术、模式与账户

FINTECH AND PAYMENT REFORM
TECHNOLOGY, MODEL AND ACCOUNT

杨涛 李鑫 赵亮 著

中国社会科学出版社

图书在版编目（CIP）数据

金融科技与支付变革：技术、模式与账户 / 杨涛，李鑫，赵亮著．
—北京：中国社会科学出版社，2019.9（2020.3 重印）
（国家金融与发展实验室支付清算研究中心文库）
ISBN 978 - 7 - 5203 - 5069 - 3

Ⅰ.①金⋯　Ⅱ.①杨⋯②李⋯③赵⋯　Ⅲ.①支付方式—研究—中国　Ⅳ.①F832.6

中国版本图书馆 CIP 数据核字（2019）第 196538 号

出 版 人	赵剑英
责任编辑	喻　苗
责任校对	胡新芳
责任印制	王　超

出　　版		中国社会科学出版社
社　　址		北京鼓楼西大街甲 158 号
邮　　编		100720
网　　址		http://www.csspw.cn
发 行 部		010 - 84083685
门 市 部		010 - 84029450
经　　销		新华书店及其他书店

印　　刷		北京君升印刷有限公司
装　　订		廊坊市广阳区广增装订厂
版　　次		2019 年 9 月第 1 版
印　　次		2020 年 3 月第 2 次印刷

开　　本		710×1000　1/16
印　　张		17.25
插　　页		2
字　　数		225 千字
定　　价		79.00 元

凡购买中国社会科学出版社图书，如有质量问题请与本社营销中心联系调换
电话:010 - 84083683
版权所有　侵权必究

国家金融与发展实验室支付清算研究中心

2005年,为适应支付清算理论和实践的发展需要,中国社会科学院批准设立了金融研究所支付清算研究中心,专门从事支付清算理论、政策、行业、技术等方面的重大问题研究。2012年以来,各国对《金融市场基础设施原则》(PFMI)加快落实。2013年,党的十八届三中全会《关于全面深化改革若干重大问题的决定》也指出要"加强金融基础设施建设,保障金融市场安全高效运行和整体稳定"。之后,支付清算体系在现代金融理论、政策、实践等方面的重要性不断显现,本中心的一系列成果也得到了各方的关注和好评。

2015年5月27日,"国家金融与发展实验室"经中国社会科学院院务会批准设立。同年11月10日,中共中央全面深化改革领导小组第十八次会议批准国家金融与发展实验室为国家首批高端智库。根据中央与中国社会科学院的安排,"中国社会科学院金融研究所支付清算研究中心"同时被整合成为实验室的下属研究机构,《中国支付清算发展报告》也因此成为国家金融与发展实验室的系列年度成果之一。

研究中心的团队由专职研究人员、特约研究员和博士后等组成。主要宗旨是:跟踪研究国内外支付清算领域的前沿问题和动态、支付清算行业发展新状况、法规政策的变化，围绕支付清算体系的改革与发展开展各类学术研究、政策研究，推动支付清算市场的创新活动，通过举办研讨会、开展课题研究、咨询和培训等形式来促进支付清算系统及监管的改革与发展。研究中心每年组织编写《中国支付清算发展报告》，每月组织编写《支付清算评论》。研究中心网站：http://www.rcps.org.cn/。

主要编撰者

杨涛 研究员，博士生导师，拥有中国注册会计师与律师资格证书。现为国家金融与发展实验室副主任，中国社会科学院金融研究所所长助理、产业金融研究基地主任、支付清算研究中心主任，中国社科院陆家嘴研究基地理事。主要学术兼职包括：中国人民银行支付结算司外部专家、中国银行间市场交易商协会交易专委会委员、中国保险行业协会学校教育专委会副主任委员、中国支付清算协会金融科技专委会副主任委员、中国投资协会理事、互联网金融安全技术工信部重点实验室学术委员、中国人民大学国际货币研究所学术委员、北京市金融学会学术委员、金融科技 50 人论坛首席经济学家、文化金融 50 人论坛学术委员、上海立信会计金融学院特聘教授、山东省现代金融服务产业智库专家、广州市文化产业智库专家、青岛金家岭金融区财富管理智库专家等。主要研究领域包括：宏观金融与政策、产业金融、金融科技、支付清算等。

李鑫 男，1983 年生，河北石家庄人，经济学博士，现为中国民生银行研究院研究员，国家金融与发展实验室特聘研究员。主要研究领域为创新理论、金融科技、商业银行、支付清算。

赵亮，男，1982 年生，天津市人，中国进出口银行高级经理，中国社会科学院金融研究所博士,特许金融分析师(CFA)、金融风险管理师(FRM)、美国注册会计师(AICPA)以及注册管理会计师(CMA)持证人,主要研究领域为支付清算理论与政策、金融科技与风险管理。

前　言

当前，在历经多年耕耘之后，我国支付市场已经取得了令人瞩目的发展成就，某些领域在全球也逐渐居于前列。但在大干快上的高速发展之后，则需要进一步夯实创新的土壤，协调多元化的改革目标，并让浑水摸鱼的"劣币"退出市场。

对此，需深入思考如何充分落实金融市场基础设施原则，把握好效率与风险的"跷跷板"。金融市场基础设施（Financial Market Infrastructures，FMIs）是当前最重要而且具有挑战性的金融研究领域之一，主要包括支付系统（Payment System）、中央证券存管（Central Securities Depository）、证券结算系统（Securities Settlement System）、中央对手（Central Counterparty）、交易数据库（Trade Repository）。进入 21 世纪以来，尤其是 2008 年国际金融危机之后，各国都更加关注 FMIs 的稳健性与安全性。2012 年，CPSS（2014 年 9 月更名为 CPMI）和 IOSCO（International Organization of Securities Commissions）联合发布出版了金融市场基础设施原则（PFMI），旨在形成全球共同努力完善金融市场基础设施的"软法"。

在 PFMI 原则的九大方面里，加强全面风险管理成为主要内容，篇幅远大于其他要素。这是因为金融市场基础设施具有其特殊性，正如前美联储主席格林斯潘在其回忆录中写道："若是要存心搞垮美国经济，只需摧毁电子支付系统就行了。"支付清算基础设施如同经济基础设施一样，在初期严重缺乏的时候，需要加大建设力度，尽快布局，从而保障金融"交通和物流"的顺畅。但到了一定阶段之后，就需全面提高建设质量，严格防止"豆腐渣工程"和低效项目。虽然近两年欧美也开始强调支付市场效率，但其已有多年的严格监管和工程质量监督机制。相比而言，我国则到了需大力抓好金融基础设施"项目监理"、有效防范风险的时点，当然这一"跷跷板"将来也是动态变化的。

进一步来看，支付监管与政策是支付体系健康运行的重要保障。我们认为重点包括：一是创新监管方式，实现分类、分层、奖优罚劣；二是短期整治加上长效机制和顶层设计；三是规范与创新政策并重；四是将金融消费者权益保护作为重中之重；五是充分发挥自律机制的作用；六是积极借鉴国外经验，重点优化支付清算基础设施监管协调机制。

当然，在中央强调金融供给侧结构性改革的大环境下，还需要重视优化支付市场供给与培育有效需求，改善支付体系的稳健性与弹性。

一方面，与日益增长的经济金融创新和发展需求相比，我国的金融基础设施有效供给仍然严重不足。就零售支付而言，这种有效供给更需强调结构与质量，而非唯数量论。例如，几百家拥有支付牌照的机构曾被作为改革成就，但当众多机构业务单一、同质甚至难以为继，某些"壳"牌照价格被恶炒至天价之时，显然市场需要挤出泡沫和无效供给，构建更加严格的违规惩罚与退出机制。再如，处于灰色地带、无证从事支付业务的机构也数量众多，尤其是打着创新名义的某些模式，其风险不容小觑。还有，同样是电子支付业务，非银行支付机构的处理金额远远低于银行，处理笔数却逐渐超过银行，表明二者的服务定位差异。当然，除了零售支付之外，大额支付、证券清算结算设施等也面临优化供给的迫切性。

另一方面，就需求而言，首先需要培育居民、企业和其他机构的有效支付清算需求，认清过于"花哨"和短期"过渡性"需求的局限性。支付如同道路设施一样，其提供的基本功能还是交通，路边设置广告宣传当然有必要，但如果太吸引眼球，或许也会带来事故多发。再如，以零售支付创新来促进消费非常重要，但如果居民收入、社会保障等条件跟不上，则便利支付加上金融杠杆共同作用于消费行为，最终不一定有利于居民福利提升。

长远来看，持续推动支付清算创新与发展，也是题中应有之义。只有把支付"蛋糕"做大做优，提升其"交通效率"，才能真正实现各方共赢。当然，未来应当引导的创新思路，是从规避型、套利型创新，真正转向效率型、深化型创新。

我们看到，金融科技的新技术将全面影响支付清算基础设施，包括支付工具、交易模式、清结算流程、支付中介与组织、支付账户体系、监管政策，等等。

在工具层面上的创新，包括一般非接触式支付创新、智能穿戴设备支付创新、生物识别技术支付创新等，以及新近出现的"无支付环节"的虚拟支付方式创新和设想，即融合支付安全和支付效率的综合性支付技术创新，例如，将个人生物特征识别与云计算等技术结合，无须中间环节的个人身份、账户和信用水平等识别，消灭支付载体，直接完成支付。这些在创新路径上有一些共同特征，即围绕支付安全，利用各种网络虚拟技术，开发各种摆脱传统有形的身份、资金认证载体约束的新技术，让支付变得更加安全、便捷和高效，让支付不受外在载体和中介的约束，大大降低支付过程中的交易成本。

必须看到的是，我们可以借助新技术解决现有支付体系的诸多难点，包括进一步降低复杂性（尤其是涉及多个参与方的跨行、跨境交易）、改善端到端交易速度和资产可得性、降低多个交易记录持有方的沟通成本、提高交易记录的透明性和不变性、通过改善数据管理提高网络灵活性、降低运营和金融风险。

在未来，金融科技改变金融体系的一个重要切入点依然是支付清算，即货币的交易媒介职能。金融科技公司能否实现蜕变，关键在于能否构建不可逆的新商业模式。而相较其他融资、投资活动而言，居民的支付行为才具有某种路径依赖性，可以维护一定的客户忠实度。当然，支付创新是否能真正让客户和资金脱媒，使金融科技公司蜕变为新型金融中介，一方面取决于新型商业模式产生的客户依存度，另一方面则取决于金融监管主体对金融科技公司的定位和监管。

此外，新支付时代核心竞争力来源于场景建设。对此，无论是银行业还是非银行支付机构，未来在新兴电子支付发展中面临的挑战是趋于相似的，过去无非是第三方支付机构创新的空间和动力更大些，银行类机构创新的空间和动力更小些。不管大还是小，过去在新兴电子支付领域的发展动力，主要来自于供给端，也就是支付技术的演变所带来的各种各样令人"脑洞大开"的支付工具创新，尤其体现在移动支付领域。

但是未来，这种以技术推动的创新应该一定程度上进行转移和转向，更多转为需求导向，深刻扎根于客户的需求。过去是从技术变革来实现"供给创造需求"，但是很多支付体验可能会脱离客户的现实需求。未来从导向上来说，强调从需求出发、技术为辅，实际上就是重视场景建设。比较而言，部分支付机构在这方面已经走到了前面，银行业如果故步自封，即便有众多政策与资源优势，也将在未来的激烈竞争中逐渐落后。当然在新的政策思路引导下，也可能出现银行与支付机构的"共赢"发展。以移动互联网支付为例，场景建设的核心在于两个层面的内容，一是打造移动支付生态体系，也就是创造移动支付发展的环境；二是在此基础上，构建移动超市或精品店。所谓超市，意味着可能是一个综合性的、有实力的机构，提供的是依托于支付端基础上丰富的金融和非金融服务；所谓精品店，可能是一个某些方面具有特色和优势的机构，提供的是支付基础上的某些特色服务。那么与大银行相比，中小银行和支付机构的生存与发展空间，更多是着眼于移动服务精品店。

总之，伴随金融科技时代的来临，支付清算体系的创新被赋予了更加丰富的内涵。有鉴于此，支付清算研究中心近年来围绕相关热点、难点问题，展开了一系列课题研究，本书便是由其中的三篇重要报告组成，包括"分布式账本技术在金融支付领域的应用与发展趋势""卡组织及四方模式理论创新""境内外支付账户体系创新发展比较及对境内账户监管的建议"，试图从理论、技术、产业、组织、制度、规则的不同层面，深入探讨当前支付清算体系存在的问题、创新的动力、变革的方向。

本书由杨涛负责全书组织编写、部分内容撰写、统稿和审定。李鑫负责三章报告主要内容的执笔、撰写及统编。赵亮负责第三章部分内容的执笔及统编。

本书在写作过程中得到了中国人民银行支付结算司、中国支付清算协会、中国银联和金融科技50人论坛（CFT50）的大力支持和帮助，中国社会科学出版社为本书的出版付出了不懈的努力，在此一并表示真挚感谢！

目　　录

**第一章　分布式账本技术在金融支付领域的应用与
　　　　发展趋势** …………………………………………………（1）
　第一节　分布式账本的技术特征及基本概念剖析……………（3）
　　一　分布式账本的起源与概念内涵……………………………（3）
　　二　区块链技术的应用逻辑……………………………………（5）
　　三　区块链技术的应用类型 ……………………………………（10）
　　四　区块链模式的设计理念及优越性 …………………………（16）
　　五　分布式账本技术面临的问题及挑战 ………………………（21）
　第二节　区块链技术在全球范围内的发展状况考察 …………（26）
　　一　全球区块链投融资情况 ……………………………………（26）
　　二　基于区块链的应用开发 ……………………………………（33）
　　三　区块链领域的一些最新进展 ………………………………（39）
　第三节　对区块链应用于支付清算领域的理论探讨 …………（40）
　　一　区块链应用于经济金融领域的理论支撑 …………………（40）
　　二　区块链在支付清算领域的适用性分析：基于
　　　　文献的探究 …………………………………………………（45）
　　三　国内外的相关案例 …………………………………………（58）
　第四节　区块链在我国支付清算体系中的应用 ………………（64）
　　一　基本思路：多中心与弱中心 ………………………………（64）

  二 重点环节 …………………………………………… (68)
  三 政策与制度保障 ……………………………………… (71)

第二章 卡组织及四方模式理论创新 ……………………… (76)
第一节 银行卡组织及四方模式 ………………………… (77)
  一 银行卡、银行卡产业及银行卡组织 ……………… (77)
  二 银行卡组织的双边市场特征与自然垄断特征 …… (80)
  三 四方模式与三方模式的对比分析 ………………… (84)
  四 中国的卡组织发展及其对银行卡产业的
    促进作用 ……………………………………………… (90)
第二节 卡组织维权及其在互联网时代的变化 ………… (101)
  一 四方模式下的卡组织维权 ………………………… (101)
  二 互联网时代的银行卡产业发展 …………………… (105)
  三 对卡组织维权带来的冲击 ………………………… (122)
第三节 维权成本攀升的表层原因 ……………………… (123)
  一 第三方支付的粗放生长 …………………………… (123)
  二 支付机构与银行的数据之争 ……………………… (127)
  三 监管政策探索 ……………………………………… (131)
  四 清算市场竞争度提升 ……………………………… (134)
  五 银行卡产业结构的变化 …………………………… (137)
第四节 维权成本攀升的深层原因：三方模式与
    四方模式之争 ……………………………………… (140)
  一 互联网时代三方模式的发展 ……………………… (140)
  二 支付之争背后的产业模式之争 …………………… (144)
  三 账户资源是机构间竞争的关键 …………………… (149)
第五节 变革与创新：卡组织维权与发展的两大途径 … (155)
  一 卡组织的机遇错失与主动变革 …………………… (155)

二　创新四方模式：新市场环境下卡组织的
　　　　突围战略……………………………………………（157）
　　三　对其他主体的相关政策建议……………………（159）

**第三章　境内外支付账户体系创新发展比较及对境内账户
　　　　监管的建议**……………………………………（168）
　第一节　从账户到账户体系………………………………（170）
　　一　账户的概念：内涵与外延………………………（170）
　　二　银行机构账户及其类型划分……………………（171）
　　三　传统金融模式下的账户价值分析………………（174）
　　四　互联网金融赋予账户功能新的市场价值………（176）
　　五　账户体系及国家账户体系的构建………………（179）
　第二节　网络经济发展与第三方支付的兴起……………（182）
　　一　全球零售支付的创新发展………………………（182）
　　二　非银机构在支付账户上的创新实践……………（189）
　　三　第三方支付的发展及其账户的运行优势………（193）
　　四　非银支付账户在支付流程中的特殊作用………（202）
　第三节　支付模式创新对账户体系管理的挑战…………（208）
　　一　互联网经济对账户内涵的冲击…………………（208）
　　二　账户交易属性的强化与数字货币的发展趋势…（211）
　　三　非银支付账户对账户管理体系的冲击…………（217）
　　四　从不同角度理解支付创新对账户管理的冲击…（224）
　第四节　支付账户管理的国际经验借鉴…………………（230）
　　一　成熟市场在银行账户管理方面的经验…………（230）
　　二　成熟市场在非银支付账户管理方面的经验……（236）
　　三　新兴市场支付账户管理的最新实践……………（239）
　第五节　国内支付账户管理的演进及现存问题…………（242）

一　我国建设支付体系及支付监管机制的实践进程……（242）
　　二　相关金融法治框架下的账户管理职责划分…………（243）
　　三　目前我国零售支付账户体系存在的问题……………（251）
第六节　关于进一步完善个人支付账户监管的
　　　　政策建议………………………………………………（255）
　　一　基本原则：破除银行结算账户与非银支付账户的
　　　　界限划分…………………………………………………（255）
　　二　对于个人银行结算账户………………………………（257）
　　三　对于个人非银支付账户………………………………（258）

第一章

分布式账本技术在金融支付领域的应用与发展趋势

内容摘要：分布式账本具有即时性的数据记录功能、流程溯源功能以及数字资产功能，其记账逻辑从账户导向到资产导向。基于参与者是否需要被许可，分布式账本可分为无需许可的账本和基于许可的账本两大类，而以分布式账本为导向的区块链技术又可进一步分为公有链、私有链和联盟链。人们普遍认为区块链技术的优越性在于安全性、透明度与效率以及促进智能合约等应用模式的推广应用，然而其也存在吞吐量、延迟时间等方面的技术问题，以及其所代表的新规则与既有规则必然会存在冲突和衔接问题。总的来看，分布式账本技术有其历史理论的逻辑过程，应致力于引领和涵盖一系列新技术支撑的新规则，使其更好地融入主流，改良现有体系和规则的不足。

虽然比特币自诞生之日起一直备受争议，但是与其相关的区块链技术从一个小众应用开始，正逐渐成为吸引高科技公司、创投基金的投资新热土，成为金融行业关注的热点，2018年对区块链企业的全球投资规模达53亿美元。区块链的第一级应用就是构建一个基于区块链技术的程序开发与运行平台，提供一种分布式应用程序运行的底层协议，而区块链的二级应用则是基于区块链底层技术的具体应用或程序。此外，从国内外发展趋势和区块链技术发展演进路径来看，区块链技术和应用的发展需要云计算、大数据、物联网等新一代信息技术作为基础设施支撑，同时区块链技术和应用发展对推动新一代信息技术产业发展具有重要的促进作用。

从金融领域来看，区块链将首先影响金融基础设施，随后扩及一般性金融业务，而区块链所代表的分布式账本的颠覆性潜力最主要还是在于它们分布式共识、开源、透明度和社群的基本理念，这种理念必然会使得区块链技术在经济金融活动中发挥更大的作用，并有助于经济社会的转型发展。基于现有文献来看，区块链在支付清算领域的适用性分析主要集中于跨境支付、改造金融市场基础设施以及央行数字货币。而从国内外相关案例来看，区块链在移动支付、证券交易结算、私募股权交易、跨境支付、积分互换等领域应用方面均已取得一定进展。

在可预见的未来，区块链应用于金融领域可能不是试图令金融完全去中心，而是形成多中心与弱中心的格局。推进区块链技术应用于我国支付清算体系的重点环节在于技术、标准、治理、安全与隐私、信任和互联等方面。对于政府机构来说，应出台区块链相关的扶持政策，加快核心关键技术攻关和平台建设，组织开展区块链应用示范，加快建立人才培养体系，加强国际交流与合作；而对于相关市场机构来说，应尽快决策区块链战略，快速推进技术应用，积极投资布局建立孵化项目；对于金融监管部门来说，应考虑运用监管沙盒来平衡风险和创新的关系，并且通过发展 RegTech 以应对 Fintech 带来的监管挑战。

第一节 分布式账本的技术特征及基本概念剖析

一 分布式账本的起源与概念内涵

从久远的年代开始，账本就作为人类商业活动的核心要素之一，最常见的是用于金钱的记录与资产的确认。记录这些数据的介质形式不断变化，从龟板到纸莎草，从羊皮纸和到现代意义的纤维纸张，直到数据的电子化，将数据记录的载体由实物介质进化至电子介质，这在记录的载体形式上可谓是一次质的转变，但从记账方式的本质上，与传统的纸质账本方式并无大的区别，因为这种记录形式仍是以每个账本的个体性记录为依据，账本之间的连接是外生性的，各账本间的互通性较差。而以分布式账本为导向的区块链技术，则首次让协作维护的数字分布式账本成为可能，这种账本具有超越传统纸质账本的属性和能力。

关于分布式账本的定义可以从各种角度进行阐释，从实质上说就是一个可以在多个站点、不同地理位置或者多个机构组成的网络里进行分享的资产数据库。首先，分布式账本具有即时性的数据记录功能，即在一个网络里的参与者可以获得一个唯一、真实账本的副本，根据网络共识规则，账本中的记录可以由一个、一些或者是所有参与者共同进行更新，账本里的任何改动都会在所有的副本中被反映出来，反应时间会在几分钟甚至是几秒内；其次，分布式账本具有流程溯源的功能，通过对非标物信息流的转移记录，与等标物信息流的分合实现记录数据的可追溯；最后，分布式账本还具有数字资产的功能，即在这个账本里存储的资产可以是金融、法律定义上的、实体的或是电子的资产。在这个账本里存储的资产的安全性和准确性是通过公私钥以及签名的使用去控制账本的访问权，从而实现密码学基础上的维护。

区块链是这种分布式账本的底层技术，其起源是对数字化资产的双重花费问题（简称"双花问题"）。迪菲和赫尔曼于1976年建立非对称密码体系，即将原来对称密码体系下的一把钥匙一分为二，一个是加密密钥，被用来加密信息，加密密钥可以公开，也称为公钥；另一个是解密密钥，被用来从密文中恢复明文，由个人维持其机密性，也称为私钥。从私钥可以推导出公钥，但从公钥很难逆推出私钥。非对称密码体系可以有效解决数字资产持有人的身份问题，但若需解决数字资产流通的"双花问题"，需要以哈希函数生成的随机数进行序列标注，以防止信息的复制滥用。对于哈希函数随机数的验证，密码学家首先应用的是"中心化"的验证模式，如戴维·乔姆于1982年发表题为《用于不可追踪的支付系统的盲签名》，提出了一种基于数字签名密码算法的新协议（即盲签名），将随机配序产生的唯一序列号作为E-Cash，并以银行的数据库进行验证和比对，以此构建一个具备匿名性和不可追踪性的电子现金系统，保证数字现金的唯一性。这种"中心化"的验证方法的问题在于，随着交易量的上升，数据库的储存容量有限，验证效率下降明显，不易于广泛应用。

2008年，化名为中本聪发表其经典论文《比特币：一种点对点的电子现金系统》，将"中心化"的验证方式改变为"去中心化"的点对点交易模式，基于此可将区块链定义为一种基于密码学技术生成的分布式共享数据库，其本质是通过去中心化的方式集体维护一个可靠数据库的技术方案。该技术方案将参与系统中的任意多个节点，把一段时间系统内全部信息交流的数据，通过密码学算法计算和记录到一个数据块，并且生成该数据块的数字签名以验证信息的有效性并链接到下一个数据块形成一条主链，系统所有节点共同来认定收到的数据块中记录的真实性。通过这种互相验证的公开记账系统与共识机制，将集中性验证机制的簿记方式改为分布式即时验证的簿记方式，解决了数字货币的开放性问题。正如高盛报告里所言："区块链已经完全俘获了硅谷和华尔街的想象空间，而作为其起源的比特币则早已被人们抛在脑后"（Schneider et al., 2016）。①

二 区块链技术的应用逻辑

（一）记账逻辑：从账户导向到资产导向

区块链技术的新颖性在于它给交易的记录制定了一系列独特的记账规则（业务逻辑）。这与传统的数据库是不一样的，因为传统的数据库里面规则通常是在全局层面设下的，或者是在应用程序的层面设下的，而不是为交易层面而设。举一个例子来说明区块链技术与传统记账方式在逻辑上的差异。

传统的复式记账法是以账户为基础，每一个账户上记载着该账户拥有者所拥有的金融的、物理的或电子的资产的信息。当一笔交易发生时，将按相等的金额在两个或两个以上有关账户中同时进行登记。通常机构会将交易的详细信息发送给相应对手方，一旦收到信息，每个机构就会通过"借贷""收付"或"增减"在自己的账本上同时更新信息；如果是中央对手方，则会在每个相应的账户中同时更新资产信息。

但在由区块链技术形成的账本中，其记账的逻辑发生了根本性的改变，其并非是以每个账户为基础来记载其所拥有的资产，而是以每个资产为基础来记载其从诞生到现在所发生过的所有交易。如果最后一笔交易记载着该资产是从 A 到 B，那么便意味着 B 拥有该资产。换句话说，对于查询账目的人来说，最直接看到的是与每一

---

① Schneider, J., Blostein, A., Lee, B., Kent, S., Groer, I., Beardsley, E., Profiles in Innovation Blockchain: Putting Theory into Practice, The Report of Goldman Sachs Equity Research, May 24, 2016.

个资产相关的所有历史交易记录的信息,而非与每一个账户拥有者相关的所有资产数量的信息。事实上,"中本聪"正是基于这种思路设计的比特币,因为在他看来,只有知晓之前发生的所有交易,才能确认历史中的交易记录没有缺失,进而才能在没有第三方权威的条件下避免虚拟货币的"双花"(Nakamoto,2009)。[①]

(二)技术要素

Tasca(2015)将区块链描述为一个"去中心的对等验证时间戳账本",[②] 虽然这个名字比较拗口,但其中却将该技术的核心要素基本上都包括了。我们以比特币为例来详细介绍区块链的相关技术要素。在区块链账本中,每个分布式节点都可以通过特定的哈希算法和 Merkle 树数据结构,将一段时间内接收到的交易数据和代码封装到一个带有时间戳的数据区块中,并链接到当前最长的主区块链上,形成最新的区块。该过程涉及区块、链式结构、哈希算法、Merkle 树和时间戳等主要技术要素。

数据区块:如图 1—1 所示,每个数据区块一般包含区块头(Header)和区块体(Body)两部分。区块头封装了当前版本号(Version)、前一区块地址(Prev-block)、当前区块的目标哈希值(Bits)、当前区块 PoW 共识过程的解随机数(Nonce)、Merkle 根(Merkle-root)以及时间戳(Timestamp)等信息。比特币网络可以动态调整 PoW 共识过程的难度值,最先找到正确的解随机数 Nonce 并经过全体矿工验证的矿工将会获得当前区块的记账权。区块体则包括当前区块的交易数量以及经过验证的、区块创建过程中生成的所有交易记录。这些记录通过 Merkle 树的哈希过程生成唯一的 Merkle 根并记入区块头。

[①] Nakamoto, S., Bitcoin: A Peer-to-Peer Electronic Cash System, https://bitcoin.org/en/bitcoin-paper, 2009.

[②] Tasca, P., Digital Currencies: Principles, Trends, Opportunities, and Risks, Deutche Bundesbank Research report, 2015.

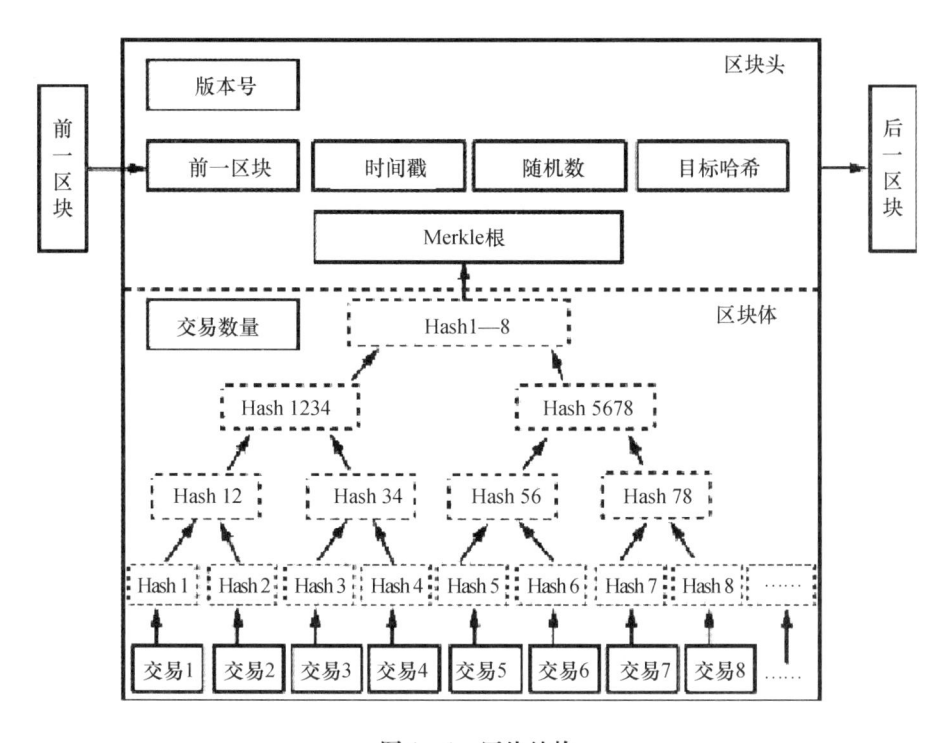

图 1—1　区块结构

资料来源：袁勇、王飞跃：《区块链技术发展现状与展望》，《自动化学报》2016 年第 4 期，第 481—494 页。

链式结构：取得记账权的矿工将当前区块链接到前一区块，形成最新的区块主链。各个区块依次环环相接，形成从创世区块到当前区块的一条最长主链，从而记录了区块链数据的完整历史，能够提供区块链数据的溯源和定位功能，任意数据都可以通过此链式结构顺藤摸瓜、追本溯源。需要说明的是，如果短时间内有两个矿工同时"挖出"两个新的区块加以链接的话，区块主链可能会出现暂时的"分叉"现象，其解决方法是约定矿工总是选择延长累计工作量证明最大的区块链。因此，当主链分叉后，后续区块的矿工将通过计算和比较，将其区块链接到当前累计工作量证明最大化的备选链上，形成更长的新主链，从而解决分叉问题。

时间戳：区块链技术要求获得记账权的节点必须在当前数据区

块头中加盖时间戳，表明区块数据的写入时间。因此，主链上各区块是按照时间顺序依次排列的。时间戳技术本身并不复杂，但其在区块链技术中的应用是具有重要意义的创新。时间戳可以作为区块数据的存在性证明（Proof of existence），有助于形成不可篡改和不可伪造的区块链数据库，从而为区块链应用于公证、知识产权注册等时间敏感的领域奠定了基础。更为重要的是，时间戳为未来基于区块链的互联网和大数据增加了时间维度，使得通过区块数据和时间戳来重现历史成为可能。

哈希函数：区块链通常并不直接保存原始数据或交易记录，而是保存其哈希函数值，即将原始数据编码为特定长度的由数字和字母组成的字符串后记入区块链。哈希函数（也称散列函数）具有诸多优良特点，因而特别适合用于存储区块链数据。例如，通过哈希输出几乎不能反推输入值（单向性），不同长度输入的哈希过程消耗大约相同的时间（定时性）且产生固定长度的输出（定长性），即使输入仅相差一个字节也会产生显著不同的输出值（随机性）等。比特币区块链通常采用双 SHA256 哈希函数，即将任意长度的原始数据经过两次 SHA256 哈希运算后转换为长度为 256 位（32 字节）的二进制数字来统一存储和识别。除上述特点外，SHA256 算法还具有巨大的散列空间（2^256）和抗碰撞（避免不同输入值产生相同哈希值）等特性，可满足比特币的任何相关标记需要而不会出现冲突。

Merkle 树：Merkle 树是区块链的重要数据结构，其作用是快速归纳和校验区块数据的存在性和完整性。如图 1—1 所示，Merkle 树通常包含区块体的底层（交易）数据库，区块头的根哈希值（即 Merkle 根）以及所有沿底层区块数据到根哈希的分支。Merkle 树运算过程一般是将区块体的数据进行分组哈希，并将生成的新哈希值插入到 Merkle 树中，如此递归直到只剩最后一个根哈希值并记为区块头的 Merkle 根。最常见的 Merkle 树是比特币采用的二叉 Merkle 树，其每个哈希节点总是包含两个相邻的数据块或其哈希值，其他变种则包括以太坊的 Merkle patricia tree 等。Merkle 树有诸多优点：首先是极大地提高了区块链的运行效率和可扩展性，使得区块头只需包含根哈希值而不必封装所有底层数据，这使得哈希运算可以高效地运行在智能手机甚至物联网设备上；其次是 Merkle 树可支持"简化支付验证"协议，即在不运行完整区块链网络节点的情况下，也能够对（交易）数据进行检验。例如，为验证图 1—1 中交易 6，一个没有下载完整区块链数据的客户端可以通过向其他节点索要包括从交易 6 哈希值沿 Merkle 树上溯至区块头根哈希处的哈希序列（即哈希节点 6，5，56，78，5678，1234）来快速确认交易的存在性和正确性。这将极大地降低区块链运行所需的带宽和验证时间，并使得仅保存部分相关区块链数据的轻量级客户端成为可能。

非对称加密：非对称加密是为满足安全性需求和所有权验证需求而集成到区块链中的加密技术，常见算法包括 RSA、Elgamal、Rabin、D-H、ECC（即椭圆曲线加密算法）等。非对称加密通常在加密和解密过程中使用两个非对称的密码，分别称为公钥和私钥。非对称密钥对具有两个特点，首先是用其中一个密钥（公钥或私钥）加密信息后，只有另一个对应的密钥才能解开；其次是公钥可向其他人公开、私钥则保密，其他人无法通过该公钥推算出相应的私钥。非对称加密技术在区块链的应用场景主要包括信息加密、数字签名和登录认证等，其中信息加密场景主要是由信息发送者（记为 A）使用接受者（记为 B）的公钥对信息加密后再发送给 B，B 利用自己的私钥对信息解密，比特币交易的加密即属于此场景；数字签名场景则是由发送者 A 采用自己的私钥加密信息后发送给 B，B 使用 A 的公钥对信息解密，从而可确保信息是由 A 发送的；登录认证场景则是由客户端使用私钥加密登录信息后发送给服务器，后者接收后采用该客户端的公钥解密并认证登录信息。

以比特币系统为例,其系统一般通过调用操作系统底层的随机数生成器来生成256位随机数作为私钥。比特币私钥的总量可达 2^{256},极难通过遍历全部私钥空间来获得存有比特币的私钥,因而是密码学安全的。为便于识别,256位二进制形式的比特币私钥将通过SHA256哈希算法和Base58转换,形成50个字符长度的易识别和书写的私钥提供给用户;比特币的公钥是由私钥首先经过Secp256k1椭圆曲线算法生成65字节长度的随机数。该公钥可用于产生比特币交易时使用的地址,其生成过程为首先将公钥进行SHA256和RIPEMD160双哈希运算并生成20字节长度的摘要结果(即Hash160结果),再经过SHA256哈希算法和Base58转换形成33字符长度的比特币地址。公钥生成过程是不可逆的,即不能通过公钥反推出私钥。比特币的公钥和私钥通常保存于比特币钱包文件,其中私钥最为重要。丢失私钥就意味着丢失了对应地址的全部比特币资产。现有的比特币和区块链系统中,根据实际应用需求已经衍生出多私钥加密技术,以满足多重签名等更为灵活和复杂的场景。

三 区块链技术的应用类型

共享账本是分布式账本组织的首席科学官Richard Brown提出的一个概念,这个概念通常是指任何由一个产业或者私营联盟共享的任何数据库和应用程序。这是这类技术最通用的、最全面的一种表述。共享账本实际上是一个数据库,其记录了金融、物理、电子资产拥有者的信息:举例来说,一颗钻石、一单位货币,或者是集装箱里的货物。最关键的是每个参与者都可以保留一份区块链上的所有交易记录,并且随着新交易发生,记录也随之更新。账本信息的安全性和准确性都可以通过以密码学为代表的数学方法予以保证,几乎目前所有记录在纸张上的信息都可以储存在共享账本上。

共享账本可能使用分布式账本或者区块链作为底层的数据库，不过通常会根据不同用户进行权限的分层。"共享账本"是具有一定程度的许可管理的账本或者数据库技术的统称。某个产业的共享账本可能会有一些限定范围的校验者，系统信任它们去维护账本，这能够带来显著的好处。实际上，区块链技术在私人领域和公共领域都具有适用的空间（Buterin，2015），[①] 基于参与者是否需要被许可，分布式账本可分为两大类（见图1—2）。

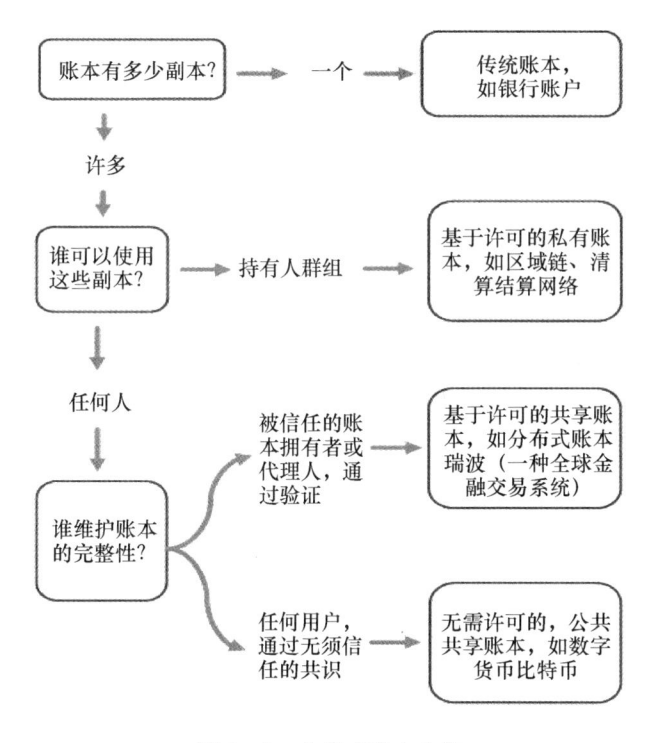

图1—2 分布式账本分类

资料来源：UK Government Office for Science, *Distributed Ledger Technology: Beyond Block Chain*, The Report by the UK Government Chief Scientific Adviser, https://www.gov.uk/government/news/distributed-ledger-technology-beyond-block-chain, January 19, 2016.

---

① Buterin, V., On Public and Private Blockchains, https://blog.ethereum.org/2015/08/07/on-public-and-private-blockchains/, August 7, 2015.

第一类是无需许可的账本，如比特币这种就是没有任何主人的——这个系统不能被任何人"拥有"。无需许可的账本目标是让任何人都可以向账本中贡献数据（只要符合系统规则），并让任何拥有这个账本的人都有一份完全相同的副本。这是一个抗审查的过程，意味着没有人能够阻止一个（符合系统规则的）交易添加到账本里。通过达成对账本状态的共识，账本的参与者能够共同维护账本的完整性。无需许可的账本可以作为一个不可编辑的全球记录——如用于设立遗嘱，或登记产权记录。不过这对现有的机构和产业来说会带来挑战，而且可能需要政策方面的配合。

第二类是基于许可的账本，其可能有一个或多个拥有者。当一条新记录被添加进去后，账本的完整性是由一个有限的共识过程去检查。这是由少数被信任的个人或机构去执行的——如政府部门或银行——相对于无需许可的账本来说，这个共识机制过程变得更简单了。基于许可的区块链提供了高度可校验的数据集，因为共识过程创建了一个可由所有参与者校验的数字签名。若让多个政府部门去校验记录，则会让人们增强对记录安全性的信心，而不是像现在那样——政府部门经常用一张纸去共享数据。基于许可的账本记录速度通常要比无需许可的账本更快。

基于这种账本分类，我们可进一步将区块链分为三类。

第一类是公有链。公有链是指全世界任何人都可以在任何时候加入、任意读取数据，任何人都能发起交易且交易能获得有效确认，任何人都能参与其中共识过程的区块链——共识过程决定哪个区块可被加入到区块链中和明确当前状态。作为中心化或者准中心化信任的替代物，公有链的安全由"共识机制"来维护——"共识机制"可以采取 PoW 或 PoS 等方式，将经济奖励和加密算法验证结合了起来，并遵循着一般原则：每个人从中可获得的经济奖励与对共识过程做出的贡献成正比。这些区块链通常被认为是"完全去中心化"的。

在公有链中，程序开发者无权干涉用户，所以区块链可以保护使用他们开发的程序的用户。从传统的经济学角度来看，的确难以理解为何程序开发者会愿意放弃自己的权限。然而，随着互联网的崛起，协作共享的经济模式为此提供了两个理由：借用托马斯·谢林的话，即妥协是一种力量。首先，如果你明确地选择做一些很难或者不可能的事情，其他人会更容易信任你并与你产生互动，因为他们相信那些事情不大可能发生在自己身上。其次，如果你是受他人或其他外界因素的强迫，无法去做自己想做的事，你大可说句"即使我想，但我也没有权力去做"的话语作为谈判筹码，这样可以劝阻对方不要强迫你去做不情愿的事。程序开发者所面临的主要压力或者风险主要来自政府，所以说"审查阻力"便是公有链最大的优势。公有链的主要局限在于，由于缺乏信任，相应的共识机制会减慢公有链的交易验证的过程并耗费大量的电力（Caes et al.，2016）。[①]

第二类是私有链。私有链是指其写入权限由某个组织和机构控制的区块链。读取权限或者对外开放，或者被进行了任意程度的限制。相关的应用可以包括数据库管理、审计甚至是一个公司，尽管在有些情况下希望它能有公共的可审计性，但在很多的情形下，公共的可读性似乎并非是必需的。

大多数人一开始很难理解私有链存在的必要性，认为其和中心化数据库没有太大的区别，甚至还不如中心化数据库的效率高。事实上，中心化和去中心化永远是相对的，私有链可以看作是一个小范围系统内部的公有链，如果从系统外部来观察，可能觉得这个系

---

① Caes, N., Williams, R., Duggar, E. H., Bauer, G. W., Robust, Cost-effective Applications Key to Unlocking Blockchain's Potential Credit Benefits, The Report of Moody's Investors Service, July 21, 2016.

统还是中心化的，但是以系统内部每一个节点的眼光来看，其实当中每个节点的权利都是去中心化。而对于公有链，从某种程度来看也可以看作是地球上的私有链，只有地球人的电脑系统才可以接入。因此，私有链完全是有其存在价值的。

私有链的巨大优势就是，由于对于P2P这样的网络系统而言，系统内部的处理速度往往取决于最弱的节点，而私有链所有的节点和网络环境都是完全可以控制的，因此能够确保私有链在处理速度方面远远优于公有链。

私有链和公有链另外一个巨大的区别就是，一般公有链肯定在内部会有某种代币（token），而私有链却是可以选择没有代币的设计方案。对于公有链而言，如果要让每个节点参与竞争记账，必定需要设计一种奖励制度，鼓励那些遵守规则参与记账的节点。而这种奖励往往就是依靠代币系统来实现的。但是对于私有链而言，基本上都是属于某个机构内部的节点，对于这些节点而言，参与进行记账本身可能就是该组织或者机构上级的要求，对于他们而言本身就是工作的一部分，因此并不是一定需要通过代币奖励机制来激励每个节点进行记账。所以，我们也可以发现，代币系统并不是每个区块链必然需要的。因此，考虑到处理速度及账本访问的私密性和安全性，越来越多的企业在选择区块链方案时，会更多地倾向于选择私有链技术。

第三类是联盟链。联盟链是指其共识过程受到预选节点控制的区块链。例如，可以想象一个由15个金融机构组成的共同体，每个机构都运行着一个节点，而且为了使每个区块生效需要获得其中10个机构的确认。区块链可能允许每个人都可读取，或者只受限于参与者和走混合型路线，例如区块的根哈希及其API（应用程序接口）对外公开，API可允许外界用作有限次数的查询和获取链状态的信息。这些区块链可视为"部分去中心化"。比如R3 CEV就是一个典型的联盟链系统。

私有链和联盟链都属于许可链,其中,联盟链可能更适用于已建立起信任关系的公司或行业联盟,而私有链则适用于公司的内部数据库建设(Caes et al.,2016)。①

对于公有链和私有链孰优孰劣的问题,争论一直不止。CHEX首席执行官 Eugene Lopin 便认为"私有链与传统的数据库基本没有差别,私有链与美化了的数据库意义是一样的。但是其好处在于,如果开始将公共节点加入其中,会有更多节点。开放的区块链是拥有一个可信任账本的最佳方法。去中心化的范围越大,也越利于该技术的采用"。而 Ledger 首席执行官 Eric Larchevêque 则认为,抗审查的公有链有潜力颠覆社会,而私有链只是银行后台的一个成本效率工具。Yours 创始人 Ryan Charles 的观点则更加中立,他认为"私有链可以有效地解决传统金融机构的效率、安全和欺诈问题,但是这种改变是日积月累的。私有链并不会颠覆金融系统。可是,公有链有潜力通过软件取代传统金融机构的大多数功能,从根本上改变金融体系的运作方式"。其实,公有链、私有链、联盟链都是区块链技术的一个细分,而技术仅仅是一种工具,怎么在不同的场景应用好不同的工具才是技术进步的关键。未来或许这三种类型的区块链均会有所发展,甚至相互融合。我们可以设想,随着区块链技术变得越来越复杂,区块链的技术架构开始不仅仅简单地分为公有链、私有链等架构,而是这之间的界限逐渐开始模糊。在区块链的系统中,不再是所有节点都有着简单的一模一样的权限,而是开始有不同的分工。有些节点可能只能查看部分区块链数据,有些节点能够下载完整的区块链数据,有些节点负责参与记账。而随着系

---

① Caes, N., Williams, R., Duggar, E. H., Bauer, G. W., Robust, Cost-effective Applications Key to Unlocking Blockchain's Potential Credit Benefits, The Report of Moody's Investors Service, July 21, 2016.

统日益复杂,其中不同的角色,以及不同的权限等级会变得更多。其实我们在 DPoS 这样的共识机制中,已经能够看到这种趋势开始出现,并不是每个节点都参与记账,而是获得投票数量最多的受托人(Delegated)才开始进行记账,这样的受托人就是典型的角色划分。① 不过总的来说,就我们的判断,基于许可的账本或许前景更为乐观。Pinna 和 Ruttenberg(2016)便指出分布式账本的治理是决定其能够在多广的范围内使用的关键因素,对于无需许可的账本来说,理论上用户是无法被追究责任的,因此诸如罚款或声誉损失等均无法对其形成良性的激励,因此其治理的难度会更大;相反在基于许可的账本中,至少对于治理主体来说其用户的身份是可知的,这将有助于避免参与者在账本中进行错误操作。② 从另一个角度来说,虽然比特币区块链的开放性是其最有吸引力的特点之一,但对于大量的商业交易来说,信任早已建立在交易对手或商业伙伴之间,因此在更多情况下他们渴望的是交易的私密性,因此基于许可的私有链或联盟链恰恰可以很好地阻止额外的参与者访问系统(Schneider et al.,2016)。③

四 区块链模式的设计理念及优越性

正如上文所述,区块链的主要功能集中于数字资产、数据记录、流程溯源三大领域,作为整体概念而言,区块链的创新性在于其数据的开放共享特征,并以此形成一个不同层次的共识可信机制,即形成共同认可的公共账本维护模式,因为区块链系统设想由

---

① 龚鸣:《区块链社会:解码区块链全球应用与投资案例》,中信出版社 2016 年版,第 21—24 页。

② Pinna, A., Ruttenberg, W., "Distributed Ledger Technologies in Securities Post-trading", *Occasional Paper Series*, No.172, European Central Bank, April 2016.

③ Schneider, J., Blostein, A., Lee, B., Kent, S., Groer, I., Beardsley, E., Profiles in Innovation Blockchain: Putting Theory into Practice, The Report of Goldman Sachs Equity Research, May 24, 2016.

大量节点共同组成的一个点对点网络，不存在中心化的硬件或管理机构，在互联网中，任一节点的权利和义务都是均等的；系统中的所有节点都参与数据的记录和验证，将计算结果通过分布式传播发送给各个节点；在部分节点遭受损坏的情况下，整个系统的运作并不会受到影响，相当于每个参与的节点都是"自中心"。区块链数据的验证、记账、存储、维护和传输等过程均是基于分布式系统结构，采用纯数学方法而不是中心机构来建立分布式节点间的信任关系，从而形成去中心化的可信任的分布式系统。总的来看，人们提及基于区块链技术的分布式账本优越性时，谈论最多的包括如下几个方面。

第一，安全性。现行的数据管理方案，特别是关于个人数据的管理，通常是在单一的机构内架设的大型传统 IT 系统。由此还会引入一系列的网络与通信系统，才能实现与外界的交流，这也增加了额外的成本和复杂性。高度中心化的系统的单点失败的概率很高。这也会带来被黑客攻击的风险。与此相反，分布式账本并没有用单一的数据库去存储记录，而是保留了同一个数据库的多个共享副本，因此黑客攻击必须同时针对所有的副本才能生效，这样从设计理念上就增加了黑客攻击的难度与成本。此外，区块链是基于时间戳形成的不可篡改、不可伪造的数据库。区块（完整历史）与链（完整验证）相加便形成了时间戳（可追溯完整历史）。时间戳存储了网络中所执行的所有交易历史，可为每一笔数据提供检索和查找功能，并可借助区块链结构追本溯源，逐笔验证。每个参与者在记账并生成区块时都加盖时间戳，并广播到全网节点，让每个参与节点都能获得一份完整数据库的拷贝。一旦信息经过验证添加到区块链上，就会永久地存储起来。即便单个节点可能会被暴力修改，但因为交易数据是分散到全网各个节点，单个节点的数据修改是不被全网认可的。根据"少数服从多数"原则，从概率上讲，要篡改历史信息，必须同时控制整个系统中超过50%的节点。因此，基于区块链技术的分布式账本系统认为其系统的数据可靠性很高，且参与系统中的节点越多和计算能力越强，该系统中的数据安全性越高。

第二，透明度与效率。对于现在的数据库技术来说，数据复制工作会增加IT系统的成本，并对IT系统的复杂性提出更高的要求。而区块链技术用于维护信息安全及更新信息的方法意味着参与者可以共享数据，并确保账本的所有副本在任何时候都是与其他副本一致的。将数据大量复制的一个好处就是，哪怕有一处数据出错了，其他的数据还是准确的。很多机构通过对账计算，就可以证实他们的数据是否准确。同时，区块链采用带有时间戳的链式区块结构存储数据，从而为数据增加了时间维度，具有较为可靠的可验证性和可追溯性。

区块链技术从根本上改变了中心化的信用创建方式，它运用一套基于共识的数学算法，在机器之间建立"信任"网络，从而通过技术背书而非中心化信用机构来建立信用。通过这种机制，参与方不必知道交易的对手是谁，更不需要借助第三方机构来进行交易背书或者担保验证，而只需要信任共同的算法就可以建立互信，通过算法为参与者创造信用、产生信任和达成共识。系统中的每个节点之间进行数据交换无须互相信任，整个系统的运作规则公开透明，因此在系统指定的规则范围和时间范围内，节点之间不能也无法欺骗其他节点。因此，不同于传统基于政府信用或法律法规强制的信任模式，区块链借助开源算法，使得系统运作规则公开透明。在这种模式下，每个节点之间进行数据交换是无须互相信任的，可以匿名，同时每笔交易都会被真实记录，以防止数据被控制和篡改，可以有效避免信任主体的违规行为。此外，由于整个网络没有中心化硬件或者管理机构，任意节点间的权利和义务均等，节点间直接信息交互，任一节点损坏（或管制）不会影响全网运行，交易效率高，成本低，因此其业务连续性大大提升。尤其在缺乏中心验证体系的商业环境，如国际贸易、国际汇款等场景中，分布式账本的互信机制将会节省大量的成本和时间。

第三，促进智能合约等应用模式的推广应用。事实上，智能合约其实在很早以前便已存在了，并非属区块链所特有，例如美国的"数字版权管理"（digital rights management，DRM）技术便是将美国的版权法嵌入到数字文件之中以限制用户的盗版行为（Armstrong，2006）。① 准确地说，基于区块链技术的智能合约应被称为去中心化智能合约（Decentralized Smart Contracts），即通过安全的公共账本而无须借助第三方来执行的智能合约（Kiviat，2015）。② 相比于借助第三方的智能合约来说，这种双边智能合约的成本会显著降低，同时也可有效消除执行过程中的不确定性（Caes et al.，2016）。③

不过，我们需要注意，上面提及的区块链的优越性并不是绝对的，而是相对的。比如，分布式账本的安全性并不代表其对黑客攻击是完全免疫的，因为原则上说，任何人只要能够找到"合法地"修改一个副本的方法，则有可能修改账本的所有副本。在比特币领域，人们提及较多的一个概念便是所谓的"日食攻击"（Eclipse Attack），即通过操控足够数量的 IP，从而对比特币节点发起攻击的方法。以比特币为例，只要某一方所掌握的大型矿池算力已占全

---

① Armstrong, T. K., "Digital Rights Management and the Process of Fair Use", *Harvard Journal of Law & Technology*, Vol. 1, 2006, pp. 49 – 121.

② Kiviat, T. I., "Smart" Contract Markets: Trading Derivatives Contracts on the Blockchain, http://diyhpl.us/~bryan/papers2/bitcoin/Smart%20contract%20markets:%20trading%20derivative%20contracts%20on%20the%20blockchain%20-%202015%20-%20Trevor%20Kiviat.pdf, 2015.

③ Caes, N., Williams, R., Duggar, E. H., Bauer, G. W., Robust, Cost-effective Applications Key to Unlocking Blockchain's Potential Credit Benefits, *The Report of Moody's Investors Service*, July 21, 2016.

网总算力的 51% 以上，理论上这些矿池可以通过合作实施多数共识机制的攻击，从而实现比特币的双重支付。虽然实际系统中为掌握全网 51% 算力所需的成本投入远超成功实施攻击后的收益，但 51% 攻击的安全性威胁始终存在。虽然基于 PoS 共识过程在一定程度上解决了 51% 攻击问题，但同时也引入了区块分叉时的 N@S（Nothing at Stake）攻击问题。研究者已经提出通过构造同时依赖高算力和高内存的 PoW 共识算法来部分解决 51% 攻击问题，更为安全和有效的共识机制尚有待于更加深入的研究和设计。

又如，其透明性也并非意味着记在分布式账本上的数据便真的无法篡改，特别是在节点较少的私有链上，机构可以确保内部的共享，但对外譬如说针对监管者而言，机构完全可以用机构内有限的记账员达成共识修改数据。事实上，即便真的通过某些改进可以更好地防止数据篡改，这同样存在另一个问题，那便是在现实中很多时候交易是需要被修改或取消的，此时如果使用区块链的数据库应该怎么处理也值得思考（DTCC，2016）。

再如，技术迭代的问题，随着数学、密码学和计算技术的发展，区块链的非对称加密机制以及匿名性等特征也将发生变化。如以目前天河二号的算力来说，产生比特币 SHA256 哈希算法的一个哈希碰撞大约需要 2^{48} 年，但随着量子计算机等新计算技术的发展，未来非对称加密算法具有一定的破解可能性，这也是区块链技术面临的潜在安全威胁。同时，区块链系统内各节点并非完全匿名，而是通过类似电子邮件地址的地址标识（例如比特币公钥地址）来实现数据传输。虽然地址标识并未直接与真实世界的人物身份相关联，但区块链数据是完全公开透明的，随着各类反匿名身份甄别技术的发展，实现部分重点目标的定位和识别仍是有可能的。当然，这些相关问题也将成为分布式账本技术 2.0 版的发展方向，一方面，我们应该相信随着技术的不断改进，一些安全隐患会被逐渐克服，比如不少学者便在研究如何在技术层面上对抗日食攻击（Heilman et al., 2016），①或增加其匿名性（Yanovich et al., 2016），②等等；但另一方面，这也提醒我们应理性看待区块链，不要过高地迷信其在安全性、透明性、匿名性等方面的优势。客观地说，我们认为造成安全性、透明性、匿名性或违约行为的关键还是在于人的主观意愿，单靠一种先进的计算机技术本身并不能完全避免人的消极行为，但区块链至少提供了一个相比以往更加便于解决问题的技术。

五 分布式账本技术面临的问题及挑战

麦肯锡的报告认为，区块链是继蒸汽机、电力、信息和互联网技术之后，目前最有潜力触发第五轮颠覆式革命浪潮的核心技术。就如同蒸汽机释放了人们的生产力、电力解决了人们最基本的生活需求、信息技术和互联网彻底改变了传统产业（如音乐和出版业）的商业模式一样，区块链技术将有可能实现去中心化的数字资产安全转移（麦肯锡大中华区金融机构咨询业务，2016）。③虽然以区块链技术为基础的分布式账本技术前景广阔，但在实践中，也需要关注以下几个方面的问题。

第一，吞吐量问题。比特币网络在吞吐量问题上有一个潜在的问题，那就是每秒仅处理1笔交易，目前理论上的最大值也只是每秒处理7笔交易。核心开发者坚持说必要时这个限制的交易速度可以提升。一个让比特币能够处理更高的吞吐量的方法是让每个区块

---

① Heilman, E., Baldimtsi, F., Goldberg, S., Blindly Signed Contracts: Anonymous On-Blockchain and Off-Blockchain Bitcoin Transactions, http://fc16.ifca.ai/bitcoin/papers/HBG16.pdf, 2016.
② Yanovich, Y., Mischenko, P., Ostrovskiy, A., "Shared Send Untangling in Bitcoin", *White Paper of Bitfury Group Limited*, August 21, 2016.
③ 麦肯锡大中华区金融机构咨询业务：《区块链：银行业游戏规则的颠覆者》，麦肯锡中国银行业白皮书，2016年5月。

变得更大，然而这却会带来一些别的如容量及区块臃肿的问题。而与之形成对比的是，Visa 每秒处理 2000 笔，而 Twitter 每秒处理 5000 笔，峰值时可达 15000 笔。第二，延迟时间也存在问题。目前，每个比特币交易区块需要 10 分钟来处理，这意味着至少需要 10 分钟来确认你的交易。为了足够的安全性，你甚至需要更长的时间——大概一个小时——对于一些大额交易甚至需要更长的时间，因为这是用来抵御"双花"攻击的代价。而与之形成对比的是，Visa 最大只需要 1 秒。第三，从容量和带宽来看，区块链的大小是 25GB，如果吞吐量增加到 Visa 标准 2000 笔/秒那样的量级，增长就将变成 1.42PB/年或者说 3.9GB/天。如果达到了 15000 笔/秒，则比特币每年将会增长 214PB/年。比特币社区称容量问题为"膨胀"，但这个命题假定了我们需要的是一个小规模区块链；然而，要达到能够让主流使用的规模，区块链需要变得很大，仅仅为了更加容易访问获取。这可能会驱动中心化，因为这需要资源去运行全节点，而全世界只有 7000 个服务器在真正地运行比特币客户端 Bitcoind 的全节点，它们是比特币的保护神（在后台运行的比特币全节点）。目前，运行全节点的个体是否应该被补偿正在被讨论。尽管对于现代大数据时代中的很多领域和 TB 量级作为标准的数据密集技术来说，25GB 的数据并不算多，但是前者大部分数据是可以被压缩的。然而这可能是一个机会，去创造一种新的压缩算法，来让（未来更大规模的）区块链可用又易存储，同时还能保持其完整性和易访问性。第四，安全问题同样没有完美地解决。比特币的区块链有许多潜在的安全问题。其中最令人担忧的就是 51% 攻击的可能性，即某一个矿工实体有可能抢夺了区块链的控制权，实施"双花"攻击，将之前已经花过的一些比特币打入自己的账户。问题是现在挖矿行业里的中心化趋势，在区块链上竞争去记录新的交易区块，意味着少数几个大型矿池掌控着大多数的交易记录。目前，激励还足以使得这些人做好的玩家，同时一些矿工（如Ghash.IO）也声称他们不会发动51%攻击来接管网络，但是网络仍是不安全的。"双花"在一些场合仍然是可能发生的——比如说，哄骗用户重新发送交易，或允许"双花"比特币的恶意代码。另一些安全问题是目前比特币使用的加密技术，椭圆曲线算法也并非无法被破解。此外，资源浪费也是不得不需要考虑的。挖矿带来了巨大的能源浪费。一些早期的估计是每天浪费1500万美元，而其他的估计甚至更高。一方面，正是这种浪费使得比特币是可信的——一些理性的机构在这种毫无意义的工作量证明中相互竞争已取得可能的奖励——但是另一方面，这些消耗掉的能源除了挖矿外没有任何实际的益处。第五，一个至关重要的技术问题同样也会阻碍区块链技术的大规模扩展，那便是如何基于这种数据库进行检索、如何进行统计分析，更进一步与一些现代化的管理工具相融合（DTCC，2016），在现阶段这种基于资产的分布式账本要想实现这些功能似乎比较困难。

相比于技术来说，更为重要的是，区块链所代表的新规则与既有规则必然会存在冲突和衔接问题，即如何应对新旧规则的相互适应和改良的矛盾。区块链的初始规则如何确立？是依靠大多数投票的相对民主机制，还是一定程度上依靠线下的公共权威与信用的参与和支持？这是很重要的问题。虽然区块链规则具有巨大的发展前景，但与此同时，不能够在初始规则确立时被少数人所利用，并借此非正当谋利。其中，区块链去中心化、可追溯、匿名性的特点，对金融监管技术和模式带来全新挑战。在传统监管模式下，只要锁定客户，通过管理员身份，可以由后台直接调取中心系统的数据，进而掌握客户账户下的资金等往来信息，但在区块链技术下，由于没有中心系统，很难锁定客户的多个匿名账户，除非掌握秘钥，否则很难了解资金去向，这极可能被犯罪分子利用，带来洗钱、诈骗、偷漏税等一系列监管新难题。因此，政府如何展开监管将会是区块链产业能否成长为一个成熟的金融服务产业的一个极其重要的因素和风险。

民众对于区块链的接受同样需要一个过程。目前，在全球很多地区居民还是习惯使用现金和银行卡，民众还是信任有实体网点的商业银行，而对于将自身交易信息乃至资产，上传到纯粹基于加密算法作为基础的网络区块链上，民众内心接受将是一个长期艰难的历程。此外，未来区块链的规则是由网络节点来维护的，但每个网络节点背后都有人的行为，因此，新规则离不开人。如何适应现代金融理论的发展，将人的非理性行为考虑进去，即结合行为经济学和金融学的视角，考虑非正式的规则对一些已有的正式规则的影响，也至关重要。安全性问题也会阻碍民众对于区块链技术的接受。虽然前文我们曾论证过区块链技术在数据安全性方面的优势，但这里要讲的则是另一个问题。由于区块链数据库具有较好的私密性，这会给交易者确定交易对手身份带来困难，而这则会增加交易者面临欺诈的风险（USPS，2016）。[1] 当然，对于某些问题来说，用户是可以通过增进对区块链的了解来避免的，然而去中心化的特性同样意味着用户有时可能难以找到一个中心去寻求帮助，这显著提升了普通用户使用区块链技术的壁垒（USPS，2016）。[2]

由比特币带来的丑闻和误解也会阻碍区块链进一步地被大众接受。比特币要想得到更深远的应用还有很多阻碍，最大的阻碍之一就是目前大众仍将比特币作为一个（或者可能鼓励坏人去使用的）洗钱、毒品交易或其他非法活动的工具——例如像 Silk Road 这样的非法在线交易黑市。比特币和区块链是技术中立的，是一把"双

---

[1] USPS, Blockchain Technology: Possibilities for the U. S. Postal Service, The Report of USPS RARC-WP - 16 - 011, May 23, 2016.

[2] 同上。

刃剑"，它可以被用来做好事或做坏事。然而，尽管区块链可能会被恶意使用，但其巨大的潜在好处比它会带来的问题要多得多。随着时间的推移，大众的看法也会随着他们越来越多地使用比特币和数字钱包而改变。尽管如此，比特币作为匿名技术的先驱，它可能会被非法和恶意活动使用。另一个比特币推广重要的阻碍是这个产业中一直持续不断发生的偷窃、丑闻和骗局（例如一些所谓新的竞争币的"拉高出货"骗局，试图拉高某种竞争币价位并赚取快钱）。2014年3月，位于东京的MtGox，当时世界最大的比特币交易所，因为其崩溃而走进了公众视野。直到现在，公众仍然需要一个对这个讽刺性的事件的解释：比特币是怎么在区块链，这个全世界最公开透明的交易总账上消失的，而且数月过去了这些钱仍然没被找到。该公司声称它们遭遇了黑客攻击，该攻击源于"交易延展性漏洞"。这个漏洞允许恶意用户"双花"，将比特币转进自己的账户，而MtGox认为这次转账失败了，从而允许了用户再次发起交易，造成了实际上转出了两倍的钱。分析师不确定MtGox是否真的遭遇了外部黑客袭击或者只是监守自盗。问题的严重性在于，这类事件仍在发生。比如，Moolah的首席执行官携价值140万美元的比特币（2014年10月）人间蒸发，在这之前，200万美元的Vericoin（2014年7月）被盗，以及62万美元也在一次狗币矿工攻击中被盗（2014年6月）。另一个挑战在于个人记录隐私方面，以区块链的方式，仅通过持有一个指针和一个可能的通道，就让大家将自己的个人记录以去中心化的方式存储，目前来看仍有大量的问题需要解决来让用户感到可信赖。一个噩梦是，如果你将你的所有数据都放在线上，而你的私钥被盗了或公开了，你将没有任何可依赖的东西。在目前的加密货币框架中，这的确是可能发生的，就像现在大量的个人和企业密码被盗或数据库被黑一样——这将带来一个浅显却很很广泛的影响：数以万计的人将始终面临这种不便利性。如果一个人的所有个人记录被盗,对于这个人的影响将会是极其惊人的:身份被盗,即你不再拥有你的身份。①

应该说,分布式账本技术并不是凭空出来的"造反派",它有其历史理论的逻辑过程,核心是引领和涵盖一系列新技术支撑的新规则,使其更好地融入主流,改良现有体系和规则的不足,同时构建一个有利于监管传统金融机构、新型金融组织企业和消费者的共享共赢式金融发展生态体系。② 因此,需要一方面高度重视分布式账本技术和规则带来的巨大变革,另一方面要理性看待其面临的风险和挑战。无论如何,分布式账本技术代表了未来信息数据存储和交互的重要技术发展方向。随着互联网金融的升级,以及 P2P 等去中介化新兴模式的发展,在全球大型金融机构联合创新的推动下,以区块链技术为代表的分布式账本技术正从概念走向应用。我国银行业也应高度关注国际同业最新创新动向,积极参与一些标准制定和前瞻性创新,实现由跟随型向引领型创新的转变。

第二节 区块链技术在全球范围内的发展状况考察

一 全球区块链投融资情况

虽然比特币自诞生之日起一直备受争议,但是与其相关的区块链技术从一个小众应用开始,正逐渐成为吸引高科技公司、创投基金的投资新热土,成为金融行业关注的热点。据美国国际加密货币投资研究所 Circle Research 公布的《2018 年加密货币现状》显示,区块链企业的投资规模从 2014 年开始呈现明显的增加趋势,而在

---

① 斯万:《区块链:新经济蓝图及导读》,新星出版社 2016 年版,第 169—180 页。
② 杨涛:《区块链:构建共享共赢式金融发展生态体系》,《当代金融家》2016 年第 2—3 期,第 32—34 页。

2018年急剧上升，2018年对区块链企业的全球投资规模达53亿美元，较前一年14.5亿美元的投资规模增加了近4倍（图1—3）。

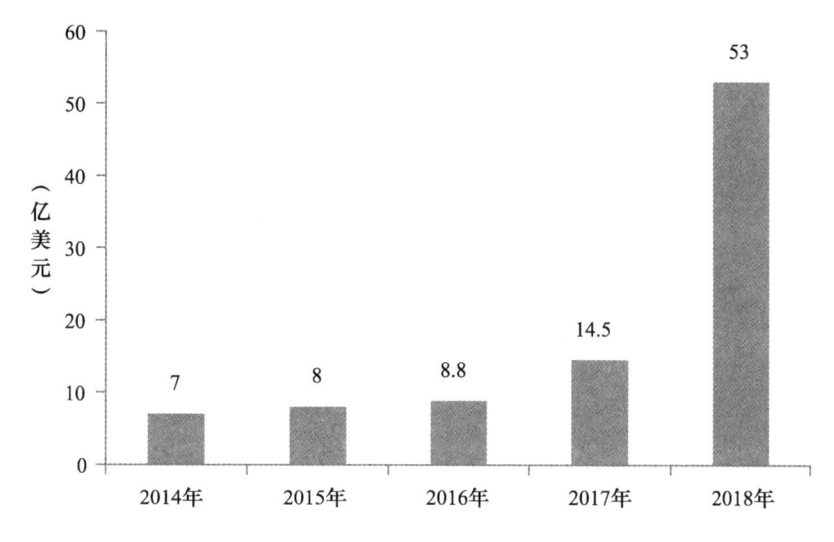

图1—3 近年来针对区块链企业的国际投资规模

资料来源：Circle Research《2018年加密货币现状》。

英国是全球最热衷于金融科技的国家之一，希望能占据区块链技术发展的先机，重新夺回国际金融中心的地位。英国央行组建了区块链技术团队，并考虑发行电子货币的可能性。英国政府对科技金融企业大力扶持，尤其是对区块链初创企业，给予前所未有的优惠政策，并向全球招募区块链技术人才。区块链投资公司Coinsilium在伦敦ISDX交易所首次公开募股，成为世界上第一家成功上市的区块链技术公司，其是成立于2014年初的专注于投资区块链初创企业的投资公司。

美国的硅谷和华尔街的技术和金融大佬们也大幅增加对于金融科技的投资力度，积极投身区块链技术研究。创投公司R3曾联合包括高盛、摩根大通、汇丰银行在内的多家银行机构进行区块链研究，致力于建立金融服务领域的区块链行业标准。IBM将区块链技术应用于物联网。2015 年 12 月 30 日，NASDAQ 的私人股权交易系统的 Linq 平台上完成了第一笔股票发行记录。区块链初创公司 Gem 在 2016 年就宣布完成了 710 万美元的 A 轮融资，Gem 和以太坊都是为开发者提供开放环境和服务的公司，并已为比特币开发者提供了多签名的 API 服务。

日本最大的互联网和电信公司软银（Softbank）联合 Topcoder，针对创业者和初创公司，共同举办了一次关于去中心化区块链的开发竞赛，从 2016 年 1 月 6 日开始到 3 月 31 日结束，试图通过竞赛找到基于区块链技术、去中心化、透明的互联网筹款平台基本原型。

新加坡资讯通讯发展局（Infocomm Development Authority of Singapore）联合新加坡星展银行和渣打银行共同开发首个发票金融的区块链应用，试图让发票金融贸易变得更加安全和简单，包括对企业和放贷银行。新加坡政府正在努力将自己打造成"智能国家"。

韩国的新韩银行于 2015 年参与了区块链初创企业 Streami 的 200 万美元投资，该银行在这次投资中一共投资了 5 亿韩元（大约 42.7 万美元）。Streami 的支持者还包括新韩数据系统（Shinhan Data Systems），是新韩银行旗下的 IT 公司；ICB，一家和亚洲电子商务巨头阿里巴巴合作的韩国支付公司；以及由一群天使投资者组成的风投公司 Bluepoint Partners。该公司的主要业务是亚洲地区的汇款业务，包括韩国、中国、菲律宾、中国香港、印度尼西亚、新加坡、泰国等市场。①

随着越来越多的机构开始重视并参与到区块链技术的探索中来，从最初的以比特币、以太坊等公有链项目开源社区，到各种类型的区块链创业公司、风险投资基金、金融机构、IT 企业及监管机

---

① 穆启国、陆婕：《区块链技术调研报告之一：具有颠覆所有行业的可能性》，川财证券研究报告，2016 年 1 月 12 日。

构，区块链的发展生态也在逐渐得到发展与丰富。总的来看，区块链完整的发展生态包括如下一些机构（见图1—4）。

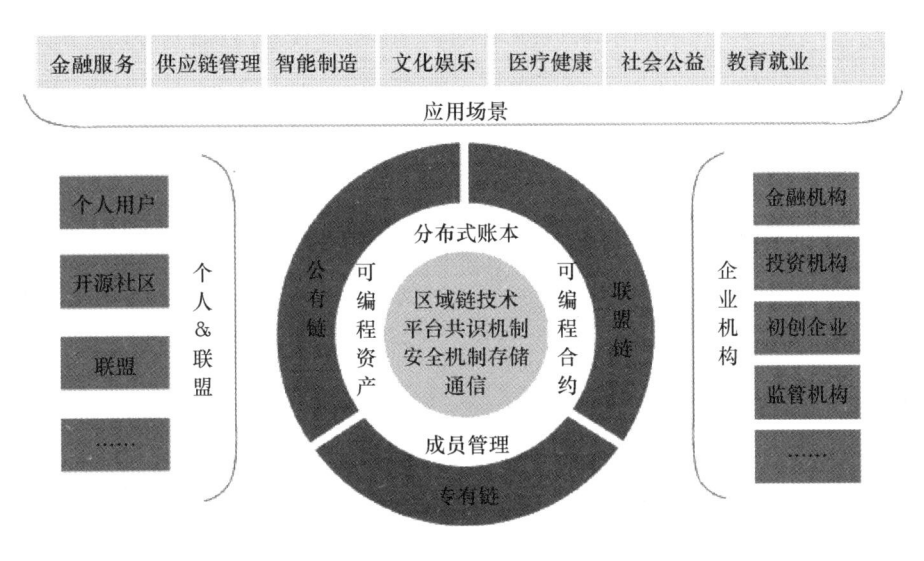

图1—4 区块链生态系统

资料来源：中国区块链技术和产业发展论坛：《中国区块链技术和应用发展白皮书（2016）》，2016年10月18日，http://business.sohu.com/20161021/n470959114.shtml。

第一，开源社区。不同于很多其他技术，区块链技术并非发源于科研院所，也不是来自于企业，而是发源于开源社区，并在社区中发展壮大，此后逐渐受到金融机构、IT巨头等机构的关注。目前，具有代表性的区块链开源项目有两类：一类是以比特币、以太坊为代表的源自于技术社区的开源项目。这一类项目主要以公有链为主，大部分项目采用PoW作为共识机制。相应的社区组成包括了开发者、矿工、代币持有者及代币交易平台等。另一类则是由传统企业发起的区块链开源项目，最具代表性的便是Linux基金会于2015年发起的超级账本项目（Hyperledger Project）。

第二，产业联盟。随着区块链技术的发展，其在各行业的应用潜力开始受到参与者的关注。为了协调推进区块链技术和应用发展，国内外先后成立各种类型的区块链产业联盟。例如，R3区块链联盟，万向控股、乐视金融、上海矩真等发起成立的分布式总账基础协议联盟（简称Chinaledger），微众银行、平安银行、招银网络、恒生电子等共同发起成立的金融区块链合作联盟（简称金联盟）。

第三，骨干企业。目前，国内外互联网、IT等领域的大量企业开始涉足区块链行业，着手研发或推出从基础设施到应用案例的一系列解决方案。其中，国内已经初步发展形成了一批区块链骨干企业。例如，万向控股于2015年9月成立了万向区块链实验室，开展区块链产业研究、开源项目赞助等活动，并建立了国内首个区块链云平台——万云（Wancloud）。此外，设立了专注于区块链领域的风险投资基金，已在全球范围内投资超过30个区块链初创公司，累计投资金额超3000万美元。2016年9月，万向集团宣布未来7年还将投资2000亿元人民币在杭州建设以新能源汽车为核心产业的"万向创新聚能城"，该项目将全方位大规模应用区块链技术，成为迄今为止全球最大的区块链应用项目。蚂蚁金服在以公益为代表的普惠金融场景中利用区块链解决信任缺失的问题。万达网络科技积极加入国际区块链开源联盟，专注推动国内开源区块链技术发展，研发安全可控的自主区块链平台，同时将区块链技术融入智慧生活、物流网等领域，整合海量实体商业应用场景，实现实体产业的数字化转型升级，已内部试运行区块链征信及区块链资产交易所等应用。微众银行倡议发起金融区块链合作联盟，推出基于腾讯云的联盟链云服务，发布了基于联盟链技术的银行间联合贷款清算平台并已上线试运行。

第四，初创公司。随着区块链技术的发展，区块链领域的初创公司也如雨后春笋般涌现出来。这些初创公司将区块链技术应用到包括金融与非金融在内的多个领域中。其中，金融领域包含支付汇款、智能债券、资产发行与交易后清结算等应用，非金融领域包括数字存证、物联网、供应链、医疗、公益、文化娱乐等应用。此外，还出现了一些为区块链开发者提供开发平台的技术型公司。

第五，投资机构。资金是推动区块链技术发展不可或缺的力量之一，各类投资机构也是区块链生态的重要组成部分。由于区块链技术仍处于较为早期的阶段，风险投资机构则是区块链领域内的主要投资力量。另外，以高盛为代表的传统金融机构在区块链投资领域也占据重要地位。随着区块链技术的快速发展，区块链领域的投资金额一直在成倍增长。自2009年以来，全球已有数十亿美元的资金投入到区块链行业中。2015年以前，主要的投资主要集中在与比特币相关的企业中，比如矿机芯片、交易平台、支付汇款、钱包服务等相关企业。随着区块链技术的发展，越来越多的资金投入在了区块链技术研发及行业应用上，包括交易后清结算、智能合约、供应链、物联网、医疗、身份认证、数据存证、数据分析等。这些项目相对来说还处于比较早期的阶段。到目前为止，区块链领域的投资金额仍处于线性增长阶段。

第六，金融机构。自2015年以来，全球主流金融机构纷纷开始布局区块链，以高盛、摩根大通、瑞银集团为代表的银行业巨头分别成立各自的区块链实验室、发布区块链研究报告或申请区块链专利，并参与投资区块链初创公司。其中，高盛不仅参与投资了区块链创业公司Circle，还在2015年11月提交了一份专利申请，描述了一种可以用于证券结算系统的全新数字货币"SETLcoin"。美国存管信托和结算公司DTCC、Visa、环球同业银行金融电讯协会SWIFT等金融巨头也相继宣布其区块链战略。其中DTCC于2016年1月发布了名为《拥抱颠覆》的白皮书，呼吁全行业开展协作，利用区块链技术改造传统封闭复杂的金融业结构，使其变得现代化、组织化和简单化。除此之外，上海证券交易所、纳斯达克、纽约证券交易所、芝加哥商品交易所等各国证券交易所也对区块链技术进行了深入的探索。其中，纳斯达克在 2015 年 12 月 30 日宣布通过其基于区块链的交易平台 Linq 完成了首个证券交易。

第七，监管机构。区块链涉及了包括金融在内的多个行业，各国监管机构在区块链技术的发展与落地中势必会发挥重要作用。当前，各国政府对于以比特币为代表的数字货币政策定义不一。但对于区块链技术，各国政府普遍采取积极支持的态度。英国、新加坡政府相继推出了沙盒计划，以促进区块链领域内的创新。中国互联网金融协会也成立了区块链研究工作组，深入研究区块链技术在金融领域的应用及影响。

在我国，目前越来越多的关注转向比特币背后的分布式账本区块链技术，"区块链"已成为各金融机构的热词。这主要得益于三个主要的推动力：第一是监管部门的表态，央行探索数字货币，被市场视为对数字货币及其背后的区块链技术的一种认可，这极大激励了各金融机构关注区块链技术及其应用的内在动力。第二是多家区块链实验室和专业投资基金纷纷成立，主要专注于区块链技术前沿研究、知识传播、风险投资和项目孵化。例如万向区块链实验室推出了"Block Grant X"赞助计划，每年举办 6 期，每期拿出 5 万—10 万美元支持优秀研发或创业项目，其意义不仅在于为初创团队提供启动资金，更重要的是，将许多对区块链技术有极大热情和开发实力的个人和团队聚合在一起，形成一个核心的区块链技术社区，这对于中国本土区块链技术的发展有重大推动作用。第三是中国分布式总账基础协议联盟（China Ledger）的成立，该联盟由中证机构间报价系统股份有限公司等 11 家机构共同发起，上海证交所前总工程师出任该联盟技术委员会主任，这极大地激发了包括证券公司和银行在内的各金融机构的积极性，也掀开了中国参与区块链技术研发和应用的新篇章。在多个推动力的共同作用下，目前已有多家国有银行、股份制银行和证券公司组建团队启动推进区块链技术的应用研究，并积极与国内外的区块链技术公司洽谈合作和投资事项。

二 基于区块链的应用开发

正如德勤亚太区投资管理业主管合伙人秦谊认为，"区块链有可能颠覆金融行业，重塑如会计、审计等行业操作，并促生新的商业模式"。为防错失机会和面临突如其来的科技冲击，各行业的战略家、规划者以及决策者都应该开始研究区块链的应用案例。2018年，区块链市场相对发展迅猛，引发市场关注，这一年也被称为"公链元年"。

（一）区块链的应用

区块链作为一种数据运行与存储的底层技术，有种说法把它比作当前的 TCP/IP 协议，把电子货币比作最早的互联网应用 E-mail，认为未来会有更多网络设想于区块链上实现，数字世界会被其颠覆并重新定义。

区块链的第一级应用就是构建一个基于区块链技术的程序开发与运行平台，提供一种分布式应用程序运行的底层协议，类似苹果开发者中心、即将问世的微信应用号一样，使得程序能够基于区块链运行；同时，大部分平台开放应用程序编程接口（API），支持开发者开发自己的程序应用于区块链平台。这第一级应用有可能对目前的互联网及商业运作模式造成颠覆，这也是区块链能够吸引广泛关注，并获得了美国的众多人力财力资源投入的原因。

现在提供这种应用程序开发运行平台"基础设施"的主要包括如下一些企业（见图1—5）。

Ethereum（以太坊）提供基于区块链的应用程序开发与运行平台，该公司提供自己创建的公开链和定制化的联盟链、私有链。于

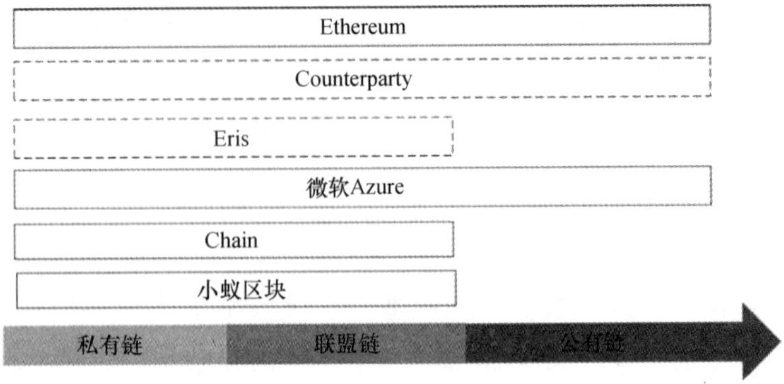

```
┌─────────────────────────────────────────┐
│              Ethereum                    │
├─────────────────────────────────────────┤
│           Counterparty                   │
├─────────────────────────────────────────┤
│              Eris                        │
├─────────────────────────────────────────┤
│           微软Azure                      │
├─────────────────────────────────────────┤
│             Chain                        │
├─────────────────────────────────────────┤
│           小蚁区块                        │
└─────────────────────────────────────────┘
     私有链        联盟链         公有链  →
```

图 1—5　典型区块链平台提供商覆盖的产品类型

资料来源：罗立波、刘芷君：《区块链：正快速走进公众和政策视野》，广发证券研究报告，2016 年 1 月 24 日。

创世区块生成之后短暂的时间里，即众筹到 1800 万美元。公司的盈利模式是需要用户通过以太币（ETH）购买服务，以太币可以即时购买或兑换，也可以通过成为节点提供计算能力挖矿获得。公司的最新平台 Frontier 面向高级开发者，可以为匿名投票、建立金融交易所、众筹、合同管理、知识产权注册等领域的应用程序提供平台。

　　Counterparty 是一家专门为金融工具提供开发与运行平台的公司，与以太坊自创全新区块链不同，该公司的产品是一种比特币区块链上的寄生应用。目前在该平台上已经实现了电子货币交易所、去中心化合约、股份发行、分红等应用。

　　Eris 是一个专注于企业智能合同技术的应用开发与运行平台。Eris 提供的服务：可根据客户需求，建立定制化的私有链或联盟链，或在允许的既有区块链上进行链接。

　　微软 Azure 是一个开放而灵活的企业级云计算平台，自推出 IaaS（基础设施即服务）、PaaS（平台即服务）后，又推出了 BaaS（区块链即服务）。微软 Azure 的平台型合作伙伴有 Ethereum、

Eris 等。

Chain 是一家专为资本市场客户提供区块链平台的公司。Nasdaq、Visa、花旗银行等是其合作伙伴，并合作开发基于区块链平台的金融工具。2015 年底，Chain 为 Nasdaq 推出了 Linq 系统记录投资者的股权交易，并在 Linq 上发行了自己公司的股票。

小蚁区块是国内第一个原创区块链底层协议提供商，提供用来发行、管理、交易各种数字化权益份额的区块链平台。

区块链的二级应用指的是基于区块链底层技术的具体应用或程序。极高的安全特性催生该技术在各领域的创新和应用，尤其是金融领域。典型的应用如我们所知的比特币和以太币等电子货币、更加安全公开的分布式记账系统、金融清算系统、应用于非金融领域的记录管理等。

提供金融领域的分布式记账系统的代表性企业包括：（1）R3CEV，与 Ethereum 和微软 Azure 合作，并与多家银行签署区块链合作项目；（2）CoinPrism，与微软 Azure 合作，提供开源分布式记账技术。

提供金融清算系统的代表性企业是 Clearmatics，用中心化程序为金融 OTC 市场提供清算和结算工具，与 UBS 合作开发多种用途的结算币。

提供记录管理系统的代表性企业为 Factom，他们认为区块链公开和无法更改的特点，使其应用远远超出记账领域，因此提供各种类型的记录管理应用，比如供应链管理、公司管理流程、政府部门的数据管理、审计系统、财产契据、土地产权记录等，致力于提高组织的运行效率。该公司与美国银行合作，将加密货币技术应用于银行转账领域；与洪都拉斯政府合作，开发土地产权记录系统等。

（二）区块链与新一代信息技术的关系

随着新一轮产业革命的到来，云计算、大数据、物联网等新一代信息技术在智能制造、金融、能源、医疗健康等行业中的作用越发重要。从国内外发展趋势和区块链技术发展演进路径来看，区块链技术和应用的发展需要云计算、大数据、物联网等新一代信息技术作为基础设施支撑，同时区块链技术和应用发展对推动新一代信息技术产业发展具有重要的促进作用。图1—6说明了区块链与新一代信息技术的关系。

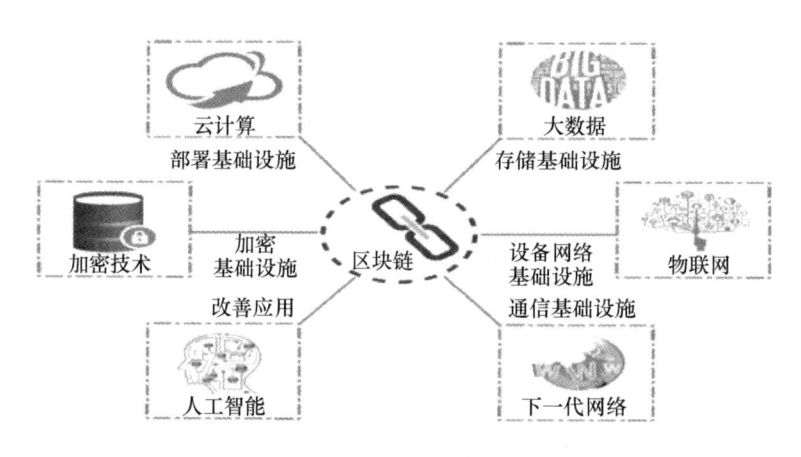

图1—6　区块链与新一代信息技术的关系

资料来源：中国区块链技术和产业发展论坛：《中国区块链技术和应用发展白皮书（2016）》，2016年10月18日，http：//business.sohu.com/20161021/n470959114.shtml。

第一，区块链与云计算的关系。区块链技术的开发、研究与测试工作涉及多个系统，时间与资金成本等问题将阻碍区块链技术的突破，基于区块链技术的软件开发依然是一个高门槛的工作。云计算服务具有资源弹性伸缩、快速调整、低成本、高可靠性的特质，能够帮助中小企业快速低成本地进行区块链开发部署。两项技术融合，将加速区块链技术成熟，推动区块链从金融业向更多领域拓展。2015年11月，微软在Azure云平台里面提供BaaS服务，并于2016年8月正式对外开放。开发者可以在上面以最简便、高效的方式创建区块链环境。IBM也在2016年2月宣布推出区块链服务平台，帮助开发人员在 IBM 云上创建、部署、运行和监控区块链应用程序。

第二，区块链与大数据的关系。区块链是一种不可篡改的、全历史的数据库存储技术，巨大的区块数据集合包含着每一笔交易的全部历史，随着区块链的应用迅速发展，数据规模会越来越大，不同业务场景区块链的数据融合进一步扩大了数据规模和丰富性。区块链提供的是账本的完整性，数据统计分析的能力较弱。大数据具备海量数据存储技术和灵活高效的分析技术，极大提升区块链数据的价值和使用空间。区块链以其可信任性、安全性和不可篡改性，让更多数据被解放出来，推进数据的海量增长。区块链的可追溯特性使得数据从采集、交易、流通，以及计算分析的每一步记录都可以留存在区块链上，使得数据的质量获得前所未有的强信任背书，也保证了数据分析结果的正确性和数据挖掘的效果。区块链能够进一步规范数据的使用，精细化授权范围。脱敏后的数据交易流通，则有利于突破信息孤岛，建立数据横向流通机制，并基于区块链的价值转移网络，逐步推动形成基于全球化的数据交易场景。

第三，区块链与物联网的关系。物联网作为互联网基础上延伸和扩展的网络，通过应用智能感知、识别技术与普适计算等计算机技术，实现信息交换和通信，同样能满足区块链系统的部署和运营要求。另外，区块链系统网络是典型的 P2P 网络，具有分布式异构特征，而物联网天然具备分布式特征，网中的每一个设备都能管理自己在交互作用中的角色、行为和规则，对建立区块链系统的共识机制具有重要的支撑作用。根据 IHS 预测，到 2025 年全球物联网设备数量将达到 754.4 亿台。随着物联网中设备数量的增长，如果以传统的中心化网络模式进行管理，将带来巨大的数据中心基础设施建设投入及维护投入。此外，基于中心化的网络模式也会存在安全隐患。区块链的去中心化特性为物联网的自我治理提供了方法，可以帮助物联网中的设备理解彼此，并让物联网中的设备知道不同设备之间的关系，实现对分布式物联网的去中心化控制。

第四，区块链与下一代移动通信网络的关系。区块链是点对点的分布式系统，节点间的多播通信会消耗大量网络资源。随着区块链体量的逐步扩大，网络资源的消耗会以几何倍数增长，最终会成为区块链的性能瓶颈。5G 网络作为下一代移动通信网络，理论传输速度可达数十 GB 每秒，这比 4G 网络的传输速度快数百倍。对于区块链而言，区块链数据可以达到极速同步，从而减少了不一致数据的产生，提高了共识算法的效率。Markets and Markets 研究报告显示，到 2020 年全球 5G 物联网市场规模将达到 7 亿美元，而到 2025 年这一数据将增至 63 亿美元。下一代通信网络的发展，将极大提升区块链的性能，扩展区块链的应用范围。

第五，区块链与加密技术的关系。现代信息的应用越来越趋于全球化和全民化，对于信息安全的要求除了防篡改、抗抵赖、可信等基础安全之外，更需要加强隐私保护、身份认证等方面的安全。从某种意义上看，区块链技术是因为现代密码学的发展才产生的，但今天区块链技术所用的密码学主要是 20 年前的密码学成果，还存在很多问题需要解决。将区块链技术应用于更多分布式的、多元身份参与的应用场景，现有的加密技术是否满足需求，还需要更多的应用验证，同时更需要深入整合密码学前沿技术，包括目前国际国内在零知识证明、多方保密计算、群签名、基于格的密码体制、全同态密码学等最新前沿技术。新兴的区块链技术有助于推动信息化沟通模式从多对多沟通发展到物联网沟通模式，密码学需要不断创新才能满足趋于复杂的通信方式的安全需求，从某种程度上说，区块链技术在推动密码体系创新的同时，也给现代密码学带来新的发展契机。同时在区块链治理过程中，身份认证系统是第一要务，数字证书对于区块链技术也是极其重要的，区块链技术的发展对数字证书的发展和应用也有极大的促进作用。

第六，区块链与人工智能的关系。基于区块链的人工智能网络可以设定一致、有效的设备注册、授权及完善的生命周期管理机制，有利于提高人工智能设备的用户体验及安全性。此外，若各种人工智能设备通过区块链实现互联、互通，则有可能带来一种新型的经济模式，即人类组织与人工智能、人工智能与人工智能之间进行信息的交互甚至是业务的往来，而统一的区块链基础协议则可让不同的人工智能设备之间在互动过程中不断积累学习经验，从而实现人工智能程度的进一步提升。

三　区块链领域的一些最新进展

2018年1月25日，上海票据交易所成功上线并试运行数字票据交易平台。工商银行、中国银行、浦发银行和杭州银行在数字票据交易平台顺利完成基于区块链技术的数字票据签发、承兑、贴现和转贴现业务。

2018年3月13日，挪威Telenor集团与蚂蚁金服联合宣布达成战略合作伙伴关系。蚂蚁金服将出资1.845亿美元购入前者在巴基斯坦的子公司TMB（Telenor Microfinance Bank）45%股权，这是中国金融科技企业首次投资开发巴基斯坦的移动支付服务。巴基斯坦钱包品牌Easypaisa将借鉴支付宝模式在巴基斯坦提供相关服务，并于2019年初完成以区块链技术支持的巴基斯坦首个区块链电子钱包跨境汇款项目。

2018年6月28日，杭州互联网法院对一起侵害作品信息网络传播权纠纷案进行公开宣判，首次对采用区块链技术存证的电子数据确认了法律效力，这是我国司法实践中法院首次认可区块链电子存证。

2018年6月，芝加哥期权交易所（CBOE）向美国证券交易委员会（SEC）提议上市并交易一支比特币 ETF 基金产品，该基金由投资公司 VanEck 与区块链创业公司 SolidX 合作推出，该申请由 SEC 讨论并决定是否同意相关变更，以允许该比特币投资产品上市交易。

2018 年 8 月 10 日，全国首张区块链电子发票在深圳实现落地，宣告深圳成为全国区块链电子发票首个试点城市，也意味着纳税服务正式开启区块链时代。

2018 年 9 月 10 日，美国纽约州金融服务部授权批准 Gemini 数字货币交易所和区块链初创企业 Paxos Trust 发行与美元等值兑换的数字货币，Gemini 随后宣布推出基于以太坊区块链的 ERC20 标准稳定币 GUSD，结合 2018 年 6 月 USDT 的 2.6 亿美元增发货币，引发业界对数字货币发展方向的广泛讨论。

2018 年 9 月 26 日，交通银行成功发行交盈 2018 年第一期个人住房抵押贷款资产支持证券，总规模 93.14 亿元，该资产支持证券是市场首单基于区块链技术的信贷资产证券化项目。

2018 年 9 月，新加坡金管局（MAS）负责人士在区块链数字媒体 CoinDesk 举办的区块链技术共识峰会上指出，新加坡金管局将代币分为应用型、付款型和证券型，其中，MAS 不打算监管应用型代币，证券型代币将适用于现行新加坡证券及期货法，而对于付款型代币，将尽快推出相关条例草案。而对于其目前正在试验的以分布式账本技术为基础的新加坡元，其目的是用于跨银行结算，而非家庭使用。

第三节　对区块链应用于支付清算领域的理论探讨

一　区块链应用于经济金融领域的理论支撑

创新往往会带来增量，但是通常会以非常激进的方式出现，经济学家熊彼得称之为"颠覆式创新",也被 Carlota Perez 称为"技术革命"。这些创新在许多技术、经济和社会之间以复杂动态的方式出现,某些时候创新有可能会从根本上改变特定社会或者经济的组织形式。在过去的几个世纪,我们已经看到了这些技术革命:原来的工业革命、铁路革命和石油革命。这每一次都改变了产业结构,带来了能源的全新形式,并且影响了社会的组织方式。然而前面技术革新对于金字塔、组织的层级系统以及政府几乎没有影响。但是现在有些人建议,我们新技术时代也许会出现一个目前还不明显的"普遍协作",因为社会是由合作利益驱动的而不是由个人利益。这就是意味着变成分布式的共识社群结构,不需要有层级的中介(例如银行和政府)。区块链技术正是代表了这种挑战。区块链

	描述	年份	新技术和行业	新基础设施	常识原则
第1次	工业革命	1770	机械化工业	运河和水利	工业制造、生产力、本地网络
第2次	蒸汽和铁路	1830	蒸汽机、铁路、机械	铁路、电报、港口	集聚效应、标准化零件、城市化
第3次	钢铁、电子、重型机器制造业	1875	低价钢铁、重工业化	电网、全球航运	规模经济和垂直整合,科学是生产力,效率高
第4次	石油、汽车、大规模制造	1910	汽车、低价石油、石化、家用电器	公路网络、通用电	大规模制造、横向集成标准化产品、能源强度、郊区化
第5次	信息和电信	1970	低价微电子、计算机、移动电话	全球范围的数字通信	信息强度、云中心化网络、知识即资本、专业化经济、全球化

图1—7 五次技术革命

资料来源:UK Government Office for Science, *Distributed Ledger Technology*: *Beyond Block Chain*, The Report by the UK Government Chief Scientific Adviser, https://www.gov.uk/government/news/distributed-ledger-technology-beyond-block-chain, January 19, 2016。

技术代表一种朝着激进方向的创新，因为它有潜力影响到大范围的商业模式：从新的产品到服务，通过操作系统和组织结构，并且还有许多潜在的行业可能会被影响。因此，它们会互相关联，并且和内部关联突破，形成一次技术革命。

　　从技术的角度来讲，区块链虽然源于加密货币，但是其应用层面却能够进一步拓展。究其根源，是能够促使当前的信息互联网向价值互联网加以过渡，为更多领域的金融和非金融创新奠定基础条件。区块链科学研究所创始人梅兰妮·斯万认为，"我们应该把区块链当成类似互联网的事物——一种综合的信息技术，其中包含多种层面的应用，如资产登记、编写清单、价值交换，涉及金融、经济、货币的各个领域，像硬资产（有形财产、住宅、汽车），以及无形资产（选票、创意、信誉、意向、健康数据、信息等）"，"但是，区块链的概念远不止于此：它是任何事物所有量子数据（指离散单位）呈现、评估和传递的一种新型组织范例，而且也有可能使人类活动的协同达到空前的规模"。据此，他将由区块链技术带来的各种已有和将有的革新分为三类：区块链1.0是货币，包括货币转移、汇兑和支付系统；区块链2.0是合约，其在经济、市场、金融全方面的应用，可延伸内涵远比简单的现金转移要广得多，如股票、债券、期货、贷款、按揭、产权、智能资产和智能合约；区块链3.0是超越货币、金融、市场之外的区块链应用，特别是在政府、健康、科学、文学、文化和艺术等领域。[①]中国区块链技术和产业发展论坛（2016）则更加详细分析了区块链可延展到的6个行业：金融服务、供应链管理、文化娱乐、智能制造、社会公益、教育就业（见图1—8），不过他们也清醒地认识到除金融服务行业的应用相对成熟外，其他行业的应用还处于探索起步阶段。随着区块

---

　　① 斯万：《区块链：新经济蓝图及导读》，新星出版社2016年版，第27—30页。

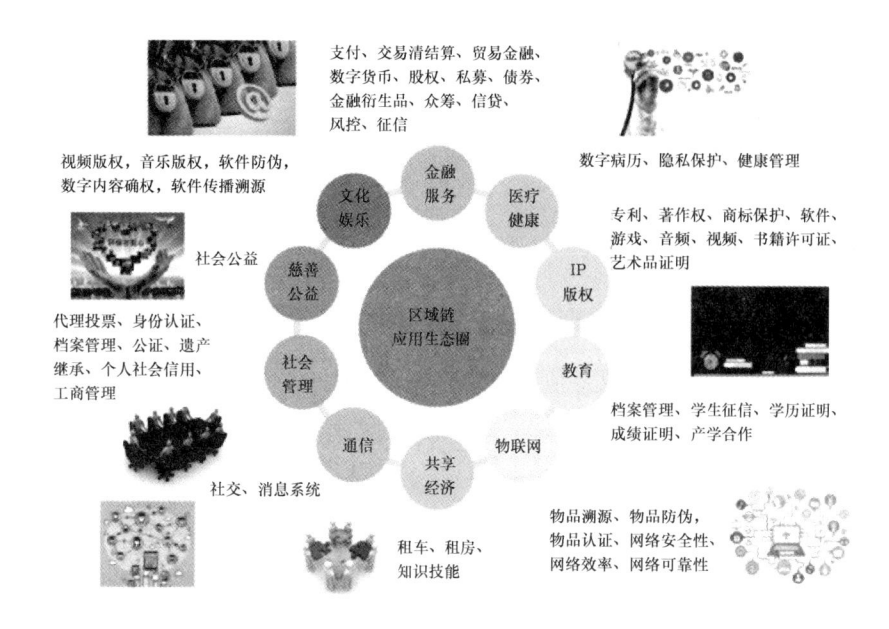

图1—8 区块链应用场景概览

资料来源：Nakamoto, S., Bitcoin: A Peer-to-Peer Electronic Cash System, https://bitcoin.org/en/bitcoin-paper, 2009。

链技术广泛应用于经济社会各领域，必将优化各行业的业务流程、降低运营成本、提升协同效率，进而为经济社会转型升级提供系统化的支撑。

尽管区块链给经济和金融带来的冲击首先会沿着技术演进的路径逐渐发生，但更重要的是对制度与规则层面的创新尝试。区块链是一套基于网络难以改变的、公开透明的、超大容量的游戏规则。这套游戏规则为什么要改变金融市场中原有的一些规则？无非是因为，现有的金融体系中有些规则可能存在一点瑕疵，即现有规则下的某些金融活动，或者有可能使得金融中介部门拥有过强的话语权，或者使得企业和居民等个体的影响力过于弱小，以至于出现很多问题。比如金融消费者权益保护可能成为全球性的难题；金融创新可能成为少数部门的获利手段；资金配置成本较高，导致融资难、融资贵；以及信息不对称造成的各种金融服务缺位，造成广大普通民众的零散性的金融需求无法满足等问题。而类似于区块链的这套新规则，可能有助于缓解以上矛盾，使得多数人都能够成为规则的参与者和维护者。为此，从规则层面而言，区块链具有很重大的意义。

从金融领域来看，区块链将首先影响金融基础设施，随后扩及一般性金融业务。金融基础设施主要包括核心金融基础设施和附属金融基础设施。核心金融基础设施，按照国际主流概念，又称金融市场基础设施，主要包括支付系统、中央证券存管、证券结算系统、中央对手方及交易数据库等。附属金融基础设施是一个相对广义的描述，主要包括信用体系、法律、会计、反洗钱、信息系统等。为什么区块链影响的主要是金融基础设施？可资比较的是，过去基础设施都是公共产品，因其成本相对较高、收益较低，为此更多的是由政府、国企等来建设，全球如是。但现在，在全球范围内，已有大量民间资本逐渐介入基础设施领域，无论是新技术还是新的制度规则的演变，都使得多元化资本介入基础设施建设的效率大大提高。金融基础设施也面临同样的问题，一些新机制使得更多人有可能参与到金融基础设施建设中来，从而既降低成本、提高效率，又保证安全性。

除了技术和制度外，区块链所代表的分布式账本的颠覆性潜力最主要还是在于它们分布式共识、开源、透明度和社群的基本理念（UK Government Office for Science，2016），① 而这种理念必然会使得区块链技术在经济金融活动中发挥更大的作用，并有助于经济社会的转型发展。比如，区块链技术可能会培育新的创业创新机会，因

---

① UK Government Office for Science, *Distributed Ledger Technology: Beyond Block Chain*, The Report by the UK Government Chief Scientific Adviser, https：//www.gov.uk/government/news/distributed-ledger-technology-beyond-block-chain, January 19, 2016.

为国内外已有的应用实践证明，区块链技术作为一种大规模协作的工具，能推动不同经济体内交易的广度和深度迈上一个新的台阶，并能有效降低交易成本。又比如，区块链技术可以为社会管理和治理水平的提升提供技术手段。随着区块链技术在公共管理、社会保障、知识产权管理和保护、土地所有权管理等领域的应用不断成熟和深入，将有效提升公众参与度，降低社会运营成本，提高社会管理的质量和效率，对社会管理和治理水平的提升具有重要的促进作用。

二 区块链在支付清算领域的适用性分析：基于文献的探究

（一）基于区块链的跨境支付

Gifford 和 Cheng（2016）通过 Ripple 的例子来说明区块链技术如何应用于跨境支付领域。他们指出，尽管在金融领域过去几十年有着快速的技术创新，但在跨境支付方面依然存在许多不足之处，碎片化的支付系统不仅限制了相互操作的便利性，使得支付不得不依赖于数量极少的中介机构，并且也增加交易成本和结算延迟。而区块链技术则可减少一些结构性的无效率，使得广大个人和企业得以享有便宜、安全、迅速的跨境支付服务。在传统的支付体系中，需要一个值得信赖的第三方中介来保证支付安全，而对于跨境支付来说，则需要不同国家或地区的一系列第三方之间的协调行动。例如，一家英国公司 a 希望向日本公司 b 支付 5000 日元，a 在英国国内的银行为 A 银行，b 在日本国内的银行为 B 银行，按目前的方式，A 银行和 B 银行需要寻找一家共同的代理银行 C 来为其做跨境的外汇交易结算，实际上在这个过程中还可能存在更多的第三方中介机构来作为支付过程中的流动性提供者。由于这些第三方中介的存在，从 A 到 B 的支付过程便被分割为诸多部分，至少是两部分——A 到 C 和 C 到 B，这种分割便造成整个支付流程碎片化并且需要序贯进行，这会增加支付结算的成本、时间和结算风险。Ripple 网络通过区块链和分布式账本来取代了一系列第三方中介，此时，流动性提供者的角色可由任何一家同时在 A 银行和 B 银行拥有账户的机构来扮演，由其来为两家银行进行汇兑，在此过程中也可使用 Ripple 币来作为两种货币汇兑的中介。这样，通过执行 Ripple 的协议，A 银行和 B 银行便可同时实现外汇交易结算和支付结算，而无须将一个支付过程分割成许多段，从而有效避免上述碎片化所带来的诸多问题，尤其是有效地降低了整个支付链条上各个第三方中介的结算风险和流动性风险。同时由于区块链技术并不依赖于一个中央对手，因此对于控制跨境支付过程中的系统性风险也有帮助。[1]

当然，对于庞大的跨境支付市场来说，基于 Ripple 协议支付的份额还相当小，接入其网络的银行数量也较少，因此一个小范围内的实践能否适用于大范围的扩展仍然存疑。Accenture 和 Ripple（2016）共同发布的报告中便对这种支付方式大范围地推广可能存在的"未知"（unknowns）进行了系统的梳理，其分为已知的未知、未知的已知和未知的未知三种。已知的未知包括 Ripple 网络的治理结构和结算框架，这些在小规模使用时实际上已经形成，这意味着其基础结构是已知的，但如果应用于大规模推广或许还需要再进一步调整，如何调整则是未知的；未知的已知是指在小规模使用时还未遇到但如果大规模推广一定会遇到的问题，诸如代理银行的转型、客户行为习惯的转变，等等；最后，未知的未知则无法被计划，也无法被预测，只能是在大规模推广之后才会被慢慢发现。[2]

---

[1] Gifford, K., Cheng, J., "Implementation of Real-time Settlement for Banks Using Decentralised Ledger Technology: Policy and Legal Implications", *Financial Stability Review*, Vol. 20, 2016, pp. 143–151.

[2] Accenture, Ripple, The Journey to Real-Time Cross Border Commercial Payments using Distributed Ledger Techonlogy, http://www.199it.com/archives/496762.html, 2016.

虽然已经有了 Ripple、Circle 这样的公司在推广基于区块链的跨境支付服务，但一些分析仍然对这个领域并不看好。例如，花旗银行的报告便认为，虚拟货币与法币之间的汇兑率的大幅波动可能是影响区块链技术应用于跨境支付的"最后一公里"（last mile）问题，同时如果要大面积推广基于区块链的跨境支付的话，那么前期网络建设及向客户推广的固定成本会非常高（Horowitz et al., 2016）。① Evans（2014）则将视角转向了监管法规，他认为区块链技术带来的好处（便宜、快捷等）并不是大部分使用跨境支付的用户最为关注的因素，相反他们的核心关注点主要在安全上，已有的支付手段之所以存在种种低效，主要是为了满足各国不同的监管规定，如果区块链技术被用来做跨境支付，那么相应的合规成本同样也会很高。②

（二）对金融市场基础设施的改造

金融市场基础设施通常被认为是最有可能被区块链技术所改变的领域之一，因此相关研究较为丰富。特别是一些金融机构以及清算结算组织纷纷开展相关研究，并得到许多有价值的研究成果。

ESMA（2016）的报告列举了9条区块链技术未来应用于证券市场的可能益处。第一，由于总账的共享性质和参与者的共识机制，分布式账本可能使得证券的清算结算更加快速高效，甚至将清算和结算有效结合为一个步骤。第二，通过一个独特的可追溯的数据库以及可自动化处理的智能合同，区块链可方便各种证券和其他资产所有权的登记、托管和公证，增强企业的自动化处理能力，甚至基于分布式账本可直接发行数字证券。第三，由于在分布式账本上信息的来源扩大了，并且可追溯，这将有助于风险管理人员和监

---

① Horowitz, K., Porter, A., Liao, F., Cronin, M., Shirvaikar, A., Schmidt, A., Fandetti, D., Could the Bitcoin Blockchain Disrupt Payments? The Report of CITI Research, June 30, 2016.

② Evans, D. S., "Economic Aspects of Bitcoin and Other Decentralized Public-Ledger Currency Platform", *Institute for Law and Economics working paper*, The University of Chicago, April 2014.

管者对市场数据的把握。第四，缩短结算周期同样也意味着缩短了风险暴露的时间，这有助于减少违约风险，甚至在现券交易领域分布式账本有可能使得 CCP 变得可有可无。第五，由于分布式账本可以减少交易对手风险，这意味着市场参与者可以提供较少的抵押品，同时分布式账本还可增强抵押品在参与者之间运转的速度，这都会提高市场中存量抵押品的使用效率。第六，理论上讲，分布式账本可以将原先分阶段的操作流程合为一个连续的流程，不过这种连续流程的操作复杂度同样不能低估。第七，分布式账本有助于减少网络被攻击的风险，同时也可减少恢复计划需要的成本，因为账本已经在许多地方被同时保存了。第八，通过减少中介、简化流程，分布式账本可以降低交易后环节的成本。第九，通过广泛的广播购买或销售的兴趣，分布式账本有可能能够提高交易前的买卖双方的匹配效率。①

日本交易所集团则于 2015 年便组建研究团队针对区块链技术展开研究，并在 2016 年 4 月到 6 月实际测试了区块链技术在证券交易一系列环节的适用性，并基于测试的结果发布研究报告（Santo et al., 2016）。与 ESMA 报告强调区块链可能会对证券市场带来何种改变不同，日本交易所集团的报告侧重于从区块链的特性的角度来分析，即这些特性是否适用于证券交易领域，如果应用于此则可能需注意哪些问题。第一，从适用范围来看，交易所的交易前环节由于需要顺序匹配，同时市场参与者需要频繁地取消、修改订单，这使得区块链的这种分布式架构难以应付，相反，场外市场的交易由于均为双边交易，没有激烈的竞价过程，同时取消或修改率较低，区块链技术在其中是适用的。从清算结算的角度来说，区

---

① ESMA. The Distributed Ledger Technology Applied to Securities Markets, ESMA Discussion Paper 2016/773, June 2, 2016, http：//www.dtcc.com/news/2016/january/25/blockchain, January 2016.

块链技术同样存在很多问题，首先便是"分叉"的存在影响结算最终性；其次是目前法律和监管规则的不明确使得实现 DVP 较为困难；最后是诸如融资融券、净额结算以及针对系统失败的恢复计划等在分布式账本上也很难实现。不过，在所有权登记以及公司行为方面区块链是适用的。第二，吞吐量是阻碍区块链应用的一大局限，如果采用扩大每一个区块包含的交易数量或采用速度更快的共识机制，则又会带来其他隐忧，比如占用更大的网络带宽或牺牲基础设施的可用性等。因此相比于交易所交易来说，交易量相对较少的场外市场可能更加适合使用区块链技术。第三，由于公有链无法屏蔽恶意参与者，同时相关金融机构需要履行了解客户和反洗钱的职责，因此私有链或联盟链或许更加适合。第四，区块链的一个特征是其账本中交易的透明性，然而对于证券市场来说交易的隐私性十分重要，特别是针对大额交易，同样，在场外市场交易者则更加不希望向不相关者披露交易信息，这意味着交易数据最好只能被相关者看到。然而这又会使得交易验证存在困难。因此，即便在分布式账本中，也应存在一个值得信赖的第三方来负责认证，只有它拥有完整的数据访问权。第五，区块链账本的分布性使得其可以很好地对抗攻击，保持运行的连续性，然而如上所述，如果将其应用于金融市场，则一些管理节点（可信第三方）是必要的，因此其同样可能存在单点受攻击导致系统失灵的情况。因此，应将必要的管理节点的数量尽可能地减少，以增强系统稳定性。第六，相比于硬件成本来说，区块链技术所带来的成本节约主要体现在通过改变商业流程而节省的运营成本上。[①]

DTCC（2016）同样对区块链技术展开了研究，他们认为，尽

[①] Santo, A., Minowa, I., Hosaka, G., Hayakawa, S., Kondo, M., Ichiki, S., Kaneko, Y., "Applicability of Distributed Ledger Technology to Capital Market Infrastructure", *JPX Working Paper*, Vol. 15, August 30, 2016.

管区块链技术存在许多局限性,然而其在一些特定的方面仍然能够改进现有的金融市场基础设施。同时,作为美国最重要的金融市场基础设施之一,DTCC认为其自身应肩负起将区块链技术引入到现存体系中的责任,以进一步提升现存体系的效率和安全。不过,DTCC并不认为区块链技术可以适用于大部分清算结算体系的核心领域,从目前的技术发展水平来看,他们认为区块链技术能够加以改进的或许只有以下几个方面。第一,主数据管理。主数据包括交易主体、资产、交易日以及其他非事务性业务信息等,现有的行业主数据的质量和一致性存在问题,而分布式账本的共识机制或许可以增强其标准化程度,同时也便于审计其历史数据。第二,资产的发行及后续服务。相比于传统的集中式账本来说,使用分布式账本将极大地简化资产的发行及对所有权变更的跟踪,然而如何将原有的存于托管机构的资产放入分布式账本中将会是一大挑战。第三,抵押品管理。如果将区块链技术追踪交易活动的能力配合上适当的设计的话,它将十分适合管理抵押品。

总的来看,金融机构对于区块链技术在金融市场基础设施的应用前景还是普遍看好的,至少在一些方面确实具备改造传统体系的潜力,尤其是在场外衍生品市场,其利用价值可能相对更大。高盛估计了区块链技术的应用可能为清算结算领域带来的成本节约情况,他们认为通过简化交易后流程,减少重复的且通常是手工的确认以及客户、经纪商、托管银行和DTCC之间的协调成本,区块链技术的引入大约每年可以为美国的股票市场节省20亿美元,而回购市场节约的成本更是达到50亿美元(Schneider et al.,2016)。[①]

不过也并不是所有机构都对区块链改造金融市场基础设施的能

[①] Schneider, J., Blostein, A., Lee, B., Kent, S., Groer, I., Beardsley, E., Profiles in Innovation Blockchain: Putting Theory into Practice, The Report of Goldman Sachs Equity Research, May 24, 2016.

力表示认同,例如欧洲央行的两位研究人员便给躁动的市场浇了盆凉水。Pinna 和 Ruttenberg(2016)指出,从结算环节来看,公正职能在此环节是必不可少的,而这只能依靠一个受监管的第三方来完成。进一步讲,如果将结算交由分布式账本中的一系列节点来完成,则需要节点验证交易细节的有效性,但这将会给交易的保密性带来挑战。此外,区块链所特有的"分叉"现象还会影响结算的最终性。因此他们认为依靠区块链技术在结算环节采用 P2P 的方式并不现实。从清算环节来看,区块链技术有可能实现"交易即结算",从而使得清算环节被简化掉,然而这在交易数额巨大的时候很难做到,此外,由于区块链的结算并不是实时的,因此传统的清算环节(净额结算、风险控制等职能)仍然是必要的。当涉及衍生品交易的时候,情况也是相似的。不过,Pinna 和 Ruttenberg 认为传统的托管环节可能会被区块链技术,特别是智能合约所改变,甚至变得可有可无。一旦一系列的资产服务可以被自动化地执行,那么留给托管机构的任务可能就只剩下识别投资者和发行人以及控制其访问账户了。而事实上商业银行或其他公共机构足以承担剩余的这些任务。最为重要的是,Pinna 和 Ruttenberg 指出,金融业实际上是一个网络产业(net industry),对于金融市场来说,机构之间共同遵守的技术标准和业务规则是至关重要的。对于交易后环节来说,分布式账本的介入意味着其需要与传统机构共同协定商业规则和治理结构,以增强它们之间的互操作性,而这将成为分布式账本技术能否应用于交易后环节的关键因素之一。[①]

ESMA(2016)虽然相信区块链技术对于金融市场基础设施的改进有所助益,但其认为这实际上也只是未来的可能益处,而并非现在便可做到。事实上,他们认为目前该技术的发展水平离大规模

---

① Pinna, A., Ruttenberg, W., "Distributed Ledger Technologies in Securities Post-trading", *Occasional Paper Series*, No. 172, European Central Bank, April 2016.

市场运用还相差很远，同时与现有的系统相结合也比较困难，同时还需克服一些监管法规上的难题。此外，不可篡改性对于区块链技术来说也是一把"双刃剑"，因为这将阻碍参与者迅速地纠正错误。最后由于在分布式账本中，资产所有权是进行交易的先决条件，因此像融资融券之类的业务要想在目前的区块链框架下实现也很困难。① 与此相似，Mainelli 和 Milne（2016）也认为区块链技术若要改变证券市场十分不容易，因为这需要交易后业务流程的大幅变化，需要所有主要机构协调一致地进行业务流程再造。因此如果真要基于区块链技术去改造证券市场交易后环节，那么这些潜在的利益主体以及监管者必须相互协调配合，并投入大量的时间和资源。②

不过学者们对区块链技术应用于场外衍生品市场还是普遍较为乐观，但正如 Morini（2016）所言，区块链技术可以为衍生品市场带来更低的成本和更小的风险，并不是基于区块链技术本身可以简化流程、提高清算结算速度的特性，而是在于其可将智能合约注入交易之中。③ 同样，Kiviat（2015）也认为区块链将取代传统的第三方信用中介来执行记录、审核、监控、托管等职能，从而重塑衍生品交易的价值链，而这主要是通过智能合约的程序化交易、自我监控和自我实施来实现。④ 不过日本交易所集团则提醒，区块链技术在执行需要在特定时间触发的合约时可能存在问题，因为各个节点

---

① ESMA. The Distributed Ledger Technology Applied to Securities Markets, ESMA Discussion Paper 2016/773, June 2, 2016, http://www.dtcc.com/news/2016/january/25/blockchain, January 2016.

② Mainelli, M., Milne, A., "The Impact and Potential of Blockchain on the Securities Transaction Lifecycle", *SWIFT Institute Working Paper*, No. 2015 – 007, May 9, 2016.

③ Morini, M., From "Blockchain Hype" to a Real Business Case for Financial Markets, http://www.valuewalk.com/wp-content/uploads/2016/04/SSRN-id2760184.pdf, March 21, 2016.

④ Kiviat, T. I., "Smart" Contract Markets: Trading Derivatives Contracts on the Blockchain, http://diyhpl.us/~bryan/papers2/bitcoin/Smart%20contract%20markets;%20trading%20derivative%20contracts%20on%20the%20blockchain%20-%202015%20-%20Trevor%20Kiviat.pdf, 2015.

的时间可能并不同步（Santo et al., 2016）。①

（三）央行发行数字货币

Bernanke（2009）曾将金融市场基础设施或者说支付清算系统比喻为"金融的管道"（financial plumbing），② 这意味着货币需要通过这一条条"管道"实现转移。传统的货币发行遵循中央银行到商业银行的二元体系，由此固然可以体现支付清算系统及相关机构的重要性，但另一方面也意味着，如果货币本身的属性发生了根本性的变化，那么相应的"管道"甚至整个"管道"系统必然也会发生巨大的改变。这部分谈论的便是一种潜在的颠覆性变化的源头，那便是区块链技术可能颠覆传统的货币形式。

人们对于区块链技术的关注本身便始于一种数字货币——比特币，而直至目前为止人们对于区块链技术谈论最多的领域一直仍然是基于其所形成的数字货币。大体上可将这种数字货币分为两类，即私人发行的数字货币和央行发行的数字货币。其中，私人发行的数字货币本身已存在一个范本，便是比特币。然而在现实中，出于种种原因许多主要国家对其并不十分支持，同时比特币本身存在的诸多问题也逐渐被人们认识到，因此比特币的热潮基本已经过去，至少在研究领域，仍然坚信比特币能够颠覆传统主权货币的人恐怕寥寥。相反，法定数字货币成为近年来各国央行的重点研究领域，如中国、瑞典、日本、英国、加拿大、荷兰、澳大利亚、新加坡、印度等国以及包括欧盟在内的全球多家央行已经陆续开启了法定数字货币领域的研究，涉及安全性、交易效率、隐私保护以及信息公开方面等多领域，并且部分国家

---

① Santo, A., Minowa, I., Hosaka, G., Hayakawa, S., Kondo, M., Ichiki, S., Kaneko, Y., "Applicability of Distributed Ledger Technology to Capital Market Infrastructure", *JPX Working Paper*, Vol. 15, August 30, 2016.

② Bernanke, B., Financial Reform to Address Systemic Risk, Speech at the Council on Foreign Relations, http://www.federalreserve.gov/newsevents/speech/bernanke20090310a.htm, March 10, 2009.

央行还在制定法定数字货币的时间进程和技术路线图，随着一些国家央行陆续表态支持比特币背后的区块链技术，人们开始陆续评估到由央行自身来发行数字货币的可行性。

大体上对于央行基于区块链技术发行数字货币的探讨主要围绕两个方面。第一个方面便是探讨央行发行基于区块链技术的数字货币可能对金融体系乃至经济体系带来的影响。Broadbent（2016）首先谈论了人们普遍对于央行利用区块链技术的一些错误认识。他指出，第一，目前事实上在银行账户上流通的货币绝大部分本身已经是数字化的了，因此区块链技术对于央行的益处并非是借助其实现货币的数字化，即发行数字货币。第二，区块链技术带给支付清算系统的好处主要基于其可简化中间环节，然而相比于其他支付清算机构，央行的支付系统并没有太多的中间环节，依托央行、商业银行这些授信第三方所构建的支付系统本身具有较强的规模经济效应，因此区块链在此应用的优势不明显。第三，虽然央行的支付系统并非完美的，但却可以通过其他方式加以改进，而并不需要对其框架进行颠覆性的改革。那么央行基于区块链技术发行数字货币是否存在益处呢？Broadbent 对此是表示肯定的。他认为区块链技术最大的好处在于便于扩大央行支付系统的接入者的范围，甚至可将所有储户都接入央行系统中。这将会把商业银行的存款转移到央行，从而使得资产和负债的流动性相匹配。由于不再需要商业银行来进行流动性转换，因此挤兑的风险便不存在了，存款保险、救助等一系列制度设计就都不再需要了。实际上，在大萧条时期，芝加哥大学便曾呼吁过类似的方案，而在 2008 年金融危机期间类似的呼声又起。①

---

① Broadbent, B., Central Banks and Digital Currencies, Speech Given at the London School of Economics, http：//www. bankofengland. co. uk/publications/Documents/speeches/2016/speech886. pdf, March 2, 2016.

Raskin（2016）则沿着 Broadbent 的思路进一步分析了建立这种"超级银行"的利弊。他认为单从技术上讲，虽然历史上从没有实现过这种"超级银行"，但由于云计算技术的发展，使得由客户数量庞大所带来的数据处理压力可得以缓解，同时移动终端的发展也使得央行不需要在各地自行设置诸多网点和 ATM。对于央行来说，建立这种"超级银行"的优点在于可使货币政策变得异常简单。通过智能合约，央行可以将货币创造与利率等指标直接关联起来，从而实现精准控制。同时，在此情况下，作为以往的一个大难题，零利率下限将很容易被突破。公开市场操作将被直接干预所取代，货币传导机制将变得更加顺畅，通过直接干预客户资产负债表便可实现货币的精准投放。由于不需要商业银行作为中介，相应的道德风险问题自然得到了解决，当然这对商业银行的打击可能是致命的，因为作为其信贷资金来源的储蓄被央行抢走了。此外，由于所有人的账户直接在央行，对于偷税漏税以及洗钱等的监控将变得非常容易。不过，虽然这种"超级银行"有助于央行以及政府更多地了解和控制金融市场，但恰恰由此便容易引发争议，包括 Raskin 本人也认为，从政治上来考量，不可能有央行会真正做到这一点。其原因便在于这种"超级央行"将具备操控整个经济的能力，同时可监控每个人的账户，俨然成为另一种中央计划者，Raskin 将其形容为"金融社会主义"（financial socialism）。另一个弊端则来自于分布式账本技术本身。与私人发行的数字货币不同，央行基于区块链技术发行数字货币，必然需要将记账和监督管理职能都集中于央行自身，而不能是去中心化的，同时基于保护公民和企业隐私的考虑，账本也不能如比特币那样完全公开，这便意味着央行将成为整个账本的中心节点。而在上述描述的这种高度集中化的金融体系下，如果央行系统受到攻击则意味着整个金融体系甚至经济体系可能全部瘫痪。①

与上述二人较为微观的探讨不同，Barrdear 和 Kumhof（2016）利用 DSGE 模型分析了央行发行数字货币将会对宏观经济带来的影响，其结果显示，央行发行数字货币将为宏观经济带来明显的益处：一次性注入相当于 GDP 的 30% 的数字货币，将使得产出持续性地增长 3%，同时数字货币的发行还将显著增强逆周期货币政策的有效性。尽管如此，他们也不忘指出，央行发行数字货币意味着人们将会转换到一个前所未有的货币金融环境，这种不确定性将会对金融稳定带来负面影响。②

对于央行发行区块链数字货币的另一方面探讨是关于如何构建这种货币体系。Barrdear 和 Kumhof（2016）提出了一种设想，中央银行将保存全部账本，而一些公共机构则可彼此保存一些相关的账本，私人部门则可通过代理人与央行合作参与其中。央行可以直接规定利率，私人部门则可自由决定其持有量和交易量；或者央行确定数字货币量，而通过市场交易出清来决定利率。此外，央行还可以针对不同类型用户规定持有上限，以实现一些特定的政策目的。③

王晟（2016）对于央行构建区块链式法定货币体系提出了更为细致的框架。不过与上述学者的中心化设想不同，王晟认为货币发行权并非一定要控制在政府手里，对于币值不稳定的国家来说，可以尝试发行去中心化货币，此外，也可处于中心化和去中心化之间，让政府作为中心节点对区块链货币拥有一定程度的控制权，同时也赋予非中心节点一定的投票权。从发行规模上来讲，其建议以

---

① Raskin, M., Yermack, D., "Digital Currencies, Decentralized Ledgers, and the Future of Central Banking", *NBER Working Paper*, No. 22238, 2016.

② Barrdear, J., Kumhof, M., "The Macroeconomics of Central Bank Issued Digital Currencies", *Staff Working Paper*, No. 605, Bank of England, July 2016.

③ 同上。

恒定增长率生产区块链货币，以稳定通胀预期。对于铸币收益，若采用去中心化的货币体系，则可制定一定的分配规则，将铸币税在政府节点与公共节点间进行分配，以吸引和维持区块链货币系统的运作。在支付体系方面，他认为在区块链式法定货币体系中，区块链货币本身主要作为货币储备，只用于大额的、机构间的、非实时性的交易，而日常交易则需开发其他支付方式。此外，他认为在初始阶段鉴于支付习惯有待改变以及通信网络有待完善，中央银行或商业银行可发行纸币、铸币形式的代用货币或银行券，按照固定比率兑换等值的区块链货币。① 李文红、蒋则沈（2018），认为以区块链为代表的分布式账户及比特币等私人数字货币快速发展，引起国际组织、各国央行和监管机构高度重视，并采取"技术中立"原则，对互联网金融业务进行"穿透定性"，按照金融业务本质进行监管。如对于私人数字货币相关的金融业务，各国要么严格限制或禁止，要么按照业务属性纳入现行监管体制。②

在当前实践中，各商业银行建设行内数字货币支付系统，开发各项功能，满足数字货币钱包开立及维护、数字货币钱包与银行存款账户绑定及维护、数字货币存取现金、电子货币与数字货币兑换等功能。未来很长一段时间内，现有的电子货币支付系统与数字货币支付系统将并存，客户之间点对点交易数字货币，通过数字货币交易系统进行确权。交易电子货币则和现有流程一致，通过央行现代化支付系统、商业银行核心业务系统完成。事实上，无论是"银行—个人—商户"模式还是区块链模式，都是对记账机制及其记账权力的论述，并不涉及货币的价值支撑，也就是涉及铸币权和发行权的问题，数字加密货币仅是信用货币新

---

① 王晟：《区块链式法定货币体系研究》，《经济学家》2016年第9期，第77—85页。
② 李文红、蒋则沈：《分布式账户、区块链和数字货币的发展与监管研究》，《金融监管研究》2018年第6期，第1—12页。

的外在表现，央行信用及其铸币权力仍然是信用货币发行和流通的基础。而且随着技术的发展，原有的数据库容量及比对校验问题或许已经不再是难题，重回到中心化的加密货币模式未尝不是一种可能。

三　国内外的相关案例

（一）移动支付：Cuber Technology

爱沙尼亚最大独立银行 LHV 银行的一家新子公司 Cuber Technology 专注于基于比特币的数字证券。Cuber 的业务由两部分组成：CUBER 证券和 Cuber 钱包。

CUBER（Cryptographic Universal Blockchain Entered Receivable，加密—通用—区块链—可输入—可接受）证券是一种基于比特币区块链的，简单的银行存款记录凭证。他们已经在欧洲进行展示，在很多场景下都能适用，并让人很感兴趣——作为价值存储，交易所中介，可信任的中介服务，甚至可以用于机机交流（M2M），在物联网上有很好的前景。LHV 认为，CUBER 证券对于未来金融创新而言，将会是不可多得的基石。

Cuber 钱包是 CUBER 首个用于展示的用例。这是一个移动手机上的应用，能够实时和免费进行点对点交易，可以极低的成本在商户和消费者之间完成支付行为，而这之前是使用 CUBER 有价证券。

用户可以在自己的智能手机保存私钥，来确保安全性和移动性。为了防止服务器出现问题的状况，Cuber 钱包实现了服务器的去中心化信任机制，让用户使用自己的比特币客户端。这个 APP 使用了 SPV（简单支付验证，Simplified Payment Verification）——一种轻客户端或瘦客户端（thin client）的安全验证方法——意味着用户永远不需要完全复制整个区块链副本。因此他们只需要下载一小部分称为"区块头"的数据，将会把交易链接到区块链上的某处。

这将让他们看到某个网络节点已经接受该笔交易，区块链会首先将交易添加到区块，然后网络会在确认该笔交易后接受它。

Cuber 钱包将会把某些比特币作为一个数据载体，并且通过添加唯一的标识字符串来对它进行"染色"。这意味着当它们进入数据库和进入传统银行系统时，将代表 LHV 银行的一部分资产。通过使用法币，钱包不仅可以用于个人传输，还可以用于零售支付——商户必须同意这种支付手段，就像他们必须同意信用卡一样。LHV 目前正在一些现实场所测试，但是希望能够在更广泛的在线网站中使用，特别是在一些微支付领域。

能够使用法币无疑对于用户而言更加有吸引力。LHV 断言这种技术就是银行所需要的：用户和商户完全不需要看到或者知道 Cuber 使用比特币区块链。

Cuber 是完全开放源代码，应用程序界面对于第三方也是在线开放的，邀请其他数字货币交易所和开发者来使用。无论是 LHV 还是它的开发合作伙伴，ChromaWay，都更加希望小型软件开发者和初创企业参与创新，而不是那些大型银行。

当然 LHV 也很清楚他们面临的挑战：监管的不确定性风险有可能会扼杀 Cuber 的变革力量，只要通过几条严厉的限制就可以做到这一点。银行应该督促监管者接受和适应区块链技术，而不是害怕它。

在它面前，通过银行的支持可以让 Cuber 提供巨大的优势，因为从一个传统银行将资金传输到一个数字货币钱包（以及传回）将会大大简化。CUBER 从技术上来看是非常安全的——这是银行交易最基础的需求——尽管是通过去中心化的方式保存记录。但现实中，作为一个银行依旧是要面临监管的障碍，因为相对于创新者，他们会面临更多的司法限制。就像欧盟的 KYC 规定，当银行需要开设一个新账户时需要面对面才行，而像 Cuber 当需要使用在线支付服务时，例如 Transfer Wise 和 Holvi，仅仅需要快速在线注册就行。如果银行在市场上有效地参与竞争，需要监管者不再为银行施加额外的障碍，也不应该增加其招募用户的难度。

（二）证券交易结算：SETL

一个名为 SETL 的私人投资企业打算开发和部署一个专用的区块链，能够让金融市场参与者在一个点对点基础上来结算证券交易，并且维护一个分布式证券"金"账本和现金余额。特别是，SETL 目标是让央行能够在区块链上发行货币。它的区块链运行在一个自治基础上，能够和现有金融市场、支付和交易所基础设施进行整合，SETL 将能够同时处理证券和现金端的每一笔交易，允许单边传输证券和现金，无论简单的支付，还是结算定制合同、公司行为、股息和优惠券。

SETL 设计的目标是，将成本昂贵、具有风险的清算结算流程，变成一个对手方之间实时结算流程，此外，通过建立一个所有权的金账本，SETL 能够大大降低证券登记托管的开销。

SETL 区块链将有以下的特征：（1）SETL 区块链中公钥将需要由认证机构发布，能非常清楚地确认拥有每一把认证私钥的区块链使用者。认证机构将会保留每个公钥使用者在现实世界的详细信息，符合反洗钱和 KYC 规则的要求。SETL 表示，如果有司法上的要求，认证机构将会透露这些信息。（2）将能够处理多种资产类别，包括现金和各种有价证券。（3）它将会使用多重签名交易，按照用户指定的用户群来完成授权。（4）将会使用原子交易（即所有的交易一旦发生，要么完成要么未完成），这样，只有所有阶段被提交和被认证过，那么交易才能够处理。（5）它将包含一个特别的功能，特别为参与者管理流动性而设计。（6）出于简化监管记录保管、交易报告和审计的目的，它将会保留交易的完整记录和余额历史。

现金余额和其他资产倾向于保管在特定的系统，仅仅出于特定的目的而部署，换句话说，它们是"系统特殊部分"。现金和资产放在一个区块链上，相反，能够由于任何目的来进行部署。这将会减少工作银行必须配置于流动性储备的资金量，并简化其流动性管理。

SETL系统能够提供一个解决方案，将会同时和现有的英国央行实时总结算系统（RTGS，Real Time Gross Settlement）一起运行，在RTGS不可用的时候提供一个安全和可靠的选择。RTGS有些时间段是不工作的，例如在晚上和周末的时候，SETL将会在任何时候都是可以工作的，减少中间银行累积的风险。

（三）私募股权交易：Linq

2015年10月，纳斯达克在拉斯维加斯的Money20/20大会上，正式公布了与Chain搭建区块链平台Linq（见图1—9）——首个通过区块链平台进行数字化证券产品管理的系统平台。对于股票交易者而言，区块链可以消除对基于纸笔或者电子表格的记录依赖的需求，减少交易的人为差错，提高交易平台的透明度和可追踪性。对股票的发行公司而言，Linq实现了更好地管理股票数据的功能，让纳斯达克在私募股权市场中为创业者和风险投资者提供更好的服务。

2015年11月，纳斯达克推出了基于区块链的企业级应用Linq，作为其私募股权交易平台的补充，立志于扩张和增强纳斯达克私募股权交易市场平台股票管理能力。纳斯达克私募股权交易市场基于云的股票管理解决方案使私人公司更高效地管理资产和股票计划，该平台近期上线了一个完全电子化的、分布式的并且准确的记账方案Linq。

Linq是首个基于区块链技术建立起来的金融服务平台，能够展示如何在区块链技术上实现资产交易。这同样也是一个私募股权管理工具，作为纳斯达克私人股权市场的一部分，也是为企业家和风险投资者所准备的完整解决方案的一部分。

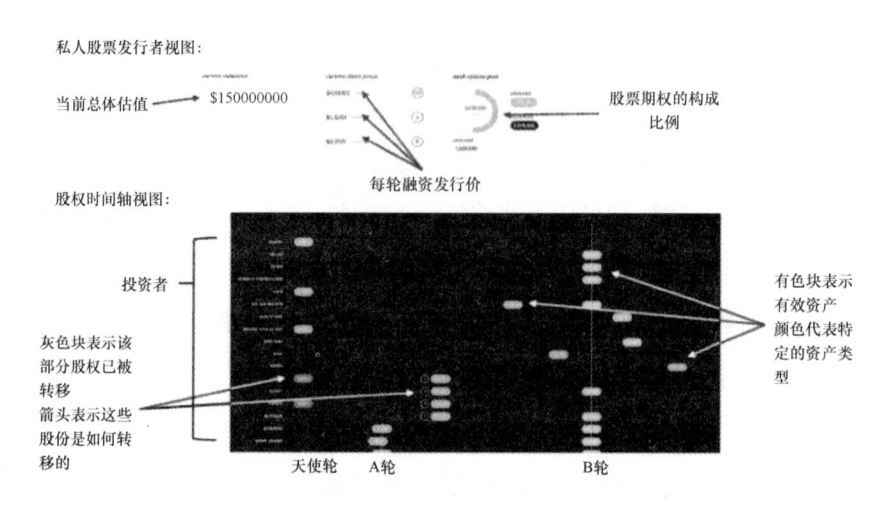

图1—9 Linq的可视化资产管理功能界面

资料来源：埃森哲：《区块链与证券交易所》，埃森哲研究报告，2015年。

（四）跨境支付：Ripple、Circle

Ripple的跨账本协议帮助银行间快速结算。成立于美国的Ripple为一家利用类区块链概念发展跨境结算的金融科技公司，它构建了一个没有中央节点的分布式支付网络，希望提供一个能取代SWIFT（环球同业银行金融电讯协会）网络的跨境转账平台，打造全球统一网络金融传输协议。Ripple的跨账本协议（inter ledger protocol）可说是让参与协议的各方都能看到同样的一本账本，通过该公司的网络，银行客户可以实现实时的点对点跨国转账，不需中心组织管理，且支持各国不同货币。如果Ripple协议成为金融体系的标准协议，在网络中的各方都能任意转账货币，支付就会像收发电子邮件一样快捷、便宜，最重要的是没有所谓的跨行异地以及跨国支付费用。

Circle致力于发展C2C跨境支付平台。Circle是一家开发比特币钱包的数字货币初创公司，正致力于通过比特币后台网络的区块链技术，使国家货币之间的资金转移更加简单和便宜。Circle 在 2016 年获得英国政府颁发的首张电子货币牌照，允许 Circle 客户在美元与英镑之间进行即时转账。

（五）积分互换：井通科技

井通科技一直关注着比特币的发展，非常认可数字货币对人类社会活动的积极意义，但是由于各国金融监管的限制，比特币的发展不可避免地会遇到各种阻碍，使用的范围会受到很大的限制，市场规模的扩张速度有限。而在比特币背后的区块链技术是比特币的本质，汲取区块链技术的部分精华，拓宽区块链的应用领域。积分也可以看作是一种数字货币，由特定主体发行和背书。

积分互换不是新生事物，在国内外都有做积分生意的公司，但是发展都遇到了瓶颈。积分互换的传统做法是建立通用积分，是中心化思想的产物，即每种积分都以固定的汇率和通用积分互换。但是这种方式会出现以下问题：（1）行业扩张会有限制，同一行业不同商户的积分如何分别定价？（2）商户随着业务的发展，积分如何进行升值或贬值的调整？（3）积分互换的汇率能否获得消费者的认可？

总结下来就是一个定价的问题。由一个公司来制定和不断调整通用积分和其他所有积分的兑换比率，而这个比率要使所有参与者都满意，很显然这是个不太可能完成的任务，也正因如此，导致了通用积分的市场无法做大，有发展的边界。

区块链技术的解决方案就是改变中心化的思维方式，实现 P2P 的积分互换方式。需要积分互换的 C 端客户各自定价挂单（系统会给出一个参考价），井通的智能交易撮合系统会帮助 C 端客户找到最优的交易对手，实现点对点的交易。商户不用担心客户信息的泄露，因为客户的信息都进行了加密处理，以字符串的形式展现。C

端客户也不用担心交易的安全性，区块链技术确保了交易的透明可追溯及不可篡改。与比特币区块链最大的区别是信用机制基于积分发行方的背书，而不是基于算力的工作量证明。

井通要打造的是一个生态网，B端商户通过银关接入，可以自由设定接入的条件和规则以及显示的方式，接入企业之间是互不干扰的，不存在共享客户信息的问题。C端不直接连接生态网，整个系统的结构是C-B-B-C的模式，井通会为C端设置一个256位加密的钱包用于交易记录。井通也不直接与银行系统对接，由B端直接与银行进行资金结算。由于井通不直接进行货币支付，所以不需要申请金融牌照，实现了风险剥离。

井通生态网就是一个基于区块链的分布式底层数据库结构，由于是去中心化的结构，就能把诸如建设银行和京东这样的企业接入同一个网络中，对于C端客户来说，不用安装井通的APP，客户能感受到的只是在B端商户原有的APP里多了一个功能按钮而已。

第四节 区块链在我国支付清算体系中的应用

一 基本思路：多中心与弱中心

金融中心化与去中心，一直就是金融变革的核心问题。在中心化金融出现了越来越多的弊端之后，去中心化成为重要的改革方向。当然，在走向去中心的大趋势下，可能存在多向演变和阶段性波动。在可预见的未来，可能不是金融完全去中心，而是多中心与弱中心。

值得注意的是，金融的去中心和去中介代表着两个不同层面的含义。一方面，金融中介一直伴随经济的发展而演变。银行的出现就是典型的中介组织。金融交易中的信息不对称、搜寻成本、匹配效率、交易费用、规模经济、风险控制等决定了中介存在的必要性。另一方面，金融中心化可以表现为无形的权利中心化（类似于中央银行的贷款）和有形的地理中心化（比如国际金融城市）。

金融中心化的过程要晚于金融中介的出现，这就意味着在历史上曾经很长一段时间都有去中心化的过程。历史的演变是逐渐波动的。进而产生一个问题：短期内和长期内这种去中心与去中介，会产生什么样的现象？

从形式上来看，去中心在短期内更容易实现，因为原有的中心在弱化。各个国家央行的控制力在迅速弱化，传统意义上的很多中心概念在新的网络时代也变得不一样了。金融的资产端、资金端、交易端都发生了一些变化。然而，这是否意味着：传统的伦敦、纽约等国际金融中心发生了根本性的变革？从短期来看，去中心化比较容易，但从长期来看，本质上的去中心依旧比较困难。除非颠覆现有的社会权力架构和组织形式，否则真正的长期去中心化只能是空谈。

目前的中心化和去中心、中介化和去中介，不是从一个极端到另一个极端，历史的演变在很长一段时间对此是纠结的。如果用"去中心化"来涵盖去中心和去中介两个概念，可以得出以下结论：在可预见的未来，可能不是金融完全去中心，而是多中心（小中心）与弱中心（大中心），即弱化少数中心话语权过强所导致的规则失控。当万物互联使得所有个体都有可能成为金融资源配置、金融产业链中重要的中心节点时，或许就实现了最理想的市场状况，使得传统金融中介的中心地位可能会改变。这种改变不是说传统金融完全被革命、被颠覆，而是从垄断型、资源优势型的中心和强中介转化为开放式平台，成为服务导向式的多中心当中的差异化中心，从而使得传统中介中心和新的中介中心获得共赢，在一个共享共赢的金融时代获得一种新的发展定位。

值得关注的是，2008年国际金融危机之后，早期的华盛顿共识走向了失败，出现了大量的中心化趋势。有的希望通过中心化来解决金融政策和交易效率问题，有的希望通过中心化机制来解决系统性金融风险。所以，当前市场面临的一个重要挑战实际上就是"中心化"与"弱中心"的挑战。

区块链带来的多中心和弱中心能否解决相应的国际金融危机所昭示的效率和风险的矛盾？能否改变现代金融体系的内在脆弱性和创新失控等现状？作为研究者，目前我们非常有信心，这种信心来源于对理论内涵和逻辑线索的把握。但与此同时，这种变革也不是轻而易举的，更需要在实践层面有更深入的研究和探讨。因为当前的时代正是一个中心化与去中心都非常突出的矛盾冲突时代，现代共享金融则可以实现二者融合，也可以努力用区块链的技术来解决传统中心化难以解决的矛盾。

回顾历史和展望未来，基于中国古代的阴阳五行理论，可以看到金融发展中需避免"过犹不及"，而中心与去中心，也是合久必分、分久必合的关系。当前，长期中心化金融模式的弊端逐渐显现，历史"天平"开始向"去中心"一方偏离，当然这一过程可能是长期的。

区块链能够遏制传统"中心化"模式下的"短板"，也是为了达到罗伯特·希勒在《金融与美好社会》一书中所描述的目标。希勒教授是理想主义者，他相信人性的光辉。"通过技术安排为公众的利益重塑金融业，把金融业作为人类财富的管理者；通过公众的广泛参与，让金融业为人类社会的良性发展服务。全民的广泛参与也会打破金融的精英权力结构，使得金融民主化，并实现财富分配的公平。"国际货币基金组织副总裁朱民这样总结《金融与美好社会》一书作者罗伯特·希勒的理想。所有这些，都可以通过区块链的非中心化模式设计，来促进更多主体（节点）的参与及金融话语权提升。①

最后，无论中心化还是去中心，背后都是规则（技术规则＋制度规则）之争。区块链就是一本全网记录所有已发生交易（比如比特币交易）的公开账本。因为"矿工"不断地创造新的区块（每10分钟一次）来记录新的交易，所以这个账本会一直增长延长。这些区块是按照时间顺序线性地加到区块链上。每一个完整的节点（每台通过钱包客户端连接到比特币网络的电脑）都有一份区块链信息的备份。区块链就像是在已有的互联网多个基础协议上运行一个全新的应用层，使得互联网能够进行即时支付或执行更加复杂的合约。虽然是当前最典型的技术，但数字货币的底层支撑不一定限于区块链，同时区块链也可以进一步拓展到货币之外的各类去中心化价值交换活动。因此，从直观来看，区块链是一套技术方面的解决方案，但其背后更为重要的是对一套特定规则的讨论。

为何要进行这些规则的讨论？无非是考虑技术所支撑的新规则，能否对现有的主流规则产生某种程度的改良，能否解决现有金融运行规则中的某些矛盾？如果解除不了现有的短板，这种规则的存在是没有价值的。由于区块链有助于解除现有金融交易中的短板，所以它的生命力是非常突出的。

梅兰妮·斯万的《区块链：新经济蓝图及导读》也对区块链做了一些解释，其中某些判断是比较高明的。作者认为，前四次大变革是大型机、个人电脑、互联网、移动手机，而区块链作为一种去中心化技术的典型，有可能成为下一轮重大的、全球性的计算范式的第五次颠覆性创新。因为，"区块链技术能够通过提供这样一些技术支持：支付、去中心化的交易所、代币的获得和支出、数字资产的调用和转移、智能合约的发布和执行等，无缝地嵌入到现实经

---

① 杨涛、王斌：《去中心化金融与区块链》，《金融博览》2016年第6期，第18—19页。

济层面,这是过去网络从未实现过的"。①

现在 IBM、摩根大通等大型金融机构以及美联储,为什么要重视区块链这套分布式的去中心机制?他们不是要为自己培养一个完全的颠覆者,而是希望把握未来的不确定性,在这个新的机制中掌握一定的话语权。比如,美联储在 2015 年提升美国支付体系,正是希望在金融机构基于公共 IP 直接清算的模式中,由自己来确立规则。为什么传统(金融)机构比互联网(金融)企业更加积极地拥抱区块链?如中国人民银行金融研究所所长姚余栋所言,如果传统(金融)机构做的是规则 1.0,互联网(金融)企业是 2.0,区块链是 3.0,2.0 的互联网(金融)企业对于区块链不积极,因为他们正处于赚钱比较容易的黄金时期。但是,历史上的转换值得我们思考。

技术的快速变革令人惊讶,从一代到下一代的迭代似乎瞬间就可以完成。正如过去人们不相信人工智能可以打败围棋手,但当"阿尔法围棋"赢了李世石,人们仿佛突然发现一列火车扑面而来。而当你认识到技术来到眼前的时候,它其实已经离你远去了。这就是新技术的挑战值得我们敬畏、探讨的原因。②

二 重点环节

(一)技术

分布式账本技术仍处于早期的发展阶段。区块链技术的发展是账本技术做出重大变革的第一步,也是重要的一步,有潜力改革公共和私营部门运行的方式。但要充分发挥这个技术及相关技术的潜力,还需要解决很多问题,包括隐私保护、安全性、性能及可扩展性的问题。另外,为了在账本上支持更多复杂的功能,如智能合

---

① 斯万:《区块链:新经济蓝图及导读》,新星出版社 2016 年版,第 169—180 页。
② 杨涛:《区块链与金融去中心化挑战》,《当代金融家》2016 年第 5 期,第 99—100 页。

约、签名和其他应用，会有一系列研发这些算法的机会。这会增强和多样化账本使用的价值和范围。这个领域正在飞速发展，这类问题已经展开各种研究了，一些甚至已经解决了。如果要等待"完美"的方案，那么就会失去塑造和取得这项会带来最大效益技术的机会。除了确保这项技术的健壮性和可扩展性外，我们也要了解不同潜在的用途所带来的道德及社会影响，以及相关的开支及采用这项技术的好处。

（二）标准

目前国内外在区块链领域还没有通用的标准，在标准化方面尚属空白。区块链应用面临一系列现实问题：一是市场上出现的各种DAPP兼容性和互操作性较差；二是区块链开发和部署缺乏标准化引导；三是区块链应用已经出现一些安全风险，如何有效防范这些风险，也是一个必须思考和解决的问题；四是由于对区块链规范的缺乏，使其容易被经济犯罪活动利用。区块链标准化能打通应用通道，防范应用风险，提升应用效果，对于解决区块链发展问题、推进区块链应用起到重要作用。因此，为促进区块链应用的有序、健康和长效发展，很有必要及早推动开展区块链的标准化工作。

（三）治理

有效的治理和监管是分布式账本成功实施的关键。治理由账本的所有者及参与者设定的规则组成。这些规则需要与监管或法规的条文结合起来，这构成了为保护社会广泛利益而设的外部机构的规则框架。在数字世界的例子里，有两组规则/代码控制着数字技术的运作。第一种是典型的由法规框架、法条及监管提供的一系列规则。第二种是由软件编码的、决定算法运作的一系列规则，这是"技术上的代码"，无论是技术上的代码还是法律上的规则都需要确保其严谨性和精确性。分布式账本的成功实施需要治理上的组合，以保护参与者、利益相关者以及监管方面，以确保系统能够抵御系统性的风险或犯罪行为。这里面的挑战是要在保护参与者在系统中的利益和保护社会更广泛利益之间取得平衡，同时要防止过度僵硬的架构影响创新的积极性。决定治理与监管、法律规则与技术代码之间的平衡，需要不同寻常的力量一起配合。

（四）安全与隐私

由于现在钱都以数字化的形式存在，事实已经证明黑客和破解者对数字世界的代码构成了威胁。数字世界的密码学代码是很难攻破的，不过绕过这些代码的加密则是有可能的。密码的持有人有可能主动或被动地（意外）将密码公开，而软件代码里可能存在的缺陷也会带来"后门"。存储分布式账本的硬件也可能会被黑客攻击，因此硬件的健壮性和安全性也是应该关注的问题。账本的隐私和机密也十分重要，根据账本的特性，它可能包含金融、家庭和健康信息在内的个人机密记录。分布式账本技术有机会为这些数据提供比现有的数据库技术更高的安全性，但这不是一蹴而就的。在这个过程中，还需要大量的研究和开发工作。

（五）信任和互联

信任是在两个或两个以上的个人、组织或国家间的风险衡量问题。在网络世界里，信任依赖于两个关键点：证明你的真实身份（验证）；以及证明你有权访问你在请求的内容（授权）。在这两个关键点符合后，我会将服务和产品安全地、高效地、可靠地送达给你，来证明我是可以信赖的。验证和身份证明有一定的联系，但并不完全一样。验证并不代表我需要知道你的身份，只要你能够提供一个标记去证明这个身份是属于你的。同样地，当我向你提供这个与身份有关联的标记时，我需要确保这个信息是送达给一个正确的个人或机构，而不是仿冒者。所以，机构向它的用户（包含个人、其他机构和政府）提供自身的验证也是很重要的。数字环境带来的一个机会，就是能在保护隐私的同时使用和创造一些更强大的、更健壮的身份管理工具，可以用于提供验证。为了最大限度地发挥分布式账本的作用，可能需要与其他账本进行互联。不过，这不仅仅需要验证机制上的互联——更需要在数据互联、政策互联以及国际标准的有效执行上达成协议。

三 政策与制度保障

（一）对于政府机构

第一，出台区块链相关的扶持政策。紧密跟踪联合国、国际货币基金组织等国际组织对推动区块链应用的政策走向，加大力度研究欧盟、美国、英国、日本等地区和国家对推动区块链发展的政策措施。建议各级政府主管部门借鉴发达国家和地区的先进做法，结合我国区块链技术和应用发展情况，及时出台区块链技术和产业发展扶持政策，重点支持关键技术攻关、重大示范工程、"双创"平台建设、系统解决方案研发和公共服务平台建设等。同时，建议结合深入推进简政放权、放管结合、优化服务改革等，放宽市场准入限制，加强事中事后监管，提升为企业服务的能力和水平，营造有利于加快区块链发展的环境。最后，建议鼓励和支持有条件的重点企业联合，设立投资基金，加快投融资和并购，推动关键技术攻关、"双创"平台和公共服务平台建设。

第二，加快核心关键技术攻关和平台建设。建议国内重点企业、科研、高校和用户单位加强联合，加快共识机制、可编程合约、分布式存储、数字签名等核心关键技术攻关。学习借鉴国际开源社区建设和运用模式，通过论坛成员单位加强合作，建设我国区块链开源社区，提高区块链技术的安全可靠水平，并为各级政府扶持中小企业发展提供支持。建议大企业加大研发投入力度，建设区块链通用开发平台，降低区块链技术研发和应用成本。建议具备条件的省市，推动建立软件和信息服务业示范基地，建设面向中小企业创业创新的孵化平台。

第三，组织开展区块链应用示范。建议各级政府结合"互联网+"行动指导意见、制造业与互联网融合发展等系列国家战略的实施，聚焦典型应用需求，组织重点企业，研究提出区块链应用示范方案。围绕智能制造、新能源、供应链管理、数字资产管理等领域，支持大企业牵头、产学研用联合，选择有条件的地区和行业，开展区块链应用示范，探索形成区块链应用推广模式，营造应用环境。

第四，加快建立人才培养体系。建议鼓励和支持重点高校设置区块链专业课程。推动重点企业和高校联合，建设区块链人才实训基地，加快培养区块链专业技术人才。结合国家专业技术人才知识更新工程、企业经营管理人才素质提升工程、高技能人才振兴计划等，加强区块链专业技术人才和高端人才培养。支持和推动国内重点培训机构，加强与重点企业合作，积极培训区块链技术开发人才。

第五，加强国际交流与合作。建议鼓励和支持重点企业、中小企业积极参与国际区块链开源社区，提升影响力和话语权。借助中美、中欧战略对话机制，支持大企业围绕关键技术攻关、"双创"平台建设、标准制定以及应用示范等，开展技术交流与合作。鼓励和支持具备条件的大企业充分利用市场、资金和人才优势，建立多种形式的国际民间交流合作机制，积极推动我国具有竞争优势的区块链技术和产品走出去。

（二）对于相关市场机构

第一，尽快决策区块链战略。面对区块链技术带来的巨大商业机会，金融机构应首先厘清三大核心的策略问题：切入创新技术应用的合适时间点？做创新技术应用的先行者还是跟随者？推进技术应用的方式是采用自建团队还是对外合作。对于领先金融机构，应将牵头组成中国的 R3 联盟视为己任，与监管部门进行密切沟通，合力打造适合中国金融体系特点和监管要求的区块链技术标准。

第二，快速推进技术应用。选择最适合作为切入点的区块链技术应用场景。基于区块链技术颠覆性的特点，建议首先从增量占比大、业务成熟度高、交易关联简洁，且技术应用提升效果明显的业务场景切入，尽快开展实施试点。建立容错机制，在沙盘中进行反复测试和演示，在试点过程中建立和培训团队，积累实施经验。积极与生态圈内机构和团队合作。打造区块链生态圈，加快技术应用速度，同时在新模式构建早期即邀请监管部门提前参与。从应用场景的选择上来看，大型金融机构应思考如何与金融科技公司合作，利用区块链技术共同开发落地应用，提高中后台运营效率，提升交易处理自动化程度，从而大幅降低成本，提升收益。

第三，积极投资布局，建立孵化项目。区块链技术尚处在早期发展阶段，技术更新换代频繁，单一技术的不确定性较高。国内银行应最大化利用资本，广泛参与不同项目的发展，以小投资撬动更多资源，避免投资集中度风险。开拓国际视野，关注硅谷、纽约、柏林等国际创新中心的最新技术和投资趋势。与国外成功的孵化器公司如 500 Startups 合作，孵化有潜力的技术开发或应用项目，并通过外部项目孵化接触和招募优秀的区块链技术人才，建立核心团队。

诚然，在强调重视机遇、积极行动的同时，国内金融机构也应充分认识到区块链并不是包治百病的万能良药，技术的演进和发展也存在诸多的不确定因素。首先从技术层面上来说，在区块链得到大规模应用和推广之前，技术的可落地性、有效性、可扩展性、兼容性等方面均有达不到人们预期的可能，大规模推广的局限性还依然存在。其次从监管和法律风险上来说，正如比特币曾经被用作黑市、毒品和洗钱交易的工具，区块链技术的应用和发展也可能存在相似的风险,立法部门和监管机构将如何跟随技术的发展,调整现有法律法规体系仍是一个较长的过程。所以金融机构在拥抱区块链技术的同时,也应做好风险防范措施,增强合规意识,稳健向前。

(三) 对于金融监管部门

以区块链为代表的金融科技的发展将会对传统的金融监管带来极大的挑战,特别相比于发达国家中国金融监管机构的中心化管理特征更加明显,因此其在监管去中心化的区块链时可能会遇到更大的困难。

鉴于区块链的业务模型和应用模式都十分多样而复杂,监管机制难以同步发展,因此运用监管沙盒以平衡风险防控和促进创新之间的关系已成为各国应对区块链产业的首选方案。监管沙盒,又称为监管沙箱,英文是 Regulatory Sandbox。这一概念由英国政府在 2015 年 3 月首次提出,按照英国金融行为监管局(FCA)的定义,监管沙盒是一个安全空间,在这一空间中,监管规定有所放宽,在保护消费者或投资者权益、严防风险外溢的前提下,尽可能创造一个鼓励创新的规则环境。金融科技企业可以在其中测试创新的金融产品、服务、商业模式和营销方式,不需要担心在碰到问题时立刻受到监管规则约束。这一设计本质上是一种金融创新产品的测试与激励机制,同时也能保护广大消费者权益,是一个短周期、小规模的测试环境,可以缓冲监管对创新的制约作用,和我国的经济试点有相似之处。其具体流程总体上可分为申请、评估和测试三步,运作核心包括两方面:在既有的监管框架下降低测试门槛;同时确保创新测试带来的风险不从企业传导至消费者。目前我国区块链发展迅速,2018 年以来新成立了大量新项目,如果对其进行"一刀切"式的管控,无疑不利于我国在金融科技领域保持领先地位。因此在 2017 年 5 月 23 日,我国在贵阳启动了区块链金融沙盒计划,是我国首个由政府主导的沙盒计划。从目前情况来看,区块链沙盒主要有三种大的类型，分别是监管类沙盒、产业类沙盒和保护伞类沙盒。

此外，发展 RegTech 也可成为有效应对监管难题的思路之一，因为它有助于监管部门在监管要求不改变的情况下适应金融业的新发展趋势。英国金融市场行为监管局（FCA）就曾以"运用新技术，促进达成监管要求"来评价 RegTech 行业。RegTech 的最大优势在于可以解决多重监管这一问题。一般来说，为了应对大量的监管细则，企业经常需要做很多重复的合规工作。而 RegTech 可以通过云技术共享多个监管机构的数据，针对多项规定制定单一的合规路径。目前，RegTech 已经在全球范围引起了关注，国际证券委员会还成立了专门的工作组对这一领域进行调查。其中比较而言，人工智能是最有前景的技术之一，其尤其适合解决监管者的激励约束问题。监管者的激励约束制度本身是一个政治经济学的问题。基于人工智能的监管系统可以依据监管规则即时、自动地对被监管者进行监管，避免由激励不足导致的监管不力等问题。此外，人工智能具有更高水平的全局优化计算能力。基于 RegTech 的智能监管系统也可以充分利用人工智能强大的计算能力，发现更多人工监管发现不了的监管漏洞和不合规情况。主要国家积极支持人工智能在监管上的应用，我国也可探索将人工智能应用于金融监管，以 RegTech 应对 Fintech。

第二章

卡组织及四方模式理论创新

内容摘要：银行卡产业是由发卡、收单和专业化服务组织等众多企业组成的企业群体，其中银行卡组织为相关参与者提供交易平台，具有双边市场特征与自然垄断特征。从银行卡产业的实践来看，银行卡组织可分为开放式组织和封闭式组织，并分别对应着所谓的"四方模式"和"三方模式"。我国的卡组织银联伴随着银行卡产业发展而发展，并对银行卡产业的发展起到极大的促进作用。

在"四方模式"下，由于需要大量合作银行共同制定及维护统一的产业秩序，因此银行卡组织的一个重要职责便是协调银行卡产业中各市场主体之间的利益，而对于合作银行违反银行卡组织规则的行为，则需要银行卡组织出面维权，对其进行相应处理。然而互联网及移动互联网带来了支付清算模式的改变，并对卡组织维权带来了冲击。面对第三方支付机构带来的对原有卡组织秩序的破坏，银联一度加大维权力度，但并未取得良好的效果，反而丧失了有利的发展时机。

表面上看，卡组织维权成本攀升的原因在于第三方支付的快速生长、支付机构与银行的数据之争、监管政策本身在逐步探索、清算市场竞争度提升以及银行卡产业结构的变化，然而深层次来看，卡组织维权成本的攀升则源于三方模式与四方模式之争。在卡支付为主导的时代，在市场开拓方面，四方模式要相对优于三方模式，然而在互联网时代，大型电商平台和社交网络足以克服传统三方模式的弱点、放大三方模式的优点。然而与此同时，传统四方模式内利益协调难度加大，被支付机构迅速抢占市场的商业银行或主动模仿三方模式的支付机构，或被动与之合作，使得四方模式下银行银联间的合作关系更加松动，叠加卡组织银联在移动支付快速发展的早期并未很好地主动求变以顺应市场发展趋势，而是更多采取维权行为试图维持卡支付时代的市场秩序，一定程度上使得四方模式错失发展时机。因此，表面看来是第三方支付机构与银行银联之间的支付之争，其背后则是产业模式之争，而账户资源更是机构间竞争的关键。尽管目前在我国零售支付领域，以大型互联网平台为代表的三方模式处于明显优势地位，但竞争的结局仍然处于开放状态，四方模式仍有机会以及自身的优势。

随着清算市场的放开，包括网联的成立及其业务的迅速拓展、运通、SWIFT等陆续进入中国等，曾经长期作为唯一清算机构的银联也在加速其内部变革，这势必会加快四方模式创新，从而使得卡组织实现在新市场环境下的突围。这除了可以降低维权成本外，也会对规范支付产业发展、支持人民币国际化、提升银行业服务实体经济能力等方面带来更为深层的意义。

第一节　银行卡组织及四方模式

一　银行卡、银行卡产业及银行卡组织

早在19世纪初期，美国的商家与金融中介就已开始为农产品

和耐用品提供信贷。到20世纪初期，美国的一些零售百货商店为了提升销售额，向经常惠顾其商户发放购物支付凭证——信用筹码，这样顾客就可以以赊销的手段先行消费，再进行付款结算。而商店也可以巩固高端商户对其产品的忠诚消费。20世纪20年代初，美国的一些石油公司、电力公司等开始大力推出签账卡，使得商业信用快速发展，为信用卡的产生奠定了基础。在这一期间，这些卡只用于或主要用于在发行信用卡的商店购买商品时进行融资，它们的使用范围仍然受到限制。

20世纪50年代初，美国的大莱公司推出了第一张用塑料制作的签账卡——大莱卡，并成立了大莱俱乐部，持卡者可以在全国的旅馆和餐馆使用大莱卡，这是最早的商业信用卡。1949年，大莱俱乐部（Dinners Club）发行记账卡（charge card），持卡者可以购买不同商户的商品和服务，因此迅速地被全国所接受。1952年，美国加利福尼亚州的富兰克林国民银行推出信用卡，拉开了银行发行信用卡的序幕。在20世纪50年代后期，美洲银行首先发行信用卡，在那个时期，受到法律限制，银行不能跨州设立分支机构，因此，没有全国性的银行。为了与大莱俱乐部竞争，美洲银行扩大了信用卡适用范围，即赋予其他银行发放美洲银行信用卡的权利，以增加信用卡持有者数量与扩大信用卡使用范围。1958年10月，美国运通公司依托其在旅行市场上的强大地位推出了运通卡，信用卡开始得到社会的广泛共识。相比之下，借记卡的发展起步较晚，20世纪70年代借记卡才开始在市场上出现，但在20世纪80年代以后，借记卡的发展开始驶入快车道。

事实上，无论是借记卡还是信用卡，都属于电子支付的范畴，即用户通过各类电子服务终端，直接或间接向支付机构发出支付命令，从而实现货币支付与资金转移。我们可以从支付工具和支付渠道两方面来看电子支付的内涵。根据前者，可以把电子支付分为两类，一是电子账户，如借记卡、信用卡、预付费卡、电子钱包、第三方支付账户等；二是电子货币，如电子现金、数字贵金属、比特币等。由于跨行清算体系的搭建和特约商户规模的发展，刷卡消费带给人们安全便捷的支付新体验，使居民消费逐步迈向非现金支付时代，银行卡产业也随之迎来了大发展阶段，随着信用卡的使用越来越广泛，交换的复杂度越来越高，各银行逐渐设立以Visa和万事达为代表的国际银行卡清算组织，并进行了大规模的国际化扩张，带动了其他地区银行卡品牌的发展。

银行卡产业是由发卡、收单和专业化服务组织等众多企业组成的企业群体，主要涉及的参与者包括持卡人、为持卡人提供服务的发卡机构（银行）、特约商户（与银行卡组织签订POS协议，遵守相关规则的签约商户）、为特约商户提供服务的收单机构（银行）以及提供交易平台的银行卡组织，它们共同构成了银行卡产业的复杂网络。其中，银行卡组织是银行卡产业的核心，其负责运营基于银行卡的跨行转接网络。事实上银行卡支付只是支付方式的一种，一些银行卡组织同时还兼营其他的支付方式，因此银行卡组织有时也被称为支付组织。从国际上来看，目前发卡量和交易规模较大的银行卡组织有美国的Visa、万事达（Mastercard）、美国运通（American Express）、大莱（Dinners Club）、日本的JCB（Japan Credit Bureau）以及中国银联（China Unionpay）。银行卡交易可以分为POS交易、ATM（自动柜员机）交易、柜面交易、网上交易等。其中，最主要的是POS交易业务，涉及的市场主体一般包括银行卡清算组织、发卡机构、收单机构、专业化服务机构、持卡人和特约商户。除了银行卡清算组织的职能定位之外，其余市场主体及其职能如下：

（1）发卡机构：发卡机构的基本职能是向消费者发行各类银行卡，并且通过提供各类相关的银行卡服务收取一定费用。通过银行卡的发行,发卡机构从持卡人处获取信用卡年费、循环信用利息以及持卡人享受各种服务的手续费,从商户处获取回佣分成等。

(2)收单机构:收单机构主要负责商户开发与管理、授权请求、账单结算等活动,收益主要来源于商户回佣、商户支付的其他服务费(如POS机具租用费等)以及商户存款的增加。

(3)专业化服务机构:银行卡POS交易中的专业化服务机构也被称为第三方服务供应商,业务范围可以包括卡片制作、卡片营销、发卡系统建设、账单寄送、持卡人账款催缴、机具布放及维护、商户拓展和境内人民币银行卡清算组织的发展及其产业政策研究,维护、交易授权、数据处理、资金清算等涵盖了发卡市场和收单市场的诸多业务。例如,收单机构可以借助它们来与商家签约,发卡机构也可以借助它们处理大部分与发卡业务有关的工作。

(4)特约商户:是指与收单机构签订受理POS业务协议并且同意用银行卡进行交易结算的商户。银行卡POS交易,就是通过在销售点的POS机具上刷银行卡来完成支付交易。

二 银行卡组织的双边市场特征与自然垄断特征

双边市场可以粗略地定义为,使终端用户之间相互交往的一个或多个平台,并通过适当地向双边(或是多边)收费使双(多)边都参与其中。换言之,平台在保证整体盈利,或至少不亏损的前提下,试图满足每一边的需求。[①] 依据Rochet和Tirole(2002)的定义,无论采取开放式机制还是封闭式机制,银行卡清算组织都可以被视作典型的平台型产业,均具有普遍意义上的双边

[①] [法]让·梯若尔:《创新、竞争与平台经济》,寇宗来、张艳华译,法律出版社2017年版,第74页,选自让·夏尔·罗歇和让·梯若尔的论文《双边市场:关于研究进展的报告》。

市场特征。[①]

首先,银行卡清算组织的双边市场特征体现出较强的"网络效应"。在互联网时代下,个人与个人以及个人与单位之间的支付呈现较强的"网络效应",即一个内部相连的交互系统必须赋予那些自愿加入的人们某些价值才能存在。参加的人越多,网络效应就越大,因为所有的成员都可以实现交互并由此赋予价值。以太网之父罗伯特·梅特卡夫总结出了"梅特卡夫定律",以揭示网络的聚拢效应与价值,即"网络的价值等于用户数量的平方",也就是说,如果一个网络的用户数量是竞争者的2倍,那么其价值则是竞争者的4倍。

对于持卡人而言,信用卡或借记卡的价值就在于其所光顾的商家能够接受并最终实现了支付功能,与此同时,相关商户则通过接受更多的信用卡或借记卡的支付工具扩大了营业收入和利润,这就是一个典型的简易双边市场模型,而在众多成功实现双边市场模型的基础上,形成了更为强大,也更为丰富的多边市场模型,也相应产生了更为强大的网络效应。在商业实践中,以双边市场模型和网络效应为商业理念基础的典型应用就是平台经济的横空出世和快速发展。

银行卡产品是在银行卡组织提供的平台上由发卡机构和收单机构共同提供,而持卡人和商户则是平台上的两类客户。在银行卡产业中,消费者对银行卡的需求不仅取决于持卡人的规模和使用银行卡的费用,而且还取决于接受银行卡付款的商户规模。若没有商户受理银行卡,那么消费者就不会使用银行卡进行消费;受理银行卡的商户越多,持卡人的刷卡便利性将越强,持有银行卡带来的价值就越高,那么使用银行卡的消费者也将越多。同理,商户对银行卡

---

① Rochet J. C., Tirole J., "Cooperation among competitors: some economics of payment card associations", *Rand Journal of Economics*, Vol. 33, No. 4, 2002, pp. 549–570.

的需求不仅取决于受理银行卡的成本和特约商户的数量，而且也取决于持卡人的规模，持卡人越多，商户参与的需求就越大。由于支付交易需收付双方共同完成，因此银行卡产业事实上是同时在向两边的用户提供相互依存的互补产品，只有当消费者和商户同时对银行卡有需求，持卡人愿意使用、同时商户也必须接受刷卡消费，银行卡服务才具有价值；若只有一方对银行卡服务有需求，那么银行卡组织平台上的交易就无法实现。因此，当存在多种支付手段和多个支付平台可供选择的时候，收付双方的支付决策就会对网络各方的成本和收益产生影响。因此，对于银行卡组织来说，其必须不断设法吸引两边的用户——持卡消费者和受理商户——更多地使用自身平台发生交易，增加平台的交易规模，从而降低单位交易成本。

其次，银行卡清算组织的双边市场特征体现在收费结构的非对称性。很多学者在对市场多边性的实证研究中发现，在双边或多边市场中，其终端用户之间的交易量不仅取决于平台征收的总体费用，更取决于其收费结构的市场，换言之，平台经济需为其服务制定价格结构而非只是价格水平。因此，商业模式的选择对于各种平台经济运营成功与否是至为关键的，即平台经济中的商业模式通常会将市场中的一方定义为盈利端，而将市场中的另一方认定为亏损端或不盈利端，且终端用户无法通过使用某种平台而对其他终端用户的外部福利性内部化，这样会造成以下现象：

第一，不同类型商业模式的平台经济存在对市场双方认定的倒置现象，如在支付系统中，信用卡等银行卡产品将商户视为盈利端，而将持卡人作为亏损端或补贴端，而部分在线支付产品，将持卡人作为盈利端，而将商户作为亏损端。

第二，正是由于"网络效应"及非对称的收费结构，使得同类型的平台型企业对于价值用户数量存在需求的"刚性"，即同种商业模式下的平台经济存在对市场双方（尤其是亏损端或受补贴方）的竞争关系，并促使终端价值用户存在行为上的"多栖"效应（muliti-homing effects，也称之为"平台对转换渠道的设计"）。如很多商户接受多种支付方式及其支付平台服务。在商业现实中，一家商户往往会接受银行卡支付，包括 Visa 支付，也包括银联支付，同时也会接受第三方支付，包括微信支付和支付宝支付，一些消费者往往也都同时拥有上述的支付方式，这样，一个支付平台的竞争性价格依赖于另一方参与者是否存在"多栖"现象以及这种"多栖"现象的表现程度有多大。举例来说，若银联降低由商家支付的手续费，那么只要大部分 Visa 持卡人同时持有银联卡，则商家就会自然倾向于使用银联卡，而拒绝使用收费更高的 Visa 卡。当然从理论上来说，这种特征表现还将与市场交易商品的属性、交易者的价格敏感性、交易场景等各种因素有关。因此，在商业实践中，如何由初期的补贴式商业模式过渡至后期的收费式商业模式，确实是很多平台型企业发展过程中的"惊险的一跃"。

除了双边市场组织的特点之外，银行卡清算组织还有一个明显的特点，就是较高程度的自然垄断特征——由单一企业垄断市场的社会成本低于多个竞争性企业的社会成本之和。比如说，中国银联成立后，一度作为唯一一家国内银行卡组织，整体的效率就远高于之前 12 个区域性中心分区进行清算的效率。在一定程度上，大型网络平台形成的规模经济可以提供更多的价值，大企业比小企业具有优势。在双边市场中，大企业能够为市场各方的交易和消费提供大量的客户网络。如果一个支付网络已经建立，网络效应会阻碍创新和竞争，从而妨碍自由市场的发展。如果要建立全新的支付系统，它很难与已有的系统（具有很大价值的支付网络）展开竞争，即从供给角度（即提供支付服务的角度）来看，网络效应会导致市场具有较高的进入壁垒，这意味着可能在很长一段时间里，一个新的支付服务提供商或运营商必须准备承担接受损失，这会一直持续到它占有足够的市场份额来覆盖最初的投入成本。从需求角度（即从用户的角度）来看，可能会发生相当大的刚性和依赖度，一旦用户选择了一个特定的系统，那么，要转到另一个系统需要付出很大的代价，例如，商户要使用另一种支付网络，那么，接入新的支付网络，需要投入一定的投资支出，换句话说，用户面临着锁定成本，这会阻碍竞争。

从历史经验来看，在较小的清算市场中，可能会出现完全垄断的清算企业。在较大的清算市场，往往出现双寡头清算企业，美国的 Visa 与万事达就是最好的例证。尽管这些双寡头企业的规模并不相同，但是，提供的产品有所差异，使得产品并不能被完全替代，这导致这种格局可以得到维持。

三　四方模式与三方模式的对比分析

从银行卡产业的实践来看，银行卡组织可分为开放式组织（cooperative system）和封闭式组织（proprietary system），并分别对应着所谓的"四方模式"和"三方模式"。

我们首先来看开放式组织。在开放式组织中，银行卡组织不直接发卡和收单，发卡机构和收单机构分别由银行卡组织中不同的成员银行独立承担，收单机构通过银行卡组织（或通过其他机构代理接入银行卡组织）将收单交易信息传输至发卡机构。Visa、万事达和中国银联等均为开放式组织。在开放式组织中，一项交易的基本参与方有五个，即银行卡组织、发卡机构、收单机构、特约商户和消费者（持卡人）。除去负责制定银行卡网络交易规则、为跨行交易转接清算的银行卡清算组织外，在一笔支付中实际发生资金流动的参与方有四个，称为"四方模式"。

从组织形式来看，开放式银行卡组织可分为非营利性的协会和营利性的公司两种，而从股东构成来看又可分为由会员机构作为股东（或者在非营利的协会形式下不叫"股东"，就是拥有所有权和决策权的会员）和由普通投资人（非发卡机构和收单机构）作为股东两种。发卡机构的基本职能是向消费者发行各类银行卡，并且通过提供各类相关的银行卡服务收取一定费用。通过银行卡的发行，发卡机构从持卡人处获取银行卡年费、循环信用利息以及持卡人享受各种服务的手续费，从商户处获取手续费分成等。收单机构主要负责商户开发与管理、授权请求、账单结算等活动，收益主要来源于商户手续费、商户支付的其他服务费（如 POS 机具租用费等）以及商户存款的增加。特约商户是指与收单机构签订受理银行卡 POS 交易业务协议并且同意用银行卡进行交易结算的商户，其中银行卡 POS 交易就是通过在销售点的 POS 机具上刷银行卡来完成支付交易。消费者则是使用银行卡刷卡消费的持卡人。开放式组织的运作机制见图 2—1。

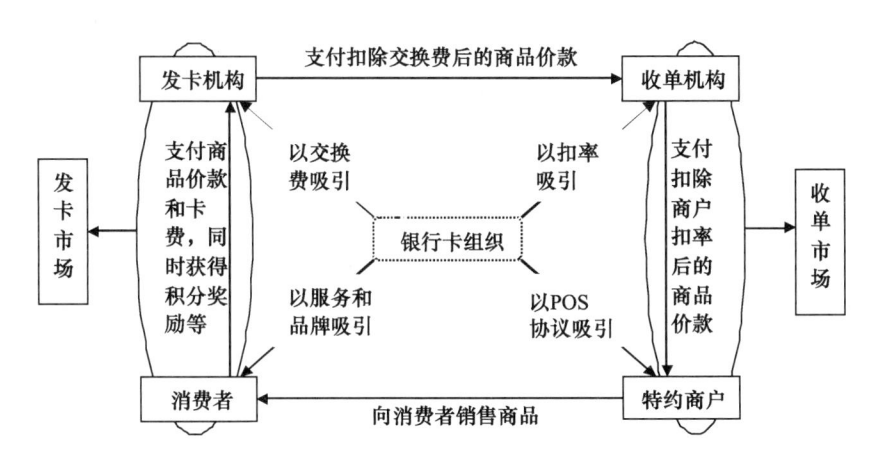

图 2—1 开放式银行卡组织的运作机制

其中，发卡机构和持卡人构成了发卡市场的供需双方。持卡人基于银行卡带来的便利、安全和消费信贷等因素选择持有银行卡，并向发卡机构支付一定的卡费，如年费等。Chakravorti（1997）根据持卡人的持卡动机将其分为"银行卡周转者"和"银行卡交易者"。"银行卡周转者"是将银行卡作为一种方便的融资工具，使用银行卡为其提供信用额度并向贷款银行支付利息；而"银行卡交易者"是将银行卡作为现金和支票的替代品，通常不会使用信用额度，即便使用也会足额偿还，银行很难赚到他们的利息。[①] Chakravorti 和 Shah（2003）认为，向"银行卡交易者"发行的银行卡，如借记卡应该收取年费，而向"银行卡周转者"发行的银行卡可不收年费，因为他们的贷款利息可以给银行带来足够的利息收入。发卡机构通过向持卡人提供多样化的服务参与发卡市场的竞争，在权衡成本与收益的基础上，决定银行卡的发行数量以及发行对象，并激励持卡人使用银行卡。[②]

收单机构和特约商户构成了收单市场的供需双方。银行卡的现金替代作用和消费信贷功能使持卡人潜在或随机的消费需求变成实际的支付能力，从而推动接受银行卡付款的商户的销售额增加。根据美国市场的调查，83%的特约商户由于接受银行卡付款而使销售额增加，58%的特约商户经营收益有一定程度的增加（Ernst 和 Young，1996）。[③] Rochet 和 Tirole（2002）认为，特约商户接受银行卡付款可能是基于竞争策略的考虑，即可吸引不接受现金付款商户的顾客。[④] 由于商户接受银行卡付款需要支付一定的商户扣率（通常称手续费），因此，商户权衡接受银行卡付款的收益与成本并对消费者的支付方式进行选择。收单机构向特约商户提供设备，负

[①] Chakravorti S., "How do we pay!", Federal Reserve Bank of Dallas Financial Industry Issues, 1997.

[②] Chakravorti S., Shah A., "Underlying Incentives in Credit card Networks", Antitrust Bull., No. 48, 2003, pp. 53 – 57.

[③] Ernst, Young, "Survey of retail payment systems", Chain Store Age, 1996.

[④] Rochet J. C., Tirole J., "Cooperation among competitors: some economics of payment card associations", *Rand Journal of Economics*, Vol. 33, No. 4, 2002, pp. 549 – 570.

责设备维护以及承诺付款,并承担一定的资金结算风险。持卡人在特约商户那里刷卡消费,发卡机构在扣除交换费以后将交易金额支付给收单机构,收单机构扣除商户扣率(发卡机构收取的交换费和收单机构收取的收单费)后将交易金额支付给特约商户。就开放式卡组织的定价机制而言,收单服务费是由商户与收单机构双方谈判决定的,银行卡组织及其发卡银行不参与也不干预收单服务费的定价;而交换费是由银行卡组织与发卡银行共同制定的。网络转接费是发卡机构和收单机构为弥补银行卡组织营销和转接交易的成本而缴纳的费用。

以一个虚构的例子来说明开放式银行卡组织的交易流程。假设消费者持有一张 A 银行(发卡机构)发行的带有"银联"标识的信用卡,去中国银联的特约商户 B 处购买一台笔记本电脑,并在 POS 机具上刷了这张银联卡。POS 机具会从卡中获得数据信息,然后将这些信息与特约商户、购物的货币价值等相关信息整合在一起,形成一个新的电子信息。随后,POS 机具会将这个信息发送给 B 的收单机构 C 的负责维护运行的计算机系统。C 的计算机系统读取这条信息并判断持卡人正在使用这张银联卡。接下来,C 会联络中国银联的计算机系统。中国银联的计算机系统获得信息后,会与 A 的计算机系统进行确认,核实持卡人的账户中是否有足够的信用额度来支付这次购物。以上即为图 2—2 中用实粗箭头标明的支付请求信息流。如果持卡人的账户中有足够的信用额度支付这次购物,则 A 的计算机系统就会向中国银联的计算机系统发回此次交易的授权通知。中国银联的计算机系统会把授权通知发送给 C,再由 C 把授权通知发送给 B 的 POS 机具。POS 机具将打印出需由持卡人签字的 POS 签购单。由于整个交易是完全电子化的,打印签购单的主要目的在于帮助解决当信用卡被盗或者签名被伪造时所产生的争议。以上即为图 2—2 中用细的实体箭头标明的支付授权信息流。

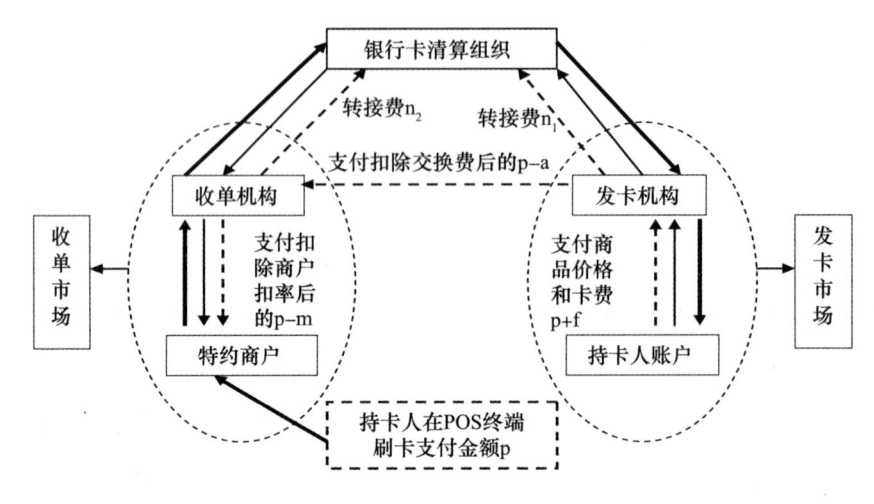

图 2—2　开放式银行卡组织的交易流程

资料来源：王文祥：《境内人民币银行卡清算组织的发展及其产业政策研究》，硕士学位论文，江西财经大学，2012 年。

假设这台笔记本电脑的价格为 p，则这笔购物整个的支付流如下：持卡人账户向作为发卡机构的 A 支付商品价格 p 和持卡人费用 f，A 向作为收单机构 C 支付扣除交换费后的 p-a，C 向作为特约商户的 B 支付扣除商户扣率后的 p-m（m 中已包含了 a），另外，发卡机构和收单机构分别向银行卡清算组织支付转接费 n_1 和 n_2。以上即为图 2—2 中用虚线箭头标明的支付流。因此，这笔购物给各方带来的货币收益分别是：持卡人为 -p-f，商户为 p-m，收单机构为 m-a-n_2，发卡机构为 a+f-n_1，银行卡清算组织为 n_1+n_2。在图 2—2 中，左侧由特约商户和收单机构构成了银行卡收单市场，右侧由持卡人与发卡机构构成了银行卡发卡市场，两个市场相对独立，但通过银行卡清算组织提供的跨行交易转接清算系统和制度安排实现对接，从而共同构成了一个各个市场主体相互联系、密不可分的开放式组织交易机制。

不过需要注意的是，上述例子只是为了从理论上更好地说明开放式组织的运作机制，在支付费用方面与现实情况并不一定完全吻合。比如消费者刷卡消费时往往并不需要支付持卡人费用，即 f 为 0，当然从理论上讲，我们也可以将持卡年费或信用卡滞纳金等都折进单笔消费之中，从而形成正的持卡人费用。又比如在实际操作中，网络转接费可能不是采取发卡机构和收单机构分别支付的形式。

在封闭式组织中，银行卡组织既是发卡机构又是收单机构，如美国的运通卡、大莱卡、发现卡和日本的 JCB 卡等。封闭式组织通常都是以盈利为目的的公司。在封闭式组织中，一项交易的基本参与方有三个，即封闭式组织、特约商户和消费者，因此称为"三方模式"。封闭式卡组织都是以盈利为目的的公司，其定价机制完全由市场决定，银行卡组织直接与各特约商户谈判确定商户扣率，而且还可根据市场变化做出调整。封闭式组织的运作机制相对简单，这里不再做详细说明，其交易流程见图2—3。

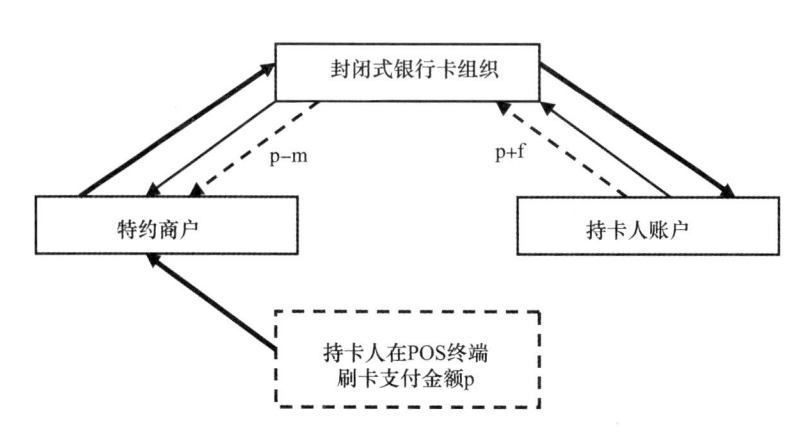

图2—3 封闭式银行卡组织的交易流程

资料来源：王文祥：《境内人民币银行卡清算组织的发展及其产业政策研究》，硕士学位论文，江西财经大学，2012年。

在传统的四方模式中，除了持卡人（终端用户）和商户，支付体系的运转主要由各商业银行的市场营销（如推广发卡、开展营销活动、售后维护）及银行卡组织的银行间支付清算平台构成，这样就形成有效的市场分工、支付结算和利润分成的运营体系，在互联网金融快速发展之前，成为最主要的非现金支付体系的解决方案，且由银行卡组织进行支付收益的分配，各商业银行往往将关注重点围绕在扩大发卡量，增加持卡人的用卡活跃度、扩大商户的收单设备占有率等市场推广活动中，这些商业推广活动有力地推动我国城乡居民消费行为由"现金支付"转移至"卡支付"。中国银联发布的《中国银行卡产业发展报告（2019）》显示，2018年银联网络转接交易金额占全球银行卡清算市场份额进一步提高，并继续保持全球第一。同时，银行卡发卡和受理规模进一步扩大，银联卡全球发行累计超过75.9亿张，银联卡全球受理网络已延伸到174个国家和地区。

此外，由于各商业银行本身就是经银监会准入和监管的金融机构，加之银行卡组织的再次行业规范，使得四方模式对金融监管要求的自律性和适应性都是较强的，银行卡组织对消费行为、货币支付流量及流向等货币数据的统计也为货币决策机构提供了有效的数据支持和监控手段，增强了央行的货币管控能力和货币政策的效力。相反，三方模式由于完全需要银行卡组织自身去推广市场，其推广速度自然没有四方模式下银行卡组织推广速度快。因此，在原有市场环境下，四方模式的银行卡组织发展更为迅速，市场规模也远超三方模式的银行卡组织。而三方模式则只能聚焦于较小规模的优质客户，追求对高价值客户单位利润率的提升。

四　中国的卡组织发展及其对银行卡产业的促进作用

（一）我国银行卡组织的发展历程

我国的银行卡产业是随着改革开放的步伐发展起来的。1979年

10月，中国银行广东省分行与香港东亚银行签署协议，代办其信用卡业务，从此信用卡在中国内地出现。1985年3月，中国银行珠海分行发行我国第一张信用卡——中银卡，标志着我国的信用卡诞生。从信用卡的诞生到现在的短短30多年间，中国银行卡产业大致经历了3个重要的发展阶段。

第一阶段：金卡工程实施前（1985—1993年）

1985年中国银行发行的第一张信用卡面世，拉开了我国银行卡发行的序幕。1986年中国银行在北京推出了长城卡，1987年中国工商银行发行牡丹卡，紧接着中国建设银行和中国农业银行发行各自的银行卡，分别命名为龙卡和金穗卡。随着四大国有商业银行发卡量的增长，我国银行卡产业发展不断加快，截至1993年底，全国银行卡发卡量累计达到400万张，交易金额突破2000亿元。与此同时，各商业银行的电子化建设也同时起步，计算机业务处理系统被建立起来，从而为银行卡业务的发展奠定了一定的基础。

第二阶段：金卡工程实施期间（1993—2002年）

1993年至1996年，是我国银行卡产业的初步发展阶段，不仅国有商业银行各分支机构在大中城市独立发展银行卡业务，股份制银行也纷纷加入发卡行列。为改变各行发卡、"各自为政"的现状，促进银行卡的联网联合，实现POS、ATM机与网络资源共享，改善用卡环境，时任中共中央总书记的江泽民亲自倡导并由国务院批准了"金卡工程"；1994年，金卡工程正式实施，北京、上海等12个试点城市的银行卡网络服务中心和全国总中心的筹建工作开始启动。1997年10月30日，在人民银行的组织推动、各商业银行的积极参与以及各地政府的积极配合下，银行卡信息交换总中心在北京成立，1998年底正式投入使用。该中心的成立标志着银行卡信息交换全国性网络建成，为不同银行发行的信用卡在全国范围跨行通用、联合经营创造了条件。信息交换中心的开通为各商业银行拓宽银行卡市场提供了公共的网络平台，各地银行卡发卡量、POS 和 ATM 受理网点数量和覆盖范围也大大增加，1995 年至 2001 年银行卡发卡数量增加 3.7 亿，增长超过 26 倍，交易金额增加 7.4 万亿元，增加超过 7 倍。2001 年，中国人民银行印发《2001 年银行卡联网联合工作实施意见》的通知，要求各商业银行发行的银行卡必须在卡正面指定位置印刷统一的"银联"标识，加入全国银行卡跨行交换网络的 ATM、POS 等终端机具，必须能受理带有"银联"标识的银行卡。相关技术标准的统一使得我国银行卡发卡规模、特约商户数、机具设备数量呈几何级数增长，大大提高了产业运行效率，加快实现全国银行卡联网联合。

第三阶段：银联成立后（2002 年至今）

2002 年 3 月 26 日，经国务院同意，在中国人民银行的直接领导和 80 多家金融机构共同发起下，在合并原有银行卡信息交换中心的基础上成立了中国的银行卡联合组织——中国银联。至此我国银行卡产业发展有了强大的发展支撑平台，对我国银行卡产业发展起着划时代的重要意义。通过中国银联和各商业银行的共同努力，联网通用"314"目标在 2002 年底基本实现。2003 年全国地市级以上城市联网通用基本实现。同时，中国银联联合各商业银行开始建立并完善各项规范标准的推广实施机制和工作流程，并在受理环境建设、银行卡跨行交易风险管理等多方面逐渐形成了制度化的合作机制。2004 年，中国自主银行卡品牌——银联标准卡正式诞生。经过近些年的高速发展，银联网络已遍布中国城乡，并已延伸至亚洲、欧洲、美洲、大洋洲、非洲等境外 150 多个国家和地区。2005 年 4 月 27 日，中国人民银行、财政部等九部门联合发布《关于促进银行卡产业发展的若干意见》，明确提出要完善实施人民币银行卡技术标准，加大我国人民币银行卡技术标准的推广发行力度。近些年，银行卡产业的市场化步伐也在加快。2010年中国人民银行公布了《非金融支付服务管理办法》，放开了银行卡收单市场。2013年，中国人民银行出台了《银行卡收单业务管理办法》，同时废止和失效有关银行卡"联网通用"的5套规范性文件，标志着我国银行卡产业进入了更加市场化、多元化的新发展阶段。2015年6月1日《国务院关于实施银行卡清算机构准入管理的决定》正式实施，2016年6月央行和银监会发布《银行卡清算机构管理办法》，至此，银行卡市场化取得实质性突破，银行卡产业将由"政府主导"的发展模式逐步转向"市场主导"。

(二) 我国银行卡产业的发展情况

经过30多年的发展完善，我国银行卡从各自独自发卡的分散状态，到金卡工程初步联网联合的实施，最后经过全部的联网通用，并形成了我国具有自主知识产权的银联标准卡。关于30多年间银行卡产业运行机制的变迁可见表2—1。

表2—1　　　　我国银行卡产业运行机制变迁

	金卡工程实施前	金卡工程实施期间	银联成立后
银行卡发行	各商业银行	各商业银行	各商业银行与金融机构
网络建设	发卡行自行构建	金卡中心	银联统一规划与实施（包括网络的新建、扩建与改建及对原来各商业银行网络系统的整合）
收单业务	发卡行	发卡行	收单机构（发卡行、银联分公司、银联商务公司及部分专业化服务企业）

续表

	金卡工程实施前	金卡工程实施期间	银联成立后
成本分担与收益分配	发卡行自行承担成本，并分享收益	按一定形式分担	成本在各发卡行、银联与收单机构间分摊，收益按一定比例在上述经济主体间分配
激励机制	发卡行有足够的激励拓展市场，获取收益	发卡行有动力布放POS机，拓展业务	各相关主体的激励机制严格依赖于收益分配机制的设计

资料来源：张嫚、于葳：《从银行卡产业的运行机制看"银商纠纷"的制度根源》，《财经问题研究》2006 年第 4 期。

在银联产生以后我国银行卡产业的集聚规模快速增长，国际竞争力不断加强。这体现在如下几个方面。

第一，发卡量保持稳步增长。截至 2018 年末，全国银行卡在用发卡数量 75.97 亿张，同比增长 13.51%。其中，借记卡在用发卡数量 69.11 亿张，同比增长 13.20%；信用卡和借贷合一卡在用发卡数量共计 6.86 亿张，同比增长 16.73%。借记卡在用发卡数量占银行卡在用发卡数量的 90.97%，较上年末有所下降。全国人均持有银行卡 5.46 张，同比增长 12.91%。其中，人均持有信用卡和借贷合一卡 0.49 张，同比增长 16.11%。

第二，受理市场环境不断完善。截至 2018 年末，银行卡跨行支付系统联网商户 2733.00 万户，联网 POS 机具 3414.82 万台，ATM 机具 111.08 万台，较上年末分别增加 140.40 万户、295.96 万台和 15.03 万台。全国每万人对应的 POS 机具数量 245.66 台，同比增长 8.91%，每万人对应的 ATM 机具数量 7.99 台，同比增长 15.03%。

第三，银行卡交易量持续增长。2018 年，全国共发生银行卡交易 2103.59 亿笔，金额 862.10 万亿元，同比分别增长 40.77% 和

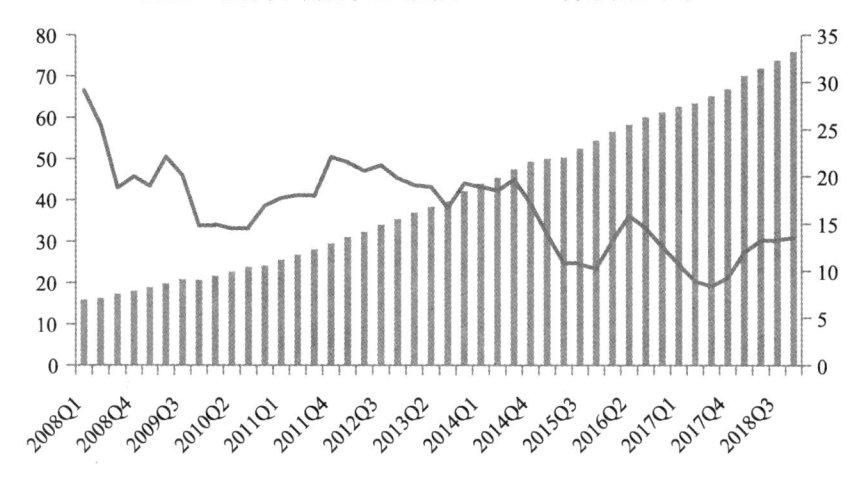

图 2—4 历年银行卡在用发卡量

数据来源：中国支付清算协会。

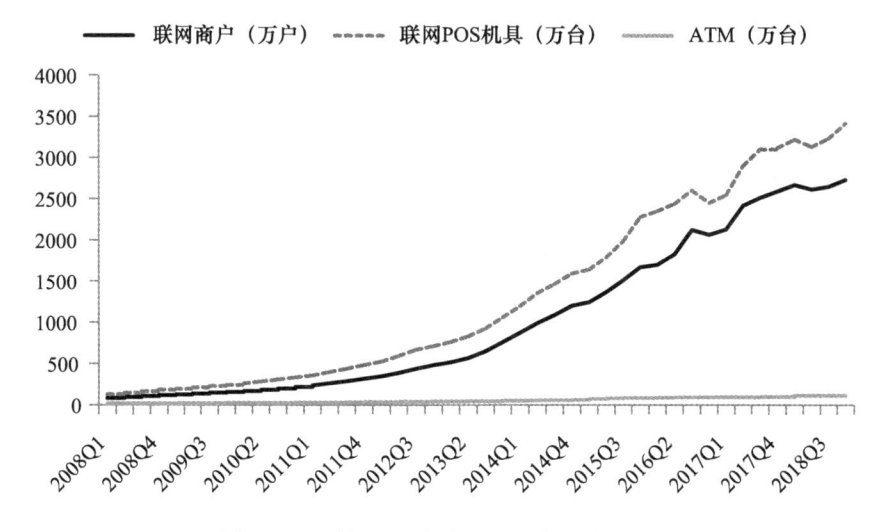

图 2—5 历年联网商户、POS 机具和 ATM

数据来源：中国支付清算协会。

13.19%，日均 5.76 亿笔，金额 2.36 万亿元。其中，银行卡存现 78.63 亿笔，金额 60.03 万亿元，同比分别下降 18.44% 和 11.62%；取现 140.87 亿笔，金额 58.90 万亿元，同比分别下降

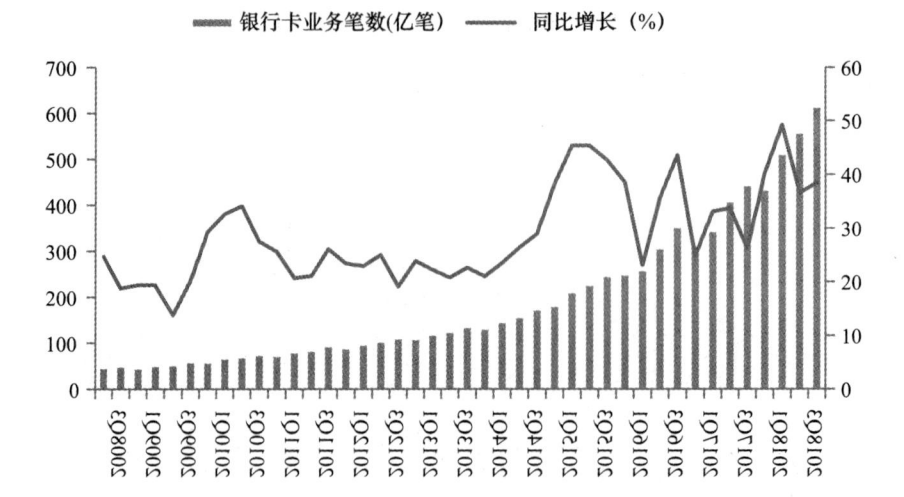

图 2—6　历年银行卡业务笔数

数据来源：中国支付清算协会。

18.65% 和 9.49%；转账业务 900.73 亿笔，金额 650.42 万亿元，同比分别增长 41.08% 和 16.15%；消费业务 983.36 亿笔，金额 92.76 万亿元，同比分别增长 67.73% 和 35.09%。全年银行卡渗透率为 48.97%，比上年上升 0.26 个百分点。银行卡卡均消费金额为 1.22 万元，同比上升 19.06%；银行卡笔均消费金额为 943.28 元，同比下降 19.46%。

第四，银行卡信贷规模持续增长。截至 2018 年末，银行卡授信总额为 15.40 万亿元，同比增长 23.40%；银行卡应偿信贷余额为 6.85 万亿元，同比增长 23.33%。银行卡卡均授信额度 2.24 万元，授信使用率 44.51%。信用卡逾期半年未偿信贷总额 788.61 亿元，占信用卡应偿信贷余额的 1.16%，占比较上年末下降 0.11 个百分点。

（三）银行卡产业的多元化发展态势

随着参与主体的多元化为市场注入了新的活力，商业银行和银行卡清算机构等传统支付机构积极适应环境变化，改进业务模式，

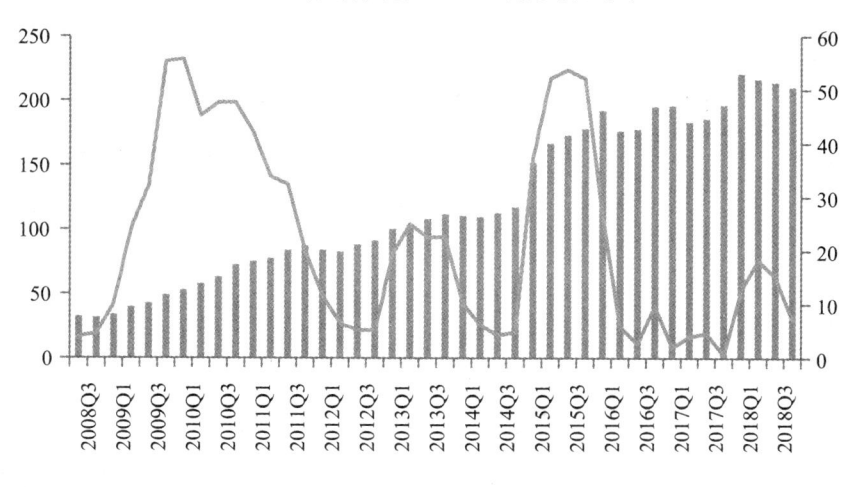

图 2—7　历年银行卡业务金额

数据来源：中国支付清算协会。

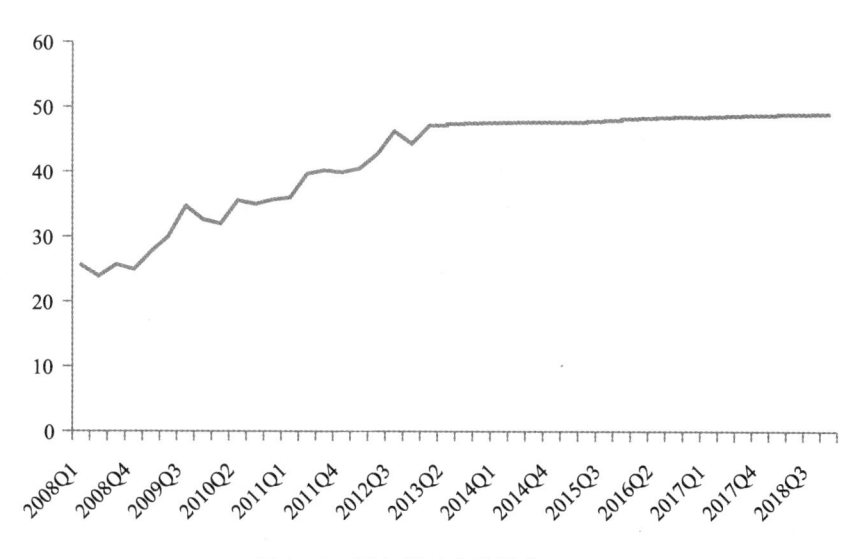

图 2—8　历年银行卡渗透率（%）

数据来源：中国支付清算协会。

探索新兴应用。

发卡端方面，首先，发卡主体呈现多元化。民生银行、中信银行、光大银行等多家股份制商业银行探索发卡业务新的经营模式，成立信用卡子公司，拟拆分信用卡业务实现独立经营。信用卡子公司作为独立法人，业务开展可以更加灵活，为尝试基于信用卡的各类业务创新提供了必要条件。其次，发卡市场的价格体系呈现多元化。随着我国利率市场化改革的不断深入，以及2016年信用卡透支利率政策的放开，原有的信用卡透支利率单一定价模式成为历史。发卡行可根据自身客户的特点、资源优势与风险管理能力在信用卡利率上下限区间内自行确定信用卡透支利率的高低，设计灵活的免息还款额、最低还款额和逾期违约金产品组合，在向持卡人提供个性化、多元化和精细化的信用卡个人消费信贷服务的同时实现了各发卡机构间的错位竞争。最后，消费信贷市场的竞争更加多元化。近年来，多家小微金融公司推出个人消费信贷产品，如蚂蚁金服的"蚂蚁花呗"、京东金融的"京东白条"等。这些产品在授信、免息还款期、最低还款额、分期付款等方面的业务特征与传统信用卡业务相似，并依托电商场景和交易数据对其用户进行风险评级和消费场景控制，成为消费信贷市场的较好补充。

受理端方面，随着监管政策的陆续出台，有序规范的市场环境、参与主体和业务形态的多元化推动银行卡受理市场发展迈上新台阶。首先，受理市场的监管日趋严格，具体表现在：一是监管部门严格控制支付牌照发放和续期审核，2011—2015年，央行共发放271张第三方支付牌照，2016年暂停发放新牌照，由此支付牌照进入到"存量时代"。2018年7月5日，央行发布了第6批非银行支付机构《支付业务许可证》续展决定的公告，21家支付机构顺利通过，4家不予续展，共注销5张支付牌照。至此，央行累计注销支付牌照名单已增加到33家，最新的支付牌照数量为238张。二是要求支付机构全面应用支付标记化技术，规范支付标准化管理，严格保护银行卡信息。

如 2018 年 1 月 1 日，中国支付清算协会安全与技术标准专业委员会制定的《支付技术产品认证自律管理规则》及《支付技术产品认证目录》正式实施。所谓支付技术产品是指商业银行、非银行支付机构、清算机构开展支付服务所采用的软硬件等信息技术产品，包括但不限于支付受理终端（ATM、POS、扫码设备、显码设备等）、移动支付安全单元（SE）、移动终端可信执行环境（TEE）、客户端软件等。三是强化对非银行支付机构的备付金管理，并将非银行支付机构纳入金融机构大额交易和可疑交易报告管理制度中。2018 年 6 月 29 日，中国人民银行发布《关于支付机构客户备付金全部集中交存有关事宜的通知》（银办发〔2018〕114 号），明确自 2018 年 7 月 9 日起，按月逐步提高支付机构客户备付金集中交存比例，到 2019 年 1 月 14 日实现 100% 集中交存。

其次，受理市场参与主体更加多元化。在监管趋严的背景下，互联网公司、地产商、手机厂商、电信运营商等各类企业通过多种形式积极进入支付市场。美团收购钱袋宝获得支付牌照，推出"美团支付"开展资金结算业务；主流手机生产商如苹果、三星、华为加入银联"云闪付"体系为持卡人提供移动支付服务；运营商也相继推出了移动支付产品。参与主体的多元化为银行卡受理市场引入差异化发展思路，在激烈竞争中为持卡人提供更优质的服务。

最后，银行卡受理形式进一步丰富。中国银联为持续改善持卡人的用卡体验联合银行卡产业各方迅速推出小额免签免密业务发展，支持双免的商户覆盖超市、快餐、便利店、停车管理、自动售货机等业态。二维码支付的受理环境也得到快速完善，微信、支付宝等非银行支付机构通过招募服务商和专业化服务机构加速受理商户拓展。中国银联于 2016 年末发布二维码相关标准规范，遵循现有银行卡支付和四方模式为银行卡市场提供了统一的二维码技术方案，推动不同机构间业务的互联互通。2018年4月1日，由中国人民银行于2017年12月27日印发的《条码支付业务规范（试行）》正式生效，根据该办法，对个人客户的条码支付业务进行风险防范能力分级，并分别依据ABCD四个等级进行限额管理，如风险防范能力达到D级，即使用静态条码的，同一客户单个银行账户或所有支付账户单日累计交易金额应不超过500元。聚合支付的快速兴起则推动了受理设备的集成化和智能化发展。2018年8月2日，全国金融标准化技术委员会秘书处发布《聚合支付安全技术规范（征求意见稿）》，征求各委员单位意见及在线投票，标志着关于聚合支付的行业技术标准已经进入到实质性规范阶段。

业务端方面，自2016年9月起，新的银行卡刷卡手续费价格调整正式实施。这次刷卡手续费调整实行借记卡与贷记卡分离定价，取消了原来基于商户类型的行业差别定价，同时规定发卡行服务费和网络服务费可在不高于政府指导价上限的情况下浮动定价，收单服务费取消政府指导价，由收单机构与商户协商自行确定费率。刷卡手续费调整实施后，违规套用行业分类代码的商户数量显著减少，发卡端和收单端刷卡手续费定价的灵活性得到提供，银行卡跨行交易规模保持了较快增长。另外，国内支付机构的国际化拓展方式多样化。银联卡的国际化程度不断提高，截至2018年末，银联卡全球发行累计超过75.9亿张，银联卡全球受理网络已延伸到174个国家和地区，覆盖超过5370万家商户和286万台ATM，遍及出境游热点和"一带一路"沿线重点国家和地区，用卡增值服务不断丰富。此外，中国银联还加快了技术标准输出步伐，2016年与亚洲联盟7家会员机构达成芯片卡标准授权合作，还参与主导了EMV-

Co 二维码支付国际标准的制定工作。同时，蚂蚁金服和财付通等非银支付机构加快国际业务布局，在东南亚、欧洲、大洋洲等地区重点拓展受理业务。

第二节　卡组织维权及其在互联网时代的变化

一　四方模式下的卡组织维权

从分工的角度来看，在"三方模式"下存在三个市场主体，商户、消费者与卡组织，其中商户集中处理交易，而卡组织则处理资金的垫付以及清算业务，只是清算结果是用来支持其自身的付款与收款。此时虽然物流已经与资金流、支付信息流分离了，然而资金流和信息流仍然合二为一。由于"三方模式"的卡组织具有封闭性质，大大阻碍了其市场范围的扩大，从各国支付产业发展趋势来看，其逐渐被"四方模式"取代。

这种取代的最根本原因在于"四方模式"进一步将分工细化了，卡组织专职于做清算，而支付则交由更多的合作者（银行）来完成，从而大大拓展了市场范围，规模报酬的递增降低了提供服务的成本。"四方模式"下清算的内容与"三方模式"并无太大区别，只不过由于卡组织自身不再负责发卡和收单，因此便需增加从发卡银行接收信息和向收单银行发送信息两项职能，而资金流则不再经过卡组织，直接由发卡银行转入收单银行。这意味着在物流分离出去后，资金流和支付信息流进一步分离了，卡组织专门承担清算职能以及与之相关的标准制定。由于在"四方模式"下，银行作为储蓄机构和支付机构介入到支付产业中，并且因为发卡者和收单者都是各个银行，卡组织是推动和协调不同银行的银行卡业务发展的组织，因此目前人们更多地将该产业称为银行卡产业。

与"三方模式"的封闭型卡组织相比,在"四方模式"下的卡组织还将承担另一项职能,那便是市场秩序的制定和维护。因为"四方模式"是开放型的,大量合作银行共同制定及维护统一的产业秩序方能正常运转。银行卡组织的一个重要职责便是协调银行卡产业中各市场主体之间的利益,其中也包括定价机制的沟通协调。对于合作银行违反银行卡组织规则的行为,则需要银行卡组织出面维权,对其进行相应处理。由于银行卡组织是零售支付领域的重要基础设施,银行卡组织维持产业秩序的维权行为有助于银行卡风险防范以及打击银行卡犯罪活动。不过,由于定价也是市场秩序的一部分,因此在实践中,这种维权在一些国家有时也会被反垄断部门调查和诉讼,不过在理论界银行卡组织是否涉嫌垄断仍存有争议,同时在现实中,针对银行卡组织垄断的调查和诉讼过程通常比较曲折,并且大量指控最终也并未被判定成立,更多的是以和解的形式告终。

表 2—2　　　　　一些针对银行卡产业定价的反垄断调查

洲	国家	信用卡	借记卡
美洲	美国	2010:美国司法部(DOJ)起诉美国运通、Visa 和万事达,指控它们的商户手续费以及对商户的限制违反了反垄断法。DOJ 与 Visa 和万事达议定解决方案,后者允许商户为消费者提供折扣、奖励以及银行卡费用信息。	
	巴西	2009:巴西反垄断部门调查 Redecard 和 Visa-Cielo 的反竞争行为。	
	智利	2005:国家经济检察官指控 Transbank 滥用市场支配地位,智利反垄断法庭判决其指控成立并对 Transbank 罚款 56000 美元。	
	哥伦比亚	2004:反垄断部门通过新的法令,允许商户同收单机构协商费率。	

续表

洲	国家	信用卡	借记卡
欧洲	欧盟	2009：欧盟委员会（EC）和万事达达成临时协议，将万事达信用卡平均交换费定为 0.3%，借记卡为 0.2%。EC 向 Visa 发出异议声明，宣称其初步判定 Visa 的多边交换费（MIF）违反了欧盟反垄断法。 2013：EC 正式开始针对万事达的一些银行间费用是否违反欧盟反垄断法展开调查。EC 提议对四方模式中的借记卡和信用卡交换费设定上限，分别设定为 0.2% 和 0.3%，交换费上限首先适用于跨境交易，过渡期为两年，之后便同样适用于境内交易。EC 提议修订支付服务指令，对被监管交换费的银行卡，禁止商户额外收费，但对不被监管交换费的银行卡，允许商户额外收费。	
	德国	2013：反垄断部门关注领导银行协会（leading bank associations）的集合定价行为，其共同商定将电子借记卡的交换费率定为 0.3%，每笔交易最少为 0.08 欧元。 2014：反垄断部门正式责令领导银行协会放弃集合定价行为。	
	意大利		2014：意大利竞争管理局（ICA）开始调查 Consortium Bancomat 为 Pago Bancomat 的账单支付交易设定每笔 0.1 欧元的借记卡交换费是否违反了反垄断法。
	奥地利	2003：奥地利卡特尔法庭判定 Europay Austria 滥用市场支配地位，在商谈支付卡合同条款时联合几乎所有的奥地利银行形成非法的卡特尔组织，形成过高的交换费。 2007：Europay Austria 向奥地利最高法庭上诉。最高法庭维持了卡特尔法庭的判决，并指出 Europay Austria 在不正当竞争行为期间存在"不当得利"，将对其罚款金额从 500 万欧元增加至 700 万欧元。	
	匈牙利	2006：匈牙利的反垄断部门（GVH）考虑干预支付卡市场。他们认为与成本相比交换费制定得过高，特别是借记卡交换费。同时他们认为发卡机构针对自身收单和他人收单时的价格歧视对于发卡市场的竞争具有负面影响。	

续表

洲	国家	信用卡	借记卡
欧洲	匈牙利	2008：GVH 对一些信用卡公司进行反垄断调查，包括万事达、Visa 以及 POS 运营商，GVH 认为其在定价过程中涉嫌合谋。	
		2009：GVH 判定万事达、Visa 以及一些主要商业银行在制定交换费过程中形成非法的卡特尔组织，并对其罚款。	
	波兰	2008：竞争和消费保护法庭（CCCP）推翻了 OCCP 的决定，CCCP 认为 20 家银行协议形成固定的费率水平并没有违反欧盟反垄断法，也没有违反国内的相关规定。	
	瑞士		2011：竞争委员会秘书处结束了先前的调查，得到的结论是 Maestro 可能违反了卡特尔法，而万事达借记卡则可能还在一定的限度之内，例如其市场份额不足 15%，单笔交易的平均交换费不超过 0.20 瑞士法郎。
亚洲	韩国	2005：韩国公平贸易委员会判定 BC 卡对商户手续费的集合定价是卡特尔行为，对其处以 100.92 亿韩元的罚款并责令其整改。	
	以色列	2006：以色列反垄断法庭与银行达成协议降低其交换费率，由 1.25% 降至 0.875%。	
		2011：信用卡公司接受了反垄断法庭计算交换费的方法，并同意将交换费率由 0.875% 降至 0.7%。	

续表

洲	国家	信用卡	借记卡
非洲	南非	2004：国家财政部和南非储备银行的任务组建议南非竞争委员会审查国内支付体系治理与运行中存在垄断的可能性。	

资料来源：http://kansascityfed.org/publicat/psr/dataset/pub-auth_payments_var_countrie—s_August2014.pdf。

二 互联网时代的银行卡产业发展

(一) 互联网带来支付清算模式的改变

可以说，以计算机与信息技术为代表的新动力，已经深刻地改变了现代经济与社会的组织模式，使得人与人之间的经济关系都可以用"点对点"的网络化联系来重构。在互联网状态下，消费者的交易行为模式逐渐转变，进而影响到其消费与投资习惯，消费者对于支付便利、支付体验、增值服务多元化以及个性化的需求促使支付交易、支付业务处理等支付服务方式的创新层出不穷。从国际上看，支付清算市场的发展在各国普遍呈现出如下几个特点：第一是多元化，即不同类型的支付机构都参与到支付系统建设当中，其中有针对批发支付的，有针对零售支付的，有公共部门背景的，也有私人背景的；第二是多层次，即在支付系统发展过程中，逐渐形成功能的互补与协调配置，最终面向不同客户需求，构建起多层面的支付服务供给机制；第三是一体化，即支付清算市场经过多年的演变和磨合，加上新兴支付技术的引入，使得整个支付系统的运行更加默契，不同层次间的功能融合更明显；第四是电子化，即全球支付清算系统越来越脱离有形的市场、组织形态，逐渐转向各类无形的电子化平台，支付、清算、结算的效率不断提高。在国内，相应特点也都有显著的体现，不过其最主要是通过新的市场参与者，即第三方支付机构的引入而体现出来。

长期以来，由于对商业银行体系的牌照准入管理非常严格，使得实体企业很难介入到金融领域，以至于在很长的一段时间内，欧美国家较为常见的非银行支付工具，在我国始终没能出现，国内非现金支付产业发展缓慢，难以适应互联网时代电子商务和消费经济的增长需求。第三方支付的出现实际上起到了弥补零售支付工具奇缺的效果。国内的第三方支付起源于1998年，北京市政府与中国人民银行、信息产业部、国家内贸局等中央部委共同发起首都电子商务工程，并确定首都电子商城为网上交易与支付中介的示范平台，1999年3月首信易支付正式运行。2003年后，伴随着我国电子商务的高速发展，国内以"支付宝"为代表的一批支付组织迅速发展，同时PayPal也于2005年进入我国的支付市场。2008年，网上支付交易规模突破千亿元大关，达到2356亿元。

第三方支付机构广泛运用互联网、移动通信、智能终端等新信息技术，充分发挥市场反应灵敏、机制灵活的优势，贴近社会公众的支付需求，注重客户体验，不断地通过创新来提供丰富多彩的个性化支付产品，提升支付的便利性和用户友好性，成为零售支付服务市场的重要补充力量。2017年中国第三方互联网支付市场交易规模为39亿元。第三方互联网支付交易规模历年变化情况见表2—3。

与之相对应的是，第三方支付牌照市场身价的大涨大跌。2010年9月，中国人民银行发布了《非金融机构支付服务管理办法》，标志着我国非金融机构支付市场全面进入规范化发展的监管时代。存量牌照管理收紧，业务范围相对齐全类牌照稀缺。2011—2015年央行一共发放271张第三方支付牌照。从2016年起央行便不再新发牌照，且对期满牌照续展从严，由此支付牌照进入到"存量时代"。至此，央行累计注销支付牌照名单已增加到33家，截至2018年末支付牌照数量为238张。一段时间，不少企业希望借助支付牌照实现商业闭环，因此存量牌照收购案例频发，包括移动支付在内的牌照价格飙升，特别是业务相对齐全的牌照格外抢手。市场高峰时期，一张互联网支付＋移动支付的牌照收购价格至少在 8 亿元以上，而一张全牌照则可卖到 10 亿—20 亿元。但自 2018 年下半年开始，支付牌照价格的热度开始冷却。主要原因一方面是监管政策的趋紧，更加要求支付机构回归支付业务本源，牌照交易渐趋理性，更重要的是，第三方支付市场的"双寡"格局已然形成，支付宝和腾讯金融占据近九成的支付市场份额下，其余 200 余家分割剩余支付市场的利润空间是非常有限的。

表 2—3　　　　　　　　第三方互联网支付业务发展状况

项目＼年份	2012	2013	2014	2015	2016	2017
笔数（亿笔）	105	150	215	334	663	483
笔数同比增速（％）		43.47	43.52	55.13	98.60	-27.14
金额（万亿元）	7	9	17	24	54	39
金额同比增速（％）		30.04	90.29	41.88	124.27	-28.61

资料来源：中国支付清算协会。

网联平台上线前，第三方互联网支付用直连模式冲击原有的银联清算模式。以支付宝为例，由于国内的银行卡组织银联起初并没有与其合作，造成支付宝只能被迫与银行直接沟通，自行建设网络，又由于其不能利用央行的支付系统，因此只能通过在银行建立账户的形式来完成支付流程。具体的资金流动情况结合图示进行描述。例如，A（招行）向 B（建行）转一笔钱，资金的实际流动过程为：A 的招行账户→支付宝在招行的备付金账户→支付宝在建行的备付金账户→B 的建行账户。而外在表现出的资金流动过程为：A 的招行账户→支付宝在招行的银存账户（虚拟的）→A 的支付宝账户→B 的支付宝账户→支付宝在建行的银存账户（虚拟的）→B 的建行账户（见图 2—9）。若是 A、B 中只有一方拥有支付宝账户，比如 A 有支付宝账户而 B 没有，同样，A 也是可以将资金从招行通过支付宝系统转给 B 在建行的账户,见图 2—10。支付宝通过在各个银行的备付金账户实现在各个银行间的资金流转,从而达到转账的目的,在此过程中,其实际上不仅在执行支付功能,并且也在通过另一种方式执行清算功能。实际上,其他第三方互联网支付机构的运作模式与支付宝大同小异。

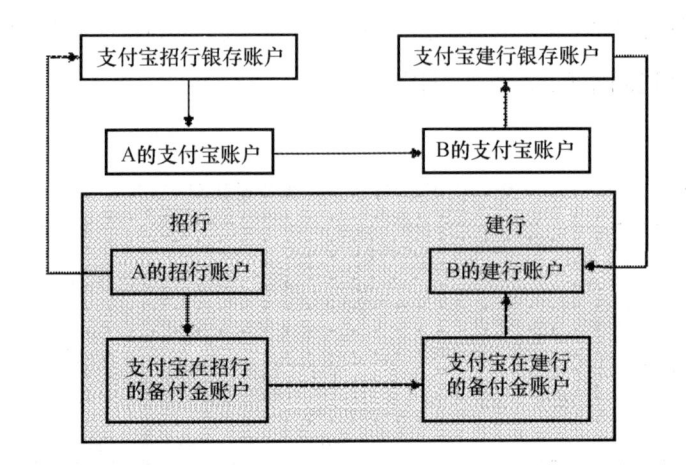

图 2—9 支付宝转账资金流动模式(一)

资料来源:李鑫:《互联网支付的跨行转接清算模式及其前景》,《海南金融》2014 年第 6 期,第 57—61 页。

(二)移动支付市场发展状况

关于移动支付的定义及其概念的理论边界,很多研究学者和研究机构结合技术及发展的实践给出了相关的概念界定。如 Dahlberg 等人(2015)认为、移动支付可以视作利用手机或其他移动设备,在无线环境特征下,形成在产品、服务及账务的支付能力。[1] Van de Boor 等人(2014)[2] 认为,移动设备诸如智能手机、平板电脑等

---

[1] Dahlberg, T., Guo, J., Ondrus, J., "A Critical Review of Mobile Payment Research, Electron Commerce Res", Appl, No. 5, 2015, pp. 265 – 284.

[2] Van der Boor, P., Oliveira, P., Veloso, F., "Users an innovators in developing countries: the global sources of innovation and diffusion in mobile banking service". Research Policy, 2014, 43 (9), pp. 1594 – 1607.

```
┌─────────────────────┐      ┌─────────────────────┐
│ 支付宝招行银存账户  │─────▶│ 支付宝建行银存账户  │
└─────────────────────┘      └─────────────────────┘
          │
          ▼
  ┌───────────────┐
  │ A的支付宝账户 │
  └───────────────┘
┌──────────────────────────────────────────────────┐
│     招行                          建行           │
│  ┌─────────────┐              ┌─────────────┐   │
│  │ A的招行账户 │              │ B的建行账户 │   │
│  └─────────────┘              └─────────────┘   │
│        │                                         │
│        ▼                                         │
│  ┌─────────────┐              ┌─────────────┐   │
│  │ 支付宝在招行│              │ 支付宝在建行│   │
│  │ 的备付金账户│─────────────▶│ 的备付金账户│   │
│  └─────────────┘              └─────────────┘   │
└──────────────────────────────────────────────────┘
```

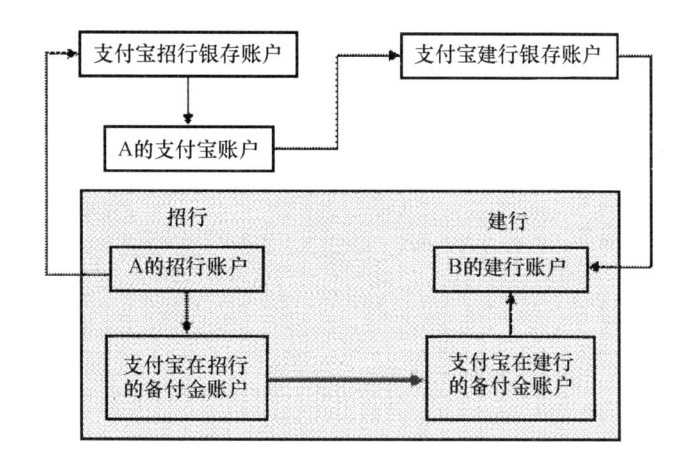

图 2—10 支付宝转账资金流动模式（二）

资料来源：李鑫：《互联网支付的跨行转接清算模式及其前景》，《海南金融》2014 年第 6 期，第 57—61 页。

可以在各种支付场景中使用，从购买电子化的产品、票务、交通费到支付发票及其他电子发票及账单的交易等。Iman（2018）认为移动支付不仅可以购买电子化产品，也可以用来购买实体商品，就如同此前的自动售卖机、自动售票机以及各种形式的 POS 站点的功能一样，而且大量新兴的移动支付工具及电子支付体系还在不断开发和应用。[1] 国内研究方面，中国电信移动支付研究组（2012）[2] 认为，移动支付是电子支付的一种方式，是指交易双方为了某种货物或者服务，使用移动终端设备载体，通过移动通信网络或者 NFC 实现的商业交易。这是一种依靠短信、HTTP、WAP、NFC 等无线方式完成支付行为的新型支付方式。移动支付所使用的移动终端设备可以是手机、PDA、移动 PC 等。

---

[1] Nofie Iman, "Is mobile payment still relevant in the fintech era?", *Electronic Commerce Research and Applications*, Vol. 30, 2018, pp. 72–82.

[2] 中国电信移动支付研究组：《走进移动支付：开启物联网时代的商务之门》，电子工业出版社 2012 年版。

表 2—4　　　　　　　　　　移动支付的分类

分类名称	细分类别
根据支付所在地点划分	远程支付
	近场支付
根据支付价值大小划分	大额支付
	小额支付
	零钱支付
根据支付方式划分	预付支付
	后付支付
	即时支付
根据令牌有效期划分	线上移动支付
	线下移动支付
根据芯片及插槽数量划分	单芯片支付
	双芯片支付
	双插槽支付
根据支付方法划分	基于电子货币的支付
	基于账户的支付
根据技术流程划分	无线钱包支付
	红外传输支付
	射频识别技术支付
根据发起账户方式划分	现金充值账户（Top Up）支付①
	移动现金卡支付②
	二维码账户支付
	人脸账户支付

资料来源：Nofie Iman, "Is mobile payment still relevant in the fintech era?", *Electronic Commerce Research and Applications*, Vol. 30, 2018, pp. 72 - 82③。

---

① 亚马逊于 2017 年在英国推出现金支付服务，称为"Top Up"，主要帮助没有银行账户和信用卡的低收入用户，可以将现金充值至亚马逊账户，并可在亚马逊网站进行支付，但无法从亚马逊账户提现。

② 贝宝（PayPal）公司在线销售预付现金卡，称此产品为"My Cash Card"，用户可以通过卡背面的账户 PIN 号或创建贝宝账户进行移动支付，最高面额为 500 美元，单月存入金额不超过 4000 美元，这种现金卡适用于不愿意将自己的网络账户与银行卡账户绑定的人群。

③ Karnouskos, S., Fokus, F., Mobile Payment, "A Journey Through Existing Procedures and Standardization Initiatives", *IEEE Communication Surveys & Tutorials*, Fourth Quarter, 2004, pp. 44 - 66.

可以从两个维度来深入理解移动支付。第一个层次是终端设备和互联技术层面的探讨。现存的共识性认识为：一方面，移动支付体系的支付工具为个人可携带的移动设备，包括早期的个人数字助理（PDA）、以发送短信和通话为主的功能型手机（Feature Phone）、智能手机（Smart Phone）、平板电脑（Tablet PC）等，其最基本的技术特征就是个人的可携带性，而且是日常随身携带的特征，从这个定义出发，未来一切符合"个人性"和"日常携带"的技术特征，都可以在理论上符合移动支付对支付工具的要求，如当前处于概念性或市场前期的终端设备，如可穿戴设备（眼镜、运动手环）以及其他符合特征的相关终端，都存在作为移动支付体系内新增支付工具的可能。如 Iman（2018）认为，移动支付是使用任何移动支付设备以发起、运行与确认交易的形式。[①]另一方面，移动信息传输系统和方式为基于无线特征的信息网络，分为近场支付信息网络，如红外、蓝牙、NFC、LSB 和 RFID 技术等，以及远场支付信息网络，如从基于模拟蜂窝的移动通信网到第三代及第四代移动通信系统（3G 和 4G 网络）。二者还存在着相互联系、相互作用的关系。如正是由于 3G 乃至 4G 网络系统的广泛覆盖，使得以智能手机及其 APP 软件应用为主的支付工具更加便捷，而在网络系统发展初期，个人数字助理（PDA）的红外传输模式却没有像功能型手机的短信支付方式更为普及。

第二个层次是移动支付的分类及其服务模式。从上面的发展案例可以看出，排除技术发展的脉络线索，移动支付模式存在和发展于若干种支付场景需求，而这种支付需求往往是传统金融未能实现广范围、低成本、高便捷地提供相应的金融供给，这种金融供给的缺乏和移动支付的填补性特征在发展中国家中体现得尤为明显。研

---

① Nofie Iman, "Is mobile payment still relevant in the fintech era?", *Electronic Commerce Research and Applications*, Vol. 30, 2018, pp. 72 – 82.

究表明，发展中国家平均只有46%的成年男子和37%的成年女性声称其拥有银行账户，而到了非洲这一比例还将分别下降至27%和22%；[①] 因此，在很多发展中国家存在金融抑制的现象，相当比例的底层民众由于没有银行账户或无法享受银行服务，尤其是对于双方均没有银行账户的支付情境下，现金交易的局限性是显而易见的。如Jenkins（2008）[②] 认为，移动支付改善并促进了一系列金融服务的创新，尤其是个人间的转账服务（P2P），这对于发展中国家尤其重要。

综上所述，移动支付的起源与发展既要考虑到技术发展的演进，也要考虑到金融需求层次的供需。Liu等人（2015）认为移动支付的生态系统正处于进化转变的时期。一方面，技术的不断成熟与发展，使移动支付由概念性、单一性的支付实践逐渐发展为日常性、全功能性的支付模式。另一方面，移动支付模式是否能够成功运营及推广，受外部的监管和经济社会发展情况等条件约束，内部也需平衡消费者、特约商户以及金融机构或移动通信机构等各方利益。[③] 正因为如此，移动支付模式的成功运行需要同时具有技术可行与商业可行。

值得关注的是，移动支付虽发源于欧美等发达国家，但移动支付体系的市场化应用明显滞后于移动技术的发展，如Dahlberg等人（2015）认为，过去，数以百计的移动支付技术方案被创造并尝试应用，但绝大多数均以失败告终，未来还将有大量信心满满但实质上充满着未知和不确定性的移动支付模式涌

---

① Alhothaily A., Alrawais A., Song T., Lin B., Cheng X., "QuickCash: Secure Transfer Payment Systems", *Sensors*, Vol. 17, No. 6, 2017, p. 1376.

② Jenkins, B., "Developing Mobile Money Ecosystem", Technical Report of World Bank Group and the Harvard Kennedy School, Washington D. C. pp. 7, 2008.

③ Liu, J., Kauffman, R. J., Ma, D., "Competition, Cooperation and Regulation: Understanding the Evolution of the Mobile Payment Technology Ecosystem", *Electronic Commerce Research and Applications*, Vol. 14, No. 5, 2015, pp. 372-391.

入并接受市场检验。①相比之下,发展中国家的移动支付模式发展更为迅速,Lin 等人(2015)认为,归功于技术进步,经济社会环境的改善以及移动设备普及性的覆盖和群体渗透,移动支付实现了在发展中国家的快速发展,并使金融服务能够延伸至没有银行账户的金字塔底层民众。②

从我国移动支付的发展来看,呈现出以下几个显著特点:

第一,整体市场规模扩张迅速,支付机构更加顺应趋势。移动支付市场交易笔数、交易金额双双快速增长。2012 年 12 月中国人民银行发布了金融行业移动支付技术标准,2018 年 1 月 1 日,中国支付清算协会安全与技术标准专业委员会制定的《支付技术产品认证自律管理规则》及《支付技术产品认证目录》正式实施。所谓支付技术产品是指商业银行、非银行支付机构、清算机构开展支付服务所采用的软硬件等信息技术产品,包括但不限于支付受理终端(ATM、POS、扫码设备、显码设备等)、移动支付安全单元(SE)、移动终端可信执行环境(TEE)、客户端软件等。随着移动终端的覆盖率和渗透率进一步提升,支付标准得到统一和逐步推广,客户群体基础日趋稳固,我国的移动支付产业开始驶入快车道,业务规模呈现爆发式增长。2017 年,国内银行及支付机构共处理移动支付业务 2768 亿笔,金额为 308 万亿元,近五年移动支付业务笔数及金额年均增幅分别高达 153% 和 162%。

移动支付已成为非银行支付机构快速扩张的主要动力,而商业银行仍依赖于网上支付。从目前的交易量来看,网上支付业务仍然是商业银行网络支付业务的最主要组成部分,而移动支付业务尽管

---

① Dahlberg, T., Guo, J., Ondrus, J., "A Critical Review of Mobile Payment Research, Electron Commerce Res", Appl, No. 5, 2015, pp. 265 – 284.

② Liu, J., Kauffman, R. J., Ma, D., "Competition, Cooperation and Regulation: Understanding the Evolution of the Mobile Payment Technology Ecosystem", *Electronic Commerce Research and Applications*, Vol. 14, No. 5, 2015, pp. 372 – 391.

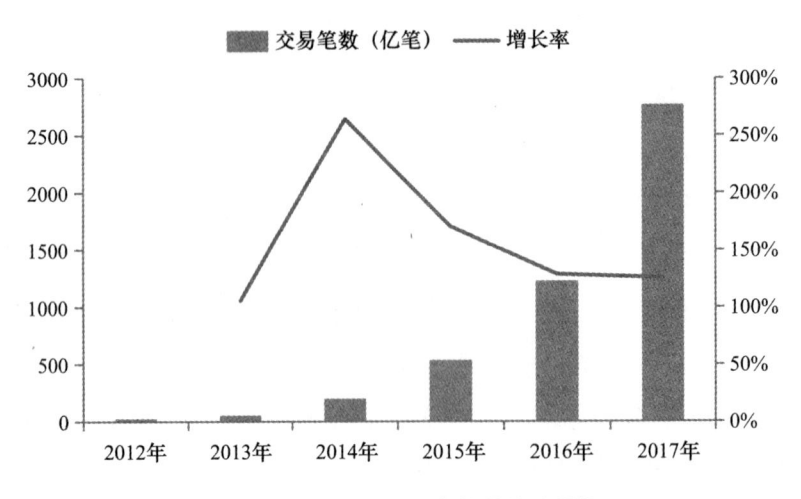

图 2—11　移动支付业务笔数快速增长

资料来源：中国支付清算协会。

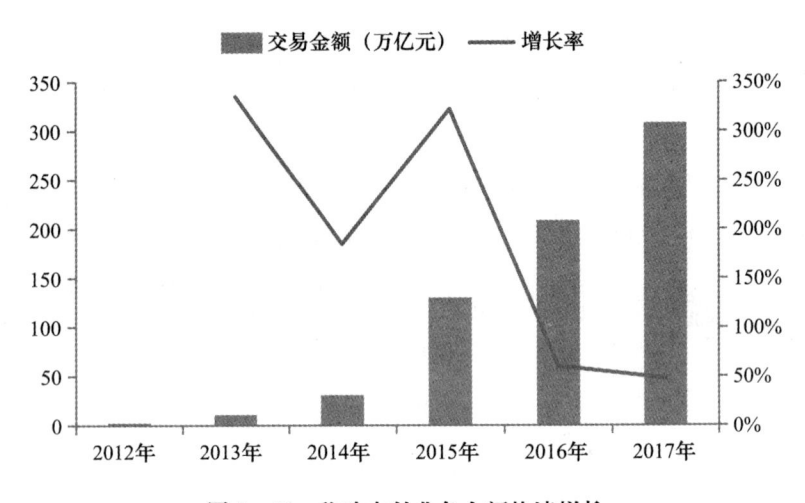

图 2—12　移动支付业务金额快速增长

资料来源：中国支付清算协会。

发展迅速，但从金额角度看在整个电子支付业务中占比极低。2018年银行业金融机构移动支付与网上支付业务金额之比约为 1∶13。不过从业务笔数来看，二者比例为 1.06∶1。然而对于非银行支付机构来说，移动支付已经成为其快速扩张的主要动力，2017 年其移动支付业务金额与互联网支付业务金额之比约为 2.71∶1。可见非银行支付机构在移动支付领域的布局更快。

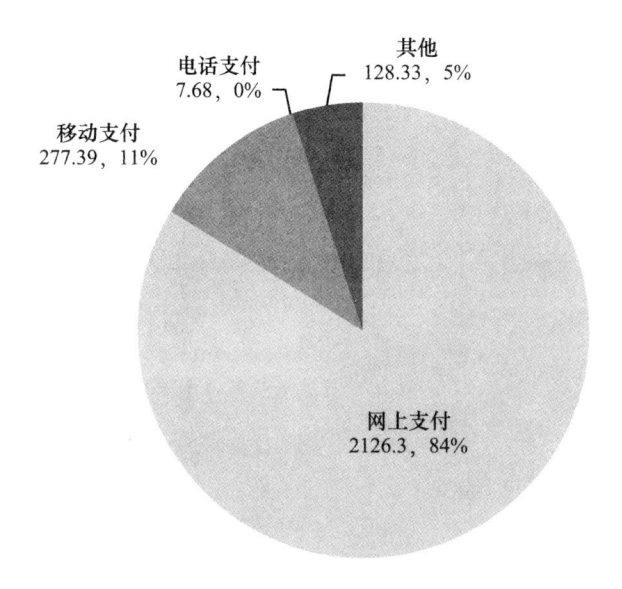

电话支付 7.68，0%
其他 128.33，5%
移动支付 277.39，11%
网上支付 2126.3，84%

图 2—13　网上支付占银行电子支付金额中比重很大（2018 年）

资料来源：中国人民银行，金额单位为万亿元。

非银行支付机构的移动支付小额化、零售化特征更为显著。与其他非现金支付工具相比，移动支付本身具备小额高频的特点。2018 年，有 43.2% 的用户单笔支付金额在 100 元以下，而每次支付金额在 500 元以上的用户仅占 27.4%。然而对比商业银行与非银行支付机构的移动支付数据可知，非银行支付机构移动支付的小额化、零售化特征更为显著。2018 年商业银行移动支付业务笔数、金额分别为 605 亿笔、277 万亿元，笔均交易额为 4583 元；2017 年非银行支付机构移动支付业务笔数、金额分别为 2393 亿笔、105 万亿元，笔均交易额为 439 元。目前银行移动支付主要为手机银行转账，而非银行支付机构成为消费场景移动支付的主要渠道。

二维码支付带动线下移动支付大爆发，支付宝财付通双寡头格局稳固。移动支付按交互方式不同可分为远程支付和近场支付。远

■ 2017年　■ 2018年

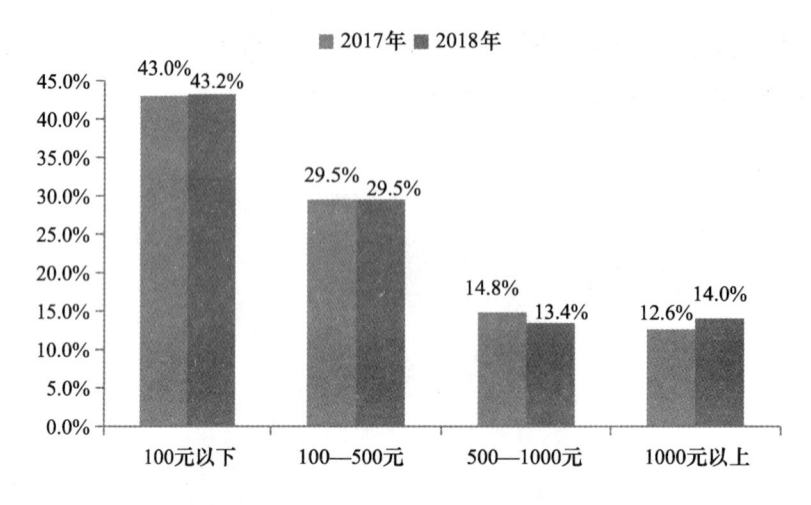

图2—14　移动支付单笔业务以小额为主

资料来源：中国支付清算协会。

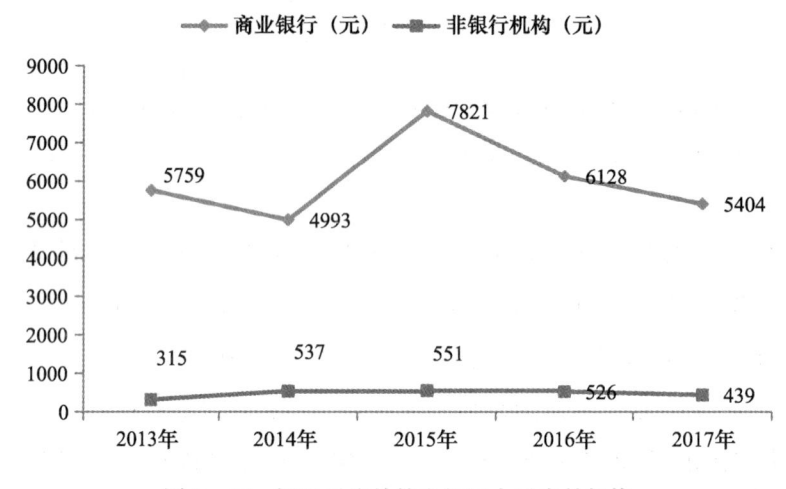

◆ 商业银行（元）　■ 非银行机构（元）

图2—15　银行平均单笔金额远大于支付机构

资料来源：中国支付清算协会。

程支付主要是线上的手机银行转账、互联网支付（手机APP及网站）以及线下的以支付宝、微信支付为代表的二维码支付，近场支付主要是线下以银联为代表的NFC支付。随着央行在2016年三季度下发《条码支付业务规范（征求意见稿）》，官方承认二维码支付地位，线下的二维码支付市场迎来爆发式增长。支付宝和财富通凭借自身优势积极争夺线下消费场景，在其交易规模快速增长的同时，移动支付市场双寡头局面也日趋稳定。Ipsos 数据显示，2018 年上半年，支付宝与财付通移动支付交易规模占第三方移动支付市场规模的 92%。

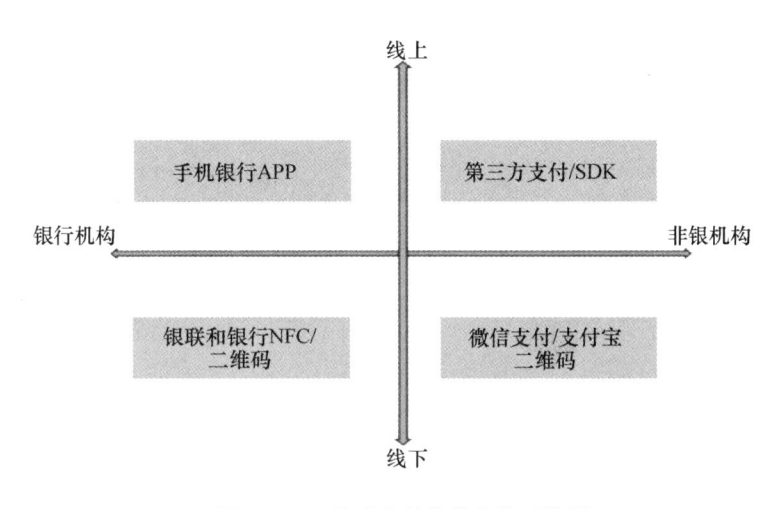

图 2—16　移动支付的线上线下格局

资料来源：中泰证券。

碎片化支付方式催生聚合支付发展。聚合支付，又被称为集成支付，就是将多种互联网支付方式整合成一个支付接口，通过自身的技术和服务，对接银行及非银行支付机构的支付通道，为商户提供统一的收银平台。对于商户来说，一次建设即可对接多种支付渠道，满足客户多样的支付需求，实现资金和账务的统一管理，节省了成本并提高了效率。聚合支付包括线上场景的支付 SDK 以及线下场景的聚合扫码台牌和智能 POS 等。聚合支付在 2016 年得到快速发展，资本市场对类似公司的兼并收购活动也十分活跃，据不完全统计，目前我国聚合支付机构已达上百家，同时已有不少机构先后拿到融资，进一步提升自身在行业的服务水平。2017 年 3 月，中国人民银行发布《关于持续提升收单服务水平规范和促进收单服务市场发展的指导意见》，鼓励收单机构集成银行卡支付和基于近场通信、远程通信、图像识别等技术的互联网、移动支付方式，对多个支付渠道统一实施系统对接和技术整合。2018年8月，全国金融标准化技术委员会秘书处发布《聚合支付安全技术规范（征求意见稿）》，征求各委员单位意见及在线投票，标志着关于聚合支付的行业技术标准已经进入到实质性规范阶段。预计聚合支付业务规模将继续快速扩大。

生物识别支付开始起步，未来可能冲击手机支付市场格局。所谓生物识别是指通过对人的脸部、声音、指纹与虹膜等身体特征进行身份认定，与传统识别技术相比具有更高的精确性与安全性，因此往往被应用于政府与军队等对安全有着极高要求的领域。随着互联网的普及以及信息安全日益受到重视，生物识别在支付领域也逐渐受到市场青睐。近些年国内外均在大力推进生物识别技术用于支付，刷脸支付、指纹支付、虹膜支付、静脉支付等创新支付手段不断涌现，极大地拓展了人们对于移动支付发展前景的想象空间。不过从目前看，生物识别支付在线上和线下可能存在两种不同的发展方向：线上与现有相对较成熟的移动支付进行整合，目前的主流模式是整合进手机APP或绑定手机；线下则可能取代现有的手机终端支付，目前支付宝、京东已在部分门店推出线下刷脸支付。虽然目前生物识别支付刚刚起步，用户了解程度不高，支付效率和安全性也都有待改善，但随着物联网时代的到来，未来生物识别支付可能会对基于手机终端的二维码支付、NFC支付带来冲击。

（三）商业银行积极布局新兴支付

在新兴支付快速发展的大趋势下，在新兴支付市场竞争日益激烈的背景下，国内商业银行通过创新支付手段、推进场景建设、加强外部合作等多种方式积极布局新兴支付市场，进行了一系列业务

■ 2017 ■ 2018

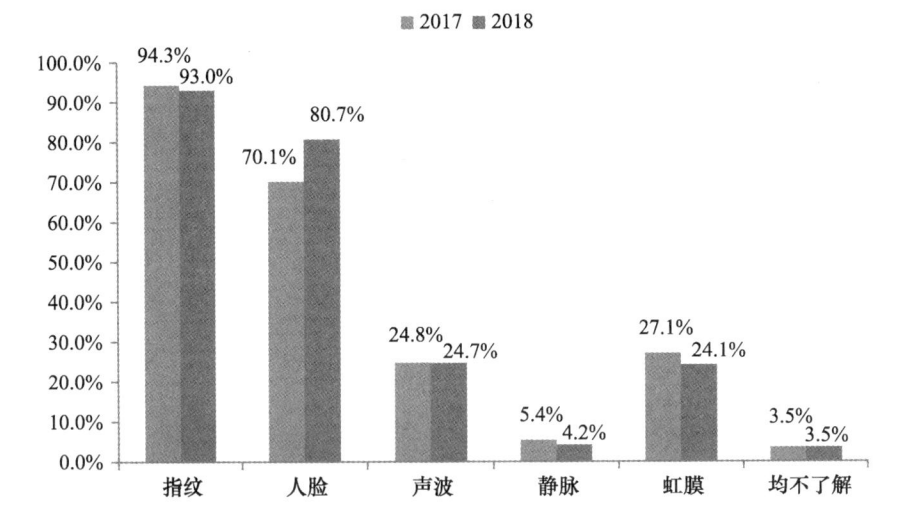

图 2—17 移动支付用户调查：对于生物识别技术的认知比例

资料来源：中国支付清算协会。

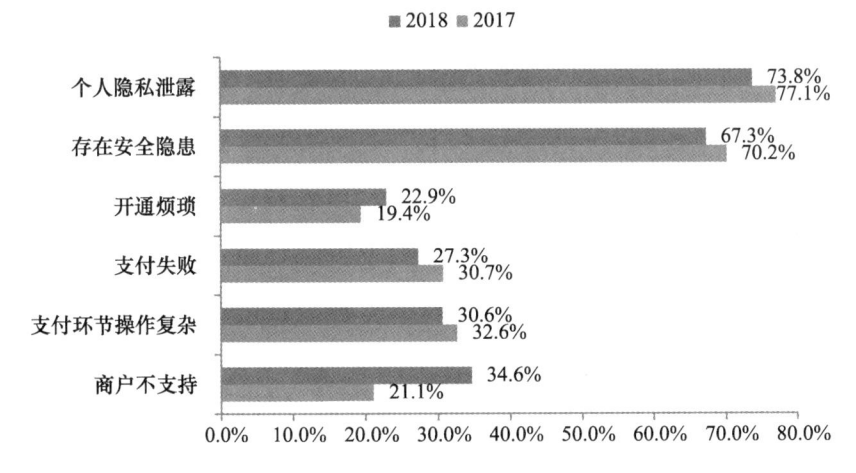

■ 2018 ■ 2017

图 2—18 移动支付用户调查：使用生物识别支付最担心的问题

资料来源：中国支付清算协会。

模式探索。

一是与支付机构合作。早期银行更多选择与支付机构合作扩大支付业务规模。这种合作最主要体现在备付金方面，支付机构本身不具备吸储功能，资金最终需要沉淀在银行；而对于银行而言，支付机构的备付金托管有利于扩大资金沉淀，提高盈利水平。此外，营销、信用、安全等也是双方考虑合作的关注点。无论是对于银行还是支付机构来说，这种合作通常是一对多的，即一家银行接多家支付机构，同时一家支付机构接多家银行。对于银行而言，这种直连模式存在两方面问题：一是在支付业务分工中银行逐渐后移并远离客户，存在被管道化的趋势；二是难以获得真实交易数据，增加反洗钱等监管难度。网联平台的落地将在一定程度上解决上述问题，但如果银行不能在竞争客户方面真正有所改善，则依然可能沦为支付机构的管道。近年来，银行与支付机构之间的合作更趋复杂，也更加全方位。标志性的事件就是五大行分别与阿里、腾讯、百度、京东、苏宁建立合作关系，而中小银行也纷纷与互联网公司或支付机构开展深度合作，其中支付是其合作的主要内容之一。

二是创新支付工具。在支付机构利用快捷支付、二维码支付等创新迅速抢占支付市场后，商业银行也纷纷加快了支付工具创新的步伐，试图以此反击支付机构对其业务领域的侵蚀。各银行不仅积极跟进二维码、NFC、声波、蓝牙、人脸识别、指纹、静脉等创新支付工具的研发和应用，而且率先在一些新兴支付工具上进行探索，例如民生银行首推虹膜支付，平安银行首推光子支付等。然而，尽管各种新兴支付工具具有不同的优越性，但受客户基础及场景所限，其推广普及程度远不如支付宝、微信支付主推的二维码支付，以及银联主推的 NFC 支付。

三是推进支付场景建设。尽管大多数银行依靠与支付机构合作拓展新兴支付业务，但仍有部分银行推行自主品牌支付产品，并试图拓展支付场景，然而由于银行自行搭建或铺下线成本太大，造成银行自主支付品牌产品吸引客户的能力普遍较弱。鉴于交易与支付之间存在紧密的联系，一些银行也尝试自建电商平台，并向移动端转移，例如建设银行的"善融商务"、中国银行的"中银易商"，工商银行的"融e购"、农业银行的"农银e管家"以及交通银行的"交博汇"等。据不完全统计，2018年有自建电商平台的银行共有23家，2018年银行系电商交易总额为20098.04亿元，交易笔数54845.92万笔，共有个人客户数量16156万户，同比增幅超过40%。然而由于国内B2B、B2C电商已经形成寡头垄断格局，银行电商平台客户活跃度远不及主流电商。其中工行和农行的电商2018年成交额分别达到11131.77亿元和5862.6亿元，超过了除淘宝和京东以外的其他所有电商，然而大部分在银行系电商购买产品的消费者的购买频率很低。随着支付宝和财付通在新兴支付领域的垄断地位日益稳固，越来越多的银行和其他第三方支付机构正在将视野放在细分垂直行业。

四是借力Apple Pay。2016年2月18日，Apple Pay正式在中国市场上线，各家银行陆续发布推出Apple Pay，这被视为银联银行借助苹果公司的力量对支付宝和微信支付的一次反击。此后，Samsung Pay、Huawei Pay、MI Pay等陆续推出，成为NFC支付日渐崛起的标志之一。然而整个NFC支付在中国移动支付市场中占比极低，完全无法撼动支付宝和财付通的垄断地位。2017年2月，Apple pay进行了进入中国以来的第一次优惠补贴活动，以更加有中国特色的方式来开展营销；7月苹果公司再次联合银联和17家银行进行为期一周的大规模促销，但两轮营销效果并不明显。

五是整合各类支付产品。虽然支付宝和微信支付也支持多种支付方式，特别是支付宝在生物识别技术方面走在前列，但是总体而言二者还是"以专取胜"，即通过主攻扫码支付抢占线下市场。相比而言，由于单个产品市场占有率较低，银联银行多选择"以全取胜"，即希望通过整合各类支付产品和各类支付工具，试图打造覆盖线上线下全场景的完整支付产品组合。此外，随着聚合支付的兴起，包括工行、建行、民生、招商、平安等多家银行都已经加入研发和推广聚合支付的队伍中,通过兼容各家机构的系统来争夺扫码类支付产品的新业务渠道。不过聚合支付本身同样竞争激烈。

尽管各家银行高度重视在新兴支付领域的布局,并作出各种尝试来参与新兴支付市场竞争,但目前来看依然难以撼动支付宝和财付通的市场垄断地位。银联于2017年12月11日发布"云闪付"统一APP,统一接口标准、用户标识、用户体验,集线上线下全产业、全生态支付工具于一体的开放平台和服务体系,这对支付宝和财付通的垄断地位带来冲击。

三 对卡组织维权带来的冲击

国内支付市场在经历卡片取代现金的"银行卡支付"时代之后,正逐步向电子信息取代卡片的"无卡支付"时代发展,可以说,银行卡支付创新的方向,就是对银行卡实体介质的替代。随着互联网支付技术的不断发展,"无卡支付"将成为未来银行卡市场的主流。在技术创新与市场需求的推动下,渠道、介质、交易等支付要素融合发展,使支付工具功能日益叠加、边界日益模糊。短期来看,互联网支付的兴起带来了线上线下两个市场,传统的线下模式并不能很好地适应线上支付,而线上收单又相对容易渗透到线下,造成银行卡产业原有秩序被破坏。

面对第三方支付机构带来的对原有卡组织秩序的破坏,2013年银联开始加强维权。中国银联董事会会议推出执行要求,要求2013年12月31日前,全面完成非金机构线下银联卡交易业务迁移,统一上送银联转接,2014年7月1日前,实现非金机构互联网银联卡交易全面接入银联。银联对一些与第三方支付未经许可直接合作的银行进行重罚,以期"杀鸡儆猴"。2014年11月,银联业务管理委员会秘书处又针对以往绕银联比较严重的37家线下POS收单机构下发了限期整改通知——《关于进一步明确违规整改相关要求的通知》，要求线下POS收单机构将其以往绕银联直连银行的违规转接行为迁移至银联网络，要求11月30日至少完成所有绕银联转接交易量50%的迁移工作，12月10日不低于65%，12月17日不低于80%，截至12月24日，至少要完成迁移所有绕银联转接交易量的90%，至12月31日完成所有迁移工作。整改业务范围还包括：违规套用MCC码、不按照成员机构规则转接交易等违规行为，并要求对现有存量商户真实报备，商户POS终端密钥由收单机构分配、管理等。整改通知也提出了更细化的报备要求，所连接银行信息要细化至分支行，并注明日均迁移交易量、发卡或收单接口及银行的对口部门等，并于11月13日当天完成报备。收单机构根据入网协议及相关业务规则完成违规行为整改，每两周报备整改进度，逾期未报备或报备信息仍不完整、不真实、不规范的，视同违反承诺，银联秘书处将取消整改期，对所有违规行为照常约束。除这种大规模整改外，银联每个月都会有针对套码、绕银联等违规行为的约束追偿。

然而尽管银联查处一直存在，力度也在加大，但由于市场环境、政策环境、监管环境都在发生改变，银联的维权并未取得良好的效果，反而丧失了有利的发展时机，在新兴支付市场中越发被动。同时，针对整顿第三方支付的违规行为，一些舆论甚至还频频指责银联"暴利""垄断"，这也从一个侧面说明互联网时代整个银行卡产业发展背景已经转变。

第三节　维权成本攀升的表层原因

一　第三方支付的粗放生长

国内的第三方支付起源于1998年，北京市政府与中国人民银行、信息产业部、国家内贸局等中央部委共同发起首都电子商务工程，并确定首都电子商城为网上交易与支付中介的示范平台，1999年3月首信易支付正式运行。2003年后，伴随着我国电子商务的高速发展，国内以"支付宝"为代表的一批支付组织迅速发展，同时PayPal也于2005年进入我国的支付市场。2008年，网上支付交易规模突破千亿元大关，达到2356亿元。2010年9月，中国人民银行发布了《非金融机构支付服务管理办法》，标志着我国非金融机构支付市场全面进入快速发展时代。互联网金融概念的出现进一步刺激了第三方支付的爆发，并且由于概念的炒作一定程度上影响了正常的监管规则出台，一时间第三方支付呈现出野蛮生长的态势。第一，从业务量来看，央行先后发放五批，共计约270张支付牌照，与此同时，第三方支付交易规模呈逐年上升态势，细分市场格局也迎来多样化发展。第二，市场格局多元化，在移动电话支付方面，有支付宝、联动优势、钱袋宝等；在预付卡发行与受理方面，有资和信等；在互联网支付，有支付宝、微信支付；此外，还涉及银行卡收单以及数字电视支付等。第三，第三方支付机构存在未落实特约商户实名制、为"二清"机构开放通道（所谓"二清"，即未获得央行支付业务许可，却在持牌收单机构的支持下实际从事支付业务的机构）、资金结算不合规、外包商合作管理不规范、划转备用金等问题。

第三方支付机构之所以能够快速发展，可以从以下几个视角来探究：

首先，从供给端来看，科技驱动使得银行卡支付模式向移动钱包支付模式转变。现代支付体系中支付工具的载体从各类票据、电报汇款、银行卡发展到PC端的互联网支付和以手机为载体的移动支付领域。在20世纪后期，以信用卡和ATM网络为基础的银行卡支付体系已经大大扩展了消费者的支付方式，开启了消费者"非现金支付"时代。然而，这种系统严重依赖固态非移动的"重型"终端设备，基础架构设备投入巨大，如商家只有获得许可使用的必要设备，才能接受银行卡服务，传统的POS终端长期保持形式和内容不变，存在升级麻烦、功能单一、扩展性差、缺乏互动性等一系列问题，已经不能满足场景化和个性化支付的需求。随着通信技术的不断发展，原有的信息平台体系势必发生一定的技术升级，也会影响到原有的支付工具以及与之配套的支付产业体系。如智能移动POS技术以移动支付为基础入口，将家用电脑或手机作为支付终端，无须再购置其他终端设备，如智能手机拥有独立的操作系统，可以通过扩展应用程序，安装各种程序，可以通过无线网络来接入互联网，使用户可以便捷、安全地实现多个账户的对接管理。在此背景下，支付工具呈现多样化，形成层次多样的卡基产品体系和码基产品体系以及其他新兴支付工具。

其次，从需求端来看，第三方支付机构广泛运用互联网、移动通信、智能终端等新信息技术，充分发挥市场反应灵敏、机制灵活的优势，贴近社会公众的支付需求，注重客户体验，不断地通过创新来提供丰富多样的个性化支付产品，提升支付的便利性和用户友好性，成为零售支付服务市场的重要补充力量。第三方支付在需求端的积极作用可归纳为如下六点：一是通过与电子商务充分结合，以及与居民日常生活关系密切的支出服务相配合，促进居民对商品和服务的消费；二是促进商业贸易活动的效率提高，并且通过供应链金融模式，对小微企业提供支持；三是促进支付清算体系功能的完善，尤其偏重居民和小企业的"零售"需求；四是减少人们的现金偏好，增加对电子货币的需求，并且间接促进信用数据的积累和信用体系的建设；五是为金融资金配置、风险管理、信息管理等金融体系功能的实现，提供支付的承载渠道；六是能够成为促进人民币国际化的重要支撑，尤其在金融机构支付清算体系跨境运作存在障碍的背景下，通过适度发展跨境非金融机构支付，为人民币境外市场的形成创造条件。

再次，银行卡结算模式逐渐向移动钱包模式转变。如银行结算账户依据的载体是银行卡，是传统POS交易读取卡内信息，而近场支付依据的载体是手机，是通过NFC技术读取手机中的磁道信息。因此，近场移动支付实质上就是通过手机来完成交易信息的交换，替换以前银行卡的交换信息功能，即变"刷卡"为"刷手机钱包"，而就在这个过程中，变相地将银行结算账户的交易功能，转换为个人支付账户的交易功能。在此过程中，凭借着智能移动终端技术的发展，非银支付账户的信息流交换更加便捷，有效连接了商户和消费者，其推动线上线下场景融合、提升支付服务水平和能力的优势不断显现。因此，在互联网和移动支付阶段，现代化的支付手段和支付系统打破了交易的时空限制，技术创新带来网络支付、移动支付以及NFC支付、蓝牙支付、红外支付等各种新兴支付形式不断冲击原有的支付工具格局，不仅现金支付与非现金支付的比重发生重大变化，在非现金支付内部，网基支付与卡基支付的比重关系也在发生变化。

最后，从监管层面出发，正是由于支付产业的强政策属性，我国监管机构对市场监管的主要抓手在于对市场机构的准入管理。人民银行逐步建立并完善对支付机构的准入制度，配套出台了《银行卡清算机构管理办法》等一系列制度和办法。对于非银支付机构通过金融科技介入支付产业的现象，人民银行的监管思路是建设"多层次支付服务组织体系"，一方面，要发挥非银支付机构在零售支付市场的补充作用，实施支付机构市场准入工作，将其纳入统一的支付体系监管中，如2009年4月，人民银行发布公告，对从事支付清算业务的非金融机构进行登记；2010年6月，人民银行出台《非金融机构支付服务管理办法》，正式将从事网络支付、多用途预付卡的发行与受理、银行卡收单等支付服务的机构纳入监管框架；2011年5月，首批27家公司获得人民银行颁发的《支付业务许可证》，成为首批支付机构。自 2015 年起，人民银行又进一步完善退出机制，增加市场退出压力，推动支付机构合规经营。

然而在认识到第三方支付机构在创新提升资源配置效率的同时，也要注意到支付机构在客户备付金管理、制度体系建设、信息安全、经营合规性以及可持续性发展方面均存在较大问题，部分机构甚至风险隐患很大或者已发生风险暴露；同时一些机构已从传统的支付逐渐渗透至简单的类存款业务以及理财、资管等各类复杂性金融业务，其系统性风险不可小觑。银联前些年正是在这个背景下开展维权，以维持银行卡产业正常的经营秩序，防范市场风险。

近两年监管机构在完善支付机构监管方面持续出台监管规则，提高对账户门槛，需要先"验明正身"，进一步收紧支付牌照；对于风险隐患较大的"二清"，央行加强对"二清"机构检查力度，对持牌的第三方支付企业实行严管，以杜绝"二清"市场泛滥风险，追究为"二清"公司提供接口的第三方支付机构责任等；同时建设网联平台以解决支付机构直连银行所带来的风险。监管规则的完善使得由第三方支付的快速生长带来的卡组织维权成本上升的趋势将有所好转。

二 支付机构与银行的数据之争

互联网经济是信息网络化时代产生的一种崭新的经济现象。一些学者从金融的角度探讨了 ICT 与经济增长的关系，认为 ICT 通过促进金融的发展进而带动经济的增长（Andrianaivo and Kpodar，2011；[①] Sassi and Goaied，2013[②]）。虽然直观上讲，ICT 的进步可以大大降低交易成本，提高资源配置效率，但这却绝非全部，数字化

[①] Andrianaivo, M., K. Kpodar, "ICT, Financial Inclusion, and Growth Evidence from African Countries", IMF Working Papers, 2011.

[②] Sassi, S., M. Goaied., "Financial Development, ICT Diffusion and Economic Growth: Lessons from MENA Region", *Telecommunications Policy*, Vol. 37, 2013, pp. 252 – 261.

的本质并非仅仅在于信息的传播，更重要的是信息的积累和挖掘。

互联网金融本质上讲就是基于大数据的金融。互联网金融不仅在第三方支付上给予客户较大的便利，其本身金融服务的内容也在不断扩展，逐步形成较大经济规模和市场深度的互联网金融产品和服务体系，除第三方支付外，还涉及P2P网贷、众筹、互联网理财等。实际上，基于互联网的第三方支付早已存在，而且一直发展迅猛，却并未引起如此程度的关注，目前研究者对于第三方支付的重视更多的是源于其开始基于平台优势提供其他金融服务。因此可以认为，如果第三方支付企业只提供单纯的支付业务，则只可归入支付机构的行列，而一旦其基于自身的数据积累与处理能力向其他金融领域渗透，则可认定为互联网金融。随着存款保险制度的确立以及利率市场化的快速推进，商业银行主要依靠净息差和净利差的时代将逐渐消逝，未来商业银行主要利润来源将越来越取决于中间业务的开展。然而，互联网金融依托终端设备的便利化以及相关的支付数据分析，在与商业银行进行同类中间业务的产品开发及服务提供方面，将更具成本优势和信息优势，并将对商业银行的中间业务的业务量和利润率造成直接冲击。

在大数据时代，第三方支付的数据积累和处理能力令人瞩目。作为重要的交易支付通道，第三方支付掌握大量交易数据，是天然的数据集中、整合、挖掘和共享的产业领域。与传统的零售支付相比，互联网支付形成的交易数据库具有如下的特点：第一，数据体量巨大，并且产生信息的增长速度惊人；第二，价值密度低，商业价值高，即零售支付市场中产生的巨大的交易数据中，可能有用的数据仅占很小一部分，但正是这很小一部分数据中隐藏着巨大的商业价值；第三，数据挖掘与处理都需要极快的处理速度。基于这三点原因，原有的支付模式难以储存及处理如此巨大的数据量，同时其数据处理技术也难以达到必要的速度要求，更重要的是由于数据体量巨大，并且有用数据比例很低，可谓是沙里淘金，因此在传统支付模式下，忽视此类数据应是合理选择。但是新技术应用彻底改变了这种状况，基于互联网支付的新模式可以迅速地处理如此巨大的数据量，从过去的样本模式转变为现在的全数据模式，并且从中甄别及发现具有巨大商业价值的信息。第三方支付企业可通过充分利用交易数据，对用户的交易行为、信用、投融资等需求规律做出准确分析预测，从而提供更直接便捷的多元化增值服务。例如，通过对经济行为的实时的监控以及全数据的分析，不仅可以有效地判断市场主体的资金需求、还款能力及还款周期等，甚至还可以把握其行为偏好，从而可实现对资金支付事前、事中、事后的动态风控，并在此基础上提供更为可靠的信用支持或者其他理财金融产品；通过相应市场主体大量、全面的数据，得以挖掘潜在的市场需求，比如准确地对产品市场进行细分，并对不同用户进行准确的细分市场定位，又比如分析市场的发展趋势，从而为企业改进原有产品或服务、使之更有效地满足用户的需求变化提供强有力的指导；与抽样数据相比，使用实时的全数据，无论是进行宏观、中观还是微观的分析，都将更容易揭示出隐藏在零散事实背后的典型化事实，从而为经济管理决策提供更为可靠的数据支持。

因此在当前，数据收集与信息处理构成金融资源配置的基础，而在互联网金融活动中，大数据也被广泛应用于数据分析和信息处理，具体体现为各类模型算法。在某种程度上，大数据信息处理也降低了信息不对称，增强了风险管理能力和效率并直接转化为成本的降低，这也是互联网金融区别于传统金融的主要特点之一。如阿里巴巴征信系统侧重于客户的阿里巴巴生态系统上的行为数据，由系统自动记录。所记录的消费数据及数据分析在阿里金融的业务决策中处于核心位置，目标是向公司管理层提供科学客观的分析结果及建议，并对业务流程提出优化改进方案。各种基础数据输入风险、营销和政策等三个数据分析模块后，服务着微贷、理财、保险和消费等方面的业务决策，在流程上支持着市场营销、信贷审批、授信、支用、监控、催收等环节。

2018年5月23日，百行征信有限公司于深圳正式揭牌成立，该公司是由央行指导组建并审批的首家市场化个人征信机构，由中国互联网金融协会和芝麻信用等8家征信公司共同筹建，注册资本为10亿元。与央行征信中心信息主要来自银行、部分证券公司和保险公司不同，百行征信的信用信息主要来自互联网、P2P、类金融等非传统金融领域，提供市场化的个人征信服务。尽管通过打通信息孤岛，百行征信有助于支持互金业务的开展，但是在降低信息不对称、实时管控风险方面，高频度的支付结算数据仍然是最可靠的数据源。

在此背景下，在实际的电子商务领域的大客户争夺中，越来越多的大型企业转变了传统合作模式，更加喜欢与乙方姿态的第三方支付平台合作。从目前来看，商业银行与第三方支付平台处于竞合并存的状态，商业银行数据大集中已经完成，网络基础设施建设也已基本完成，其网上银行的功能和业务能力已大大增强，可以很大程度上满足客户的网络结算业务需求。利率市场化的压力也逼得商业银行需要加强支付结算等中间业务的投入。因此，商业银行与支付机构之间竞争的核心之一便是数据之争，卡组织维权困难的一个重要原因便在于数据资源的价值越来越大，从而使得通过破坏规则争夺数据的收益也越发增大。

事实上，第三方支付机构及其他商业获取渠道均存在不同程度的"过度数据收集"和"忽视个人数据保护"等问题。如2018年1月3日，支付宝面向其用户推出个性化的"2017支付宝年账单"，但由于其在年度账单的首页设置了"我同意《芝麻服务协议》"这一选项，遭到社会公众对其滥用默认同意规则的批评，并引发就互联网金融数据获取，以及个人数据隐私保护等问题的广泛讨论。2018年11月28日，中国消费者协会发布了《100款APP个人信息收集与隐私政策测评报告》。在被测评的十大类100款APP中，有91款APP存在过度收集用户个人信息的问题，其中，金融理财类APP在个人信息收集和隐私保护方面评分最低。

三 监管政策探索

另一个需要探讨的造成卡组织维权成本攀升的表层原因在于监管政策的方向也在不断地探索。各国对第三方支付机构的监管模式不尽相同，如美国采取的是功能性监管，其监管的重点在交易的过程而不是第三方支付平台，如美国对第三方支付运营商的货币服务业务监管分为联邦和州两个层级，将美国目前的金融监管制度、消费者权益保护制度、信用管理等制度的适用范围适当地扩展至第三方支付运营商，并对所有支付机构准入和退出、资金安全管理、网上赌博和税收等进行了特别规定。在欧盟等国家，对于第三方支付的单位，采用的是现存的法律或者补充条例给予相应的限制，确保第三方支付平台的法律位置，并严格限制资金的使用流向。如欧盟委员会于2002年出台《电子货币机构指令》，包括了大多数的电子支付工具，涉及充值卡、银行账户、手机钱包、在线支付机制等，意味着必须持有普通的银行执照或者申请ELMI执照支付机构才能提供这类电子服务，相当于银行开始对支付机构进行准入资格的监管。在韩国，所有从事支付的企业都要被实施强化准入许可制度，在交易安全保障方面，韩国相继出台了《电子商务消费者保护法案》《电子金融交易法案》《电信商业法案》。日本在非金融机构的支付准入问题，也设立了统一的标准，尤其在信息安全保护方面，对移动支付造成的信息泄露问题进行了规定。

从国内实践来看，2010年12月初，央行正式公布了《非金融机构支付服务管理办法实施细则》，第三方支付企业获得身份认可，其可持续发展的最大风险——政策风险被解除。2011年5月，中国支付清算协会成立，27家支付公司首批获牌，同月，第三方支付机构被纳入中国支付清算体系。监管方面，中国人民银行明确作为第三方支付行业的监管主体，与银监会、证监会、保监会所监管的对象共同作为金融监管体系的监管对象，从法律和行政监管层面获得了合法的市场地位。然而在互联网金融概念的冲击下，监管政策一度滞后于行业的发展，出现了在前些年出现过的行业粗放生长的情况。特别是不少第三方支付机构在客户备付金管理、制度体系建设、信息安全、经营合规性以及可持续性发展方面存在较大问题。近两年，国家对第三方支付的监管不断加紧，第三方支付市场朝规范化方向发展。

然而不难看出，近年来虽然监管已由牌照合规向多领域扩散，但谨慎中持有宽容态度，虽然这有利于鼓励支付产业创新发展，但却使卡组织在维权过程中的难度加大。因为以往的不规范有可能在未来会由于监管的完善而变为"规范"，因此才会出现银联在维权过程中出现负面的舆论声音。这实际上对卡组织在产业发展方向上的预判提出了考验，即应在前瞻性分析的基础上进行维权：究竟所谓的"市场乱象"确实是破坏秩序的乱象还是由于规则本身跟不上产业发展的趋势变化？

表2—5　　　　　　　　对第三方支付机构进行全面的监管

监管领域	核心内容	政策意义
牌照合规	牌照申请：已建立全面的市场准入制度和严格的监督管理机制 牌照续展：到期前6个月提出申请续展，央行审核不能达标的将不能获得延期	市场准入机制严格，已获准进入的企业需达到详细的监管要求

续表

监管领域	核心内容	政策意义
备付金	建立支付机构客户备付金集中存管制度，非银行支付机构网络支付清算平台"网联"启动试运行，支付机构将备付金按计划交存至指定专用账户，该账户资金暂不计付利息	纠正和防止支付机构挪用、占用客户备付金，敦促第三方支付机构回归支付业务本源
实名制	建立用户身份识别机制，对客户实行实名制管理，登记并采取有效措施验证客户身份基本信息，在与客户业务关系存续期间采取持续的身份识别措施，确保有效核实客户身份以及真实意愿	实名制底线，保证账户安全，维护正常经济秩序，有效防止洗钱、恐怖融资等行为
反洗钱	出台细化管理办法，从客户身份识别、客户身份资料和保存、可以交易报告、反洗钱和反恐怖融资调查、监督和管理等环节详细规定了支付机构的责任	细化责任，明确义务，维护正常经济秩序

资料来源：艾瑞咨询。

2017年8月，网联清算有限公司正式注册成立，同时人民银行发文要求非银支付机构网络支付业务由直连模式迁移至网联平台处理。截至2018年底，99%的市场存量跨机构业务已完成向网联平台的业务迁移。网联平台的落地使支付机构直连银行的清算模式被切断，从而回归到支付和清算独立的国际通行风险管控标准，这意味着以往卡组织维权难的问题一定程度上得以解决，然而这同时也意味着支付市场面临重新洗牌和新的利益平衡。尤其是在技术创新与市场需求的推动下，渠道、介质、交易等支付要素融合发展，线上与线下支付边界日益模糊，这意味着同样作为清算组织的银联和网联之间必然存在较强的竞争关系。这或许意味着，尽管监管规则逐步落地、市场日益规范，然而清算市场竞争度的提升或许对于任一清算组织而言，维护其组织内部秩序的成本并不必然会下降，相反，更加合理地制定组织规则以吸引支付主体的接入或许更为紧迫。

四　清算市场竞争度提升

从银行卡支付体系建设来看，在构建零售支付体系的初期阶段，主要体现银行卡是零售支付体系的核心环节，银行在四方模式下，既承担发卡行，也扮演着收单行的角色，这意味着银行也是四方模式的核心，而监管层在支付体系构建初期，对风险管控的关注是其最为主要的核心关切。在此背景下，银行卡清算组织与监管层紧密联系。

而随着支付体系的逐步完善和发展，零售支付体系本身发生重大改变：（1）非现金支付逐渐占据主体地位的趋势进一步确立；（2）零售支付体系已由银行支付体系一家独大转变为银行卡支付体系和非银行卡支付体系双核驱动；（3）银行在支付体系中的角色已由核心中枢转变为重要参与方，网络支付平台逐渐成为消费者支付的前端和指令发布的中枢系统。许多实证分析表明，适度扩大竞争，引入新的市场主体，符合消费者、商户与社会利益的支付清算产业发展的正确方向。在此背景下，监管层对整个零售支付体系的态度和发展思路也逐步发生改变。

通过对国务院印发的《国务院关于实施银行卡清算机构准入管理的决定》（以下简称《决定》，2015年6月1日起实施）解读，我们发现，监管层对银行卡清算业务的发展要遵循市场化改革趋势已经非常明确。如《决定》中规定"银行卡清算机构不得限制发卡机构和收单机构与其他银行卡清算机构开展合作"，这就进一步打破了银行卡清算机构对银行的内部控制，互联网支付平台可以放心地与银行开展相关合作,这就形成了以银行为支付基础设施的主体结构,银行卡清算体系和互联网清算体系并存,且相互竞争的行业模式。

对于清算市场来说,未来发展模式的影响因素与趋势大致如下。

第一,技术变革趋势的影响,信息及通信技术的进步,大大降低了交易成本,提高了资源配置效率,其对于原有支付清算体系的冲击是全面的。而随着人工智能技术(如人脸等生物识别技术、高级算法应用)等进一步发展,现有的零售支付体系还将面临更大的,因技术革新而带来的市场冲击,也就是说,未来在消费支付的前端体系将更加细分多元以及前沿化,存在较大可能出现更多的消费支付指令平台;另外,在终端的支付体系下,也可能出现由多种清算体系共同完成,先是由体系内部平行处理,而后逐步发展为各体系交叉清算,例如支付宝等第三方支付机构已改变原有的集中式清算和代理式清算,开始尝试布局分布式清算。

第二,进一步明确消费者主导趋势,对于零售支付市场而言,消费者对支付模式、支付工具的认同与使用,将成为整个支付体系发展变化的根本。同时,消费者行为模式及消费需求的多样化,以及消费习惯转变周期的缩短,将导致商户行为发生相应转变,进而引发商业业态的重新整合,从而推动电子支付工具的创新和完善,并进一步引发利用这些工具的新型支付组织演变,进而对整个支付体系的运营与监管提出新的要求。简而言之,这种消费者主导的支付体系进化模式,将不同于运营机构主导和监管者主导的支付体系,这种进化循环周期将大大缩短,市场竞争效率的强度更大,体系革新变化也将更为激进而快速。

第三,零售支付技术快速变革,以及消费者主导下的零售消费体系,其对整个金融体系的"软硬件"需求也将随之提高,在硬件方面，金融基础设施的更新要求，一方面是在与国际清算机构的硬件衔接上需要更多的投入，另一方面是一种新技术的投入，会造成潜在的硬件投入需求和成本。同时，在相应的规则制定与风险监管方面，尽管通过立法和司法程序规范竞争秩序，保护产业弱势群体的利益，更好地保护消费者合法权益也是未来的主要挑战之一。

　　从上述发展趋势和挑战来看，无论是银行卡清算体系，还是互联网清算体系，它们之间的合作和竞争关系在未来一段期间内会继续存在，谁能更好地为客户提供便利化和安全性的服务，谁能更满足监管机构和社会对支付风险管控的监管要求，那么这种清算体系将会在整个零售支付清算占据更大的份额和市场关注度。短期来看，网联平台将对银联造成很大的竞争冲击，长期来看，则有可能会有更多的国内外机构进入清算市场，成为银联的合法的显性的竞争对手，从而对银联作为卡组织来说的市场控制能力提出更严峻的考验。特别是考虑到长期以来，银联的成立和长期以来的发展均带有强烈的行政色彩，同时通过定价进行支付产业利益协调的职能也落在了政府身上，这可能会使得银联在协调各方利益方面的能力没有得到足够的培养，同时依赖行政手段的惯性思维也可能会阻碍其利益协调能力的提升。随着清算市场显性或隐性的竞争度提升，不仅维权将会变成卡组织之间开展竞争的核心竞争力之一，并且作为以往唯一的卡组织，银联将越来越难以借助官方力量维权，这将潜在地推升其维权成本。事实上，从互联网金融崛起到清算市场逐步放开的这一段过程中，银联应该能够感觉到维权成本在这个层面上已经在上升。因此对于银联来说，则需要顺应无卡时代的发展趋势，不能仅仅着眼于线下日益缩小的市场，而应提前布局，围绕线上线下打造统一的支付生态圈，与网联以及未来其他互联网清算平台进行直接竞争。

五 银行卡产业结构的变化

双边市场理论认为,双边市场一般包括两个方面:一个是市场中有两个不同类型的客户,他们通过平台进行交易;另一个是两类用户之间存在间接性的网络外部性,即平台用户的效用会随着平台另一边的用户数量增加而增加。这样双边平台先天性地具有吸引客户的特点。一般认为,银行卡市场是一个典型的双边市场,在银行卡市场中,平台就是银行卡组织,两类用户分别指消费者和商户,消费者可以通过刷卡支付完成一笔交易。所谓的间接性的网络外部性是指,持有银行卡的消费者从刷卡支付中获得的好处或效用会受到受理银行卡的商户数量的影响,同时,受理银行卡的商户的效用也受到持有银行卡的消费者数量的影响。

银行卡是传统金融业务与现代信息技术相结合的产物,并发展成为当前支付系统中最重要的一种综合性金融支付工具。银行卡的双边市场特性易在以下两个方面受到系统性挑战:第一,银行卡客户的忠诚度和黏性较低。在银行卡支付网络的双边市场中,非现金支付客户似乎天然性地拥有"多归属"或"多栖"特性,一旦各支付系统不同程度上存在无法兼容或互联互通的情况,使用者便会为了获得相应的好处,至少有一边市场的用户进行多归属的选择。第二,双边平台易受到另一边实现纵向一体化或可提供一系列产品或服务的企业体系竞争。一个双边平台会受到为终端提供服务的平台及其支付体系的冲击。比如支付宝首先依托的就是淘宝网的消费群体,依托此消费群体对其网络平台的支付需求,逐渐进行支付体系的内生化。即便是传统的银行卡机构,也存在如美国运通(American Express)的一体化平台。前两个问题实际上是学界一直以来都在研究的传统意义上的平台竞争,卡组织仍然可以通过有效的竞争来保持四方模式的竞争力。然而互联网经济的发展以及支付产业的分工深化则对整个产业格局带来第三种挑战。

从历史上看,卡清算模式的演进历程正是体现了分工的不断深化所带来的专业化效率的提升。相比传统的"一手交钱一手交货"来说,卡组织的出现意味着分工的细化——交易与支付的分离,或者说物流与资金流、支付信息流的分离。而"四方模式"相比于"三方模式"则又是分工的进一步细化——资金流和支付信息流进一步分离了。互联网技术的进步则促使交易以及支付进一步发生变革,并形成更大的支付生态圈。从分工深化的角度来看,在交易环节,交易信息流和物流出现分离——网上交易加物流配送的电子商务模式。而在支付环节,随着专业的非银行支付机构的涌现,使得资金支付与资金存储进一步分离,支付(收单)业务由专业化的支付机构来完成,而储蓄职能以及银行间的转账则依然由银行来承担。

一切对于信息流的处理均有可能催生出平台型组织,在新的产业格局中则存在两个信息流,即交易信息流和支付信息流,这意味着将有可能在广义的支付产业中出现一个上下游之间纵向的(而非传统横向的)平台竞争,并且随着第三方支付平台的崛起,在中国确实已经出现了。支付服务面临的需求日益多元化,推动了支付服务分工的发展和多元化的服务主体的出现,而第三方支付平台与商业银行的关系由最初的完全合作逐步转向了竞争与合作并存。过去,第三方支付机构扮演的是网上支付的中介角色,与银行的利益冲突并不大。如今,在很多支付业务中,第三方支付在逐渐走向"前台",而银行却到了后台。我们当然可以简单地把这种上下游间的平台竞争视为经济学理论上的上下游间的垄断厂商竞争,然而如果我们考虑到在信息化时代无论是对交易还是支付来说,信息已经变得第一重要、闭环已经越发成为主流商业模式的情况下,那么我们将不由得担心这种上下游间的平台竞争是否能够形成稳态的均衡,或者未来更有可能出现的是上下游间平台的融合。①

实际上,自20世纪90年代以来,随着多媒体和互联网技术的发展,越来越多的平台型产业在信息化进程中出现了"平台融合"的现象,即一个平台包含了另一个平台。平台融合突破了产业分立的限制,使行业界限划分不再明确,行业和市场之间的边界也变得模糊甚至消失了,这改变了原有的产业竞争格局。平台融合不仅使原先不具有替代性的产品可能转变为具有替代性的产品,或者原先替代性不强产品的替代性程度增强,更为重要的是平台融合也使原先属于不同产业、不同市场的企业因为融合而成为竞争对手,如手机、电视广告资源的竞争,网络电话与移动电话和固定电话间的通信竞争等。除了产业竞争格局外,平台融合也改变了平台企业间的业务竞争模式,平台融合促使一个网络平台可以通过增添新的功能从而进入到其他网络所在的产业市场,从而拥有比其他网络平台更多的功能组合。融合平台往往是把被融合平台的业务作为自己主营业务的附属业务,这样使得被融合平台在与融合平台进行业务竞争时处于劣势地位,导致被融合平台业务量和利润下降,在与融合平台的竞争中逐渐被驱逐出市场,而融合平台则不断吞噬被融合平台的业务量,进而占据整个市场。

在这种背景下再来看支付行业曾经存在的问题以及卡组织的维权,我们似乎可以感觉到这并非短期利益之争,而是渠道和客户基础之争,长远来讲则是寄希望在未来平台融合的过程中占据主动。

---

① 部分银行与第三方支付机构合作的收益也是非常明显的,从短期以及银行间同业竞争(特别是早期的备付金竞争)来看,银行与第三方支付机构是相生互助的关系,但从长期和整体银行业来看,则是明显的竞合关系,特别是在归集客户交易信息方面以竞争为主。

第四节　维权成本攀升的深层原因：
三方模式与四方模式之争

一　互联网时代三方模式的发展

在卡支付为主导的时代，在市场开拓方面，四方模式要相对优于三方模式。因为在传统的四方模式中，除了持卡人和商户，各商业银行及卡组织的银行间支付清算平台形成有效的市场分工、支付结算和利润分成的运营体系，卡组织进行支付收益的分配，各商业银行则将关注重点围绕在扩大发卡量，增加持卡人的用卡活跃度和扩大商户的收单设备占有率等市场推广活动中，这使得四方模式的卡组织可以快速拓展市场。此外，由于各商业银行本身就是经银监会准入和监管的金融机构，加之卡组织的再次行业规范，使得四方模式对金融监管要求的自律性和适应性均较强，同时也可以为监管机构提供有效的数据支持和监控手段。四方模式的主要弱点在于其依赖于卡组织和各家银行之间稳固的合作关系，这种合作关系，特别是集合定价在部分国家被视为垄断行为而受到指控，同时如遇到市场环境、政策环境等发生剧烈变化，合作可能面临"囚徒困境"。与四方模式相反，三方模式的主要弱点在于完全需要卡组织自身去推广市场，其推广速度自然没有四方模式下卡组织推广速度快。因此在原有市场环境下，三方模式卡组织的市场规模远不及四方模式卡组织，只能聚焦于较小规模的优质客户，以图从单个客户身上赚取更多价值。三方模式的主要优点在于其对整个网络的掌控能力较强，对目标客户需求的把握更为精准，有助于通过更多增值服务提升单卡消费额。

从双边市场的角度看，四方模式和三方模式的区别在于如何平衡成本收益。支付产业是典型的双边市场，商户和消费者分别在两边接入同一个网络进行交易,存在明显的交叉网络外部性,即接入网络的商户越多,对于消费者来说接入网络的效用就越大,同样地,接入网络的消费者越多,对于商户来说接入网络的效用就越大。这种网络外部性一方面意味着存在规模报酬递增,甚至在差异性较小的情况下存在"赢者通吃"的特征;另一方面意味着付出成本开拓市场所得到收益并不完全归市场开拓者所有,存在市场失灵。四方模式着眼于规模报酬,其本质在于由合作银行共同来开拓市场,并由卡组织负责制定规则以协调合作银行之间的利益,以求迅速占领市场;而三方模式着眼于市场失灵,其本质在于卡组织将成本和收益完全内部化,在卡支付时代尽管拓展速度较慢,但可通过差异化定位锁定自己的细分市场。随着技术的进步,卡片已经不再是必需的支付介质,移动互联网促使支付生态圈更趋复杂,然而围绕卡支付所形成的两种基本产业模式依然成立。

移动支付领域的两大巨头支付宝和微信支付的模式是一种新型的三方模式,变相地承担着发卡方和收单方的双重角色。尽管从资金流的角度看,支付宝和微信支付的实际资金账户仍在银行,并且网联平台建成后其也将丧失清算功能,但从连接双边市场的商业模式角度看,其通过改变商户和消费者的支付习惯,切断了其与实际资金账户之间的联系,而将双边的用户均聚拢于自身平台。支付宝、微信一方面携原有电商平台和社交网络用户基础向线下移动支付领域拓展,同时利用补贴培养用户习惯,克服了传统三方模式的弱点;另一方面,其充分发挥平台型企业的特点,并利用大数据进行低成本精准营销,为客户提供多样性的增值服务,放大了传统三方模式的优点。这使得支付宝和微信支付得以迅速占领移动支付市场。相反,由移动支付带来的零售支付产业的剧烈变革,使得四方模式下存在的利益协调问题被放大,在新三方模式的冲击下日渐式微。这一则是因为产业内利益主体的增加使得利益协调难度加大,这尤其体现在起步早发展慢的 NFC 支付上。二则被第三方支付机构迅速抢占市场的商业银行或主动模仿三方模式的支付机构，或被动与之合作，使得四方模式下银行银联间的合作关系更加松动。三则作为四方模式的核心，银联在移动支付快速发展的早期并未很好地主动求变以顺应市场发展趋势，而是更多采取维权行为试图维持卡支付时代的市场秩序，一定程度上使得四方模式错失发展时机。

研究分析第三方支付的整个商业运作模式，其核心在于对"二维码支付"商业运营模式的冷静分析，可以从"经"与"纬"两个思路入手：从"经"而言，即从检验该模式合理性与合规性的角度出发，对其现实存在的不足与问题、潜在的风险与缺陷；或从"纬"的角度分析，即先找寻并确认该商业模式存在的合理性和发展的有效性，并以此为主线探求其未来可能遭遇的困境和挑战。对于"二维码"支付模式的分析不妨从"纬"的角度进行观察与分析。

在新型三方模式中，第三方支付通过互联网支付平台，兼顾"发卡人"和"收单方"的角色。"三方模式"之所以能够实现，主要是第三方支付机构在互联网经济发展，以及手机等网络支付条件日益成熟的背景下，解决了以下三大方面的问题。

第一，第三方支付机构通过以"码支付"替代"卡支付"，将消费者的支付习惯由银行卡刷卡消费转变为用手机扫二维码消费。通过消费者消费习惯的改变，使得消费资金渠道由发卡方转变至扫码方，这样就将作为发卡方的银行与终端消费用户的联系分割开了。此外，通过淘宝、京东等电子商务平台以及其他日常生活 APP 资源，使得以手机为载体的虚拟商务体系日渐成熟，增强了互联网的支付内容与支付便利性，并进一步强化了终端消费者对"码支付"消费习惯的认可，以及对第三方支付机构的支付依赖。

第二，第三方机构通过"码支付"和电子商务平台的发展，成功改变了相当比例的消费者支付行为，并掌握了相当规模的支付资金，这是第三方支付机构立足支付生态圈的基础，也是其在商业市场竞争的主要筹码。但是如何建立第三方支付清算平台和支付网络，则是"三方模式"能否实现的关键。

第三方机构找到"直连"模式来解决这一问题。即首先，第三方支付机构在自己体系内为客户建立虚拟账户，这个虚拟账户本身就可以实现理财、转账及支付等一系列消费行为支持，同时这个虚拟账户通过直连各家银行的方式，在不同银行开设账户，从而实现虚拟账户资金可以在各个银行账户中实现流转。在这个过程中，第三方支付实现两个阶段的跨越：第一，建立虚拟账户，以互联网电子商务平台的支付为基础，逐渐发展为理财、转账乃至消费信贷、大数据处理等各种银行金融行为，实现了网络平台向准银行机构的转变；第二，作为准银行机构的第三方支付，不仅得到了消费群体的承认，还得到银行卡组织内部的银行在业务上的承认，因为是各个银行机构与第三方支付机构合作，使得第三方机构成为事实上的各银行账务往来的枢纽，这样就使第三方机构变相地具备了支付平台功能，替代卡组织的银行间支付平台地位。

第三，是要获得银行或金融监管组织的承认，一方面，第三方机构标榜这是市场选择的结果，要求金融机构承认其先进性、合理性和合规性。另一方面，不断扩展金融支付的外延功能，丰富互联网支付的便利性和全面性，更加强化消费群体、支付链条金融机构对第三方支付平台的依赖性，从而更加增强其与监管平台的谈判砝码。

通过"二维码"支付将以往四方模式中，顾客与商户之间的非现金支付渠道由"卡支付"转变为"码支付"，由"线下交易"转变为"线上交易"。通过短短几年的探索与革新，以"码支付"为代表的支付清算平台及体系增强了大众消费者的"支付体验"，并一定程度上改变了中青年消费群体的支付习惯,这是第三方支付公司抓住了移动终端普及的网络社会的时代背景,及时推出新时代满足大众终端客户支付需求的服务工具,这是市场需求的自然结果,也是科技创新在金融服务体系上的一次有效变革。应当承认,第三方支付的出现在"满足客户的需求"与"科技创新提升便利性"等方面存在着合理性和先进性。

二 支付之争背后的产业模式之争

无论是支付宝还是财付通(微信支付)本质上都是互联网公司,是阿里巴巴和腾讯这两个大型互联网平台中的一部分,因此需要从互联网公司与银行的区别角度来理解二者在支付业务上的本质差异。

从开展支付业务的目的来看,流量、数据、场景本身就是互联网公司开展支付业务的主要目的,而不仅仅是其在支付市场竞争的砝码。第一,对互联网公司而言,流量是第一位的,用户数量及活跃度与公司价值直接相关,而与居民消费密切相关的支付业务则有助于互联网公司拓展用户规模,提升用户活跃度。第二,数据是互联网公司之间竞争的又一领域,互联网公司从流量产生的数据中最大化地挖掘商业价值,其中支付业务和支付数据尤为重要,因为其可帮助互联网公司实现O2O的商业闭环,使得整体用户数据更有价值。第三,流量和数据均有助于互联网公司的场景建设,作为平台型企业,互联网公司借助其良好的用户基础更容易拓展合作商家,借助大数据的分析更容易有针对性地提升用户体验,此外支付工具及账户本身也可作为平台其他业务的入口。因此,阿里和腾讯开展支付业务更重要的是为其整个互联网商业生态拓展流量、积累数据、布局场景,在此基础上通过生态中的其他增值业务盈利,支付业务本身是否盈利则相对次要;其选择以三方模式开展支付业务，前期投入大量成本自建网络，正是因为相比于支付业务本身的赢利性，其更在意将由支付创造的流量、数据、场景尽可能地内部化于自身平台。相反，对于商业银行而言，盈利是其开展支付业务的主要目的之一，然而支付业务在商业银行收入构成中比重比较低，同时由于商业银行更加关注客户质量而非单纯数量，因此借支付业务拓展客户流量的作用也逊于互联网公司。因此三方模式下的自建网络并非商业银行开展支付业务的理性选择，选择四方模式则可更好地去搭其他银行和卡组织的"便车"。

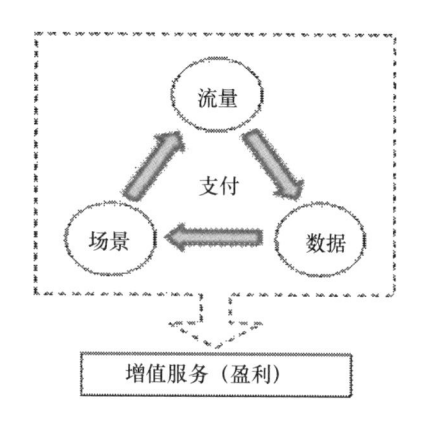

图 2—19　互联网公司的支付运营模式

从拓展支付网络的能力来看，阿里、腾讯具备选择三方模式独自拓展支付市场的能力。第一，阿里和腾讯本身就是互联网领域的巨头，拥有庞大的电商和社交网络用户，可以相对较容易地将大量原有用户引流至支付宝和财付通，从而克服了传统三方模式卡组织拓展市场的困难。第二，网络拓展能力本身就是互联网公司赖以生存的基础，因此在进一步开拓新的支付市场、拓展新的用户网络方面，与商业银行相比，阿里和腾讯这两个互联网行业的翘楚同样具有比较优势。第三，由于阿里和腾讯都属于平台型企业，与银行相比，其更容易将各种服务商接入其网络平台，从而为各类用户提供网络增值服务，也可为用户提供更多种类的增值服务，以此增强平台对用户的黏性。相较而言，银行无论在原有客户基础还是互联网用户的拓展能力方面都远不及阿里和腾讯，同时其服务客群以及业务种类较为单一，主要集中在金融领域，这使得其对大量非核心客户的黏性相对较差，因此不具备选择三方模式独自拓展市场的能力。

从行业特点来看，Web2.0时代互联网公司基本上都属于平台型企业，存在明显的"赢者通吃"特征，因此同质化的互联网公司很难共存，合并比合作多。支付领域由于业务同质化程度较高，互联网公司同样很难通过合作来共同开拓市场，只能选择三方模式，自建网络。而商业银行之间的竞争相对更弱，并且在支付领域有较长期的合作基础，同时银联的存在也有助于银行之间进行利益协调，因此其在发展移动支付时选择开放型的四方模式是可行的。

支付市场是典型的双边市场，也是典型的平台型经济，三方模式和四方模式的本质差异在于是自建平台还是合作共建平台。支付宝和微信支付在支付市场成功的主要原因之一在于其依据自身特点准确定位于三方模式，而银联与银行在支付方面失势的原因之一也恰是在于四方模式的瓦解，各自为政的银行丧失了原本建立在合作基础上的竞争优势，反而突出了其与支付宝、微信支付相比的劣势。尽管商业银行应该吸取支付宝、微信支付的成功经验，但不应一味模仿，而应立足自身特点和优势，坚持四方模式，通过银行间的合作共同应对支付宝和微信支付在移动支付领域带来的挑战。

不过即便目前支付宝与微信支付依然占据了支付市场的大部分市场份额，但其期望通过二维码支付来垄断零售支付市场，甚至实现它们所谓的无现金社会依然存在困难，这也意味着银联与银行在支付业务方面仍有机会。

第一，第三方支付可以更好地满足客户支付需求。但应该注意到，所谓的客户需求是多层次的，客户既有支付便利性的需求，也有支付安全性的需求，此外客户还有支付的兼容性与扩展性的需求，比如在兼容性方面上，如何在无网络、无手机的条件下进行支付，如何在境外进行支付，如何与其他支付手段进行有效协调和兼容；另外，如何将支付与消费查询相结合（如口碑查询），如何将支付与客户需求和产品宣传相结合，如何实现个人客户的支付管理，等等。目前来看，现有的第三方支付并不能有效解决这些问题。然而解决这些问题对于银联银行体系来说也并非易如反掌，比如曾一度闹得沸沸扬扬的银联芯片卡默认开通小额免密免签支付业务的事情，就反映出银联银行体系的支付创新同样需要面对便利与安全之间的平衡。对于银联银行体系来说，重复原有模式不能赢得新增客户，而在固有的安全优势上出现问题反而会流失原有客户。因此这里强调的多层次需求并不想试图证明长期来看其必然将客户推向四方模式，而是想指出三方与四方模式之间竞争的结果并不像目前表面看上去那样盖棺论定。

第二，第三方支付所服务的客户也是多样的，目前，使用第三方支付的大多以中青年消费群体为主，而中老年群体尚未实现普及，中老年客户对"卡支付"以及现金支付的方式尚存有依赖性，"码支付"的消费习惯尚未完全形成，而且企业账户仍以银行间账户交易为主体，这就加剧了账户消费的分化现象，形成相对独立的支付子系统，在每个子系统下，都有各自的习惯消费群体和支付行为。虽然通过开展激烈的"码支付"的优惠活动（如鼓励金等），能够最大限度地吸引原现金支付和"卡支付"的消费群体，但实现消费群体扩大的关键还是支付服务本身的升级。如果不能通过进一步提高支付的便利性、全面性和安全性，仅靠让利推动消费群体的扩大，既不能实现最终的目的，也与提升金融支付服务能力的初衷不相符合。

第三，当前"二维码"支付的发展依靠的是手机的普及和移动网络的发展，这可以视作在金融基础设施领域发展背景下的，金融科技的创新和金融支付服务体系的革新。但一方面，这种创新的基础目前已经全部覆盖使用，而"二维码"支付如何在无网络、无手机终端的情况下实现有效支付，这是一个难题，而且这种挑战不仅是技术上的，也是经济上的，也就是说，条件充分，易于接受"码支付"的消费地区和支付群体已经全部实现了"开发"，接下来是扩展至因各种局限，不便开发"码支付"的地区与群体。以资本市场为导向的第三方支付是否愿意以相对高昂的成本去开发边缘市场和壁垒市场尚有待观察。另一方面，随着技术的进步和金融基础设施的更新换代，"码支付"也会被其他支付技术及支付结算体系所替代，一旦这种流量入口的底层技术发生迭代，那么基于当前"码支付"的支付模式与产业结构也将会随之重构。从理论上讲，这种替代是大概率事件，现实中的区别只是替代时间的快慢以及以何种形式进行替代。

当然，银联银行体系在支付业务方面也并非只能"捡漏"，其本身也有自身的优势。第一，客户资源优势。商业银行是传统支付结算领域的主导者，多年来累积了大量银行卡用户、网上银行用户以及商户资源，这些客户、商户都可以发展成为移动支付用户，拓展存量客户能够带动移动支付用户增长。比较而言，以支付宝、微信支付为代表的支付机构虽然客户规模庞大，但支持的单笔交易额度较小，服务对象多以中小客户为主，而商业银行积累的则更多是优质客户，并且覆盖各类金融客户资源及资金链，客户价值较高。第二，支付渠道优势。商业银行基本上对接了所有的外部支付结算渠道，如二代支付系统、超级网银、地方同城、银联、银商、SWIFT系统等，拥有较为全面的支付服务网络体系。在提供支付服务的过程中，商业银行还可以管理客户账户、提供金融交易服务，多年来积累了丰富的结算经验，能够高效、安全地为客户实现全方位的资金结算需求。此外，商业银行普遍具有覆盖广泛的线下网点渠道，与支付机构更多依赖于数据去进行客户画像相比，银行可以与客户进行深度交流，在培育客户忠诚度的同时，也能更好地了解客户的潜在需求和个性化需求。第三，安全保障优势。基于信用属性、行业特点以及监管要求等方面的因素，商业银行建立了完整的技术风险、信用风险、操作风险防控体系，相比于非银行支付机构而言，风控管理更严格，数据管控更为成熟。无论是硬件网络环境还是资金清算管理，商业银行的支付产品都具有较高的安全性。当然，正如前文所指出的，银联银行体系通过创新来赢得新增客户，同样也需要面临降低固有的安全优势的风险。

因此，一种是传统"银行业+中国银联"的四方模式，即一边是持卡人（终端用户）和发卡人（发卡银行），另一边是收单市场和商户。另一种支付方式是"互联网+金融"的三方模式，即微信、支付宝等互联网支付平台兼顾"发卡人"和"收单方"的角色。虽然二者均有机会，但由于平台经济具有赢者通吃特征，目前的两个垂直平台之争（银联银行和第三方支付）的结果仍然可能会影响长远的产业发展方向。这种模式之争正是造成卡组织维权问题产生及难以很好解决的深层原因。

三 账户资源是机构间竞争的关键

在产业层面上，商业银行整体与以支付宝、财付通为代表的支付机构之间的竞争是四方模式与三方模式的竞争。但在机构层面上，作为一家商业银行，无论是与其他银行还是与每一个具体的支付机构之间，竞争的焦点都是落在账户价值上。

支付清算业务的着力点将随着支付介质的改变而改变。对于转接清算组织来说，清算过程主要包括交易撮合、交易分检、数据收集、数据汇总、相关数据的发送等步骤,其中原有银行卡规则的一个最主要的作用便是合理分配数字卡号将付款人和收款人的账户相连接,顺利、安全地完成支付执行过程。

从技术层面上看,新技术的应用将使得支付更加电子化。如果从广义的电子支付的定义来说,银行卡支付也应包含在电子支付的范畴内,而从现在已有的发展趋势来看,更加虚拟的支付账户有可能在特定情况下能够替代银行账户,使得支付过程更加脱离物理卡介质,实现所谓的"无卡支付"。而在此过程中,一个根本的改变在于付款人和收款人账户的衔接方式,恰恰这是原有银行卡支付系统搭建的核心之一。

表面上看,在传统银行卡时代,账户的识别都是基于银行卡号,而账户的衔接则依托于识别卡号的卡支付系统。卡号是标识发卡机构和持卡人信息的号码,在 JR/T 0008–2000 标准中是与主账号(Primary account number,PAN)等同的。PAN 码是指标识发卡行和持卡者信息的号码,由发卡机构标识号码、个人账户标识和校验位组成,它是进行金融交易的主要账号。卡号一般包括:卡 BIN 代码 + 段号 + 发卡顺序号 + 校验位。其中段号、发卡顺序号、校验位等都是由发卡行自己规定的,而卡 BIN 代码则是由 ISO 负责分配,其目的是在跨行转接中避免出现不同银行账号相同的情况。事实上,卡 BIN 代码的分配为卡支付系统提供一种规则秩序。

然而卡号代码作为银行内部账户系统的分类编码,并未形成统一的卡号编码规则,这反映出银行从经营思维上,将账户所代表的客户资源视作银行重要的资产,并不愿意对同业或是其他机构进行开放与分享,这也可以解释在很长一段时间内,不同银行的银行卡难以实现高效的"互联互通",而只有具有政府资源与行政协调能力的银联能够实现某种程度的银行卡之间的"互联互通",这也正是银联在特定时期产生和价值的集中体现。但有趣的是,在网络支付时代，支付标记替代原有卡要素验证。如 2016 年 11 月 9 日，中国人民银行发布《中国金融移动支付标记化技术规范》，要求各商业银行、非银支付机构、银行卡清算机构从 2016 年 12 月 1 日起，全面应用支付标记化技术。所谓支付标记化技术，是由国际芯片卡标准化组织 EMVCo 于 2014 年正式发布的一项最新技术，原理在于通过支付标记（token）代替银行卡号等原始要素进行交易验证，用于完成特定场景的支付指令，也就是支付标记化技术是一种全环节的卡号替代机制，商户可以通过支付标记（token）来替换主账号 PAN 信息，从技术上讲，判断账户属于某银行的依据完全可以不需要账号中的某几位数字，这时账号事实上只是用来判别银行内的账户，各银行之间即便不用某一种统一格式的数字账号，也能够实现转接清算。这意味着原有的卡规则的效力将会逐渐下降。账号卡号关系发生改变意味着原有银行卡支付系统的安排在未来可能会相应调整。当然，在现阶段，人们并不是完全通过网上实现支付，也同时需要通过原有的卡系统进行支付，这时便需要银行账户间在线上线下两个系统同时能够转接，虽然网上支付不需要卡规则，但是卡支付需要，两个系统之一存在需要，便意味着银行账号仍需要卡规则，银行账号就依然必须是符合规则的卡号。

　　账户本质上就是一串唯一性数据，由账户机构生成并管理的这一串数据事实上与人们的生活没有太大的关联，没有多少人能够清楚记得自己的所有银行卡号、宽带号、水表号、有线电视号。所谓虚拟化，就是账户开始摆脱与基础介质完全绑定的约束，由固定介质的卡账户向可移动体现在多介质的码账户转变。而虚拟账户的普及又带来了账户功能的综合化，就是打破个人在不同机构、不同功能类型金融账户的隔离状态，逐渐形成个人账户的网络化管理体系，实现账户的金融功能综合化。因此，无卡交易意味着支付账户与支付介质不再是一一对应的关系，而是一对多的关系，支付账户在移动支付等新兴支付体系中实现了对多个支付载体的可转移性。个人金融账户也不再由银行体系所主导,而是由多种服务体系共同提供服务。在此背景下,账户管理机构的规则制定权力将大大削弱,用户可以自由地选择在各种场景中,用各种方式使用账户,这更加符合人类社会发展的需求。在技术创新与市场需求的推动下,无卡的账基支付逐步取代传统的卡基支付,这促使渠道、介质、交易等支付要素日益融合发展,使支付工具功能日益叠加、边界日益模糊。这同样使得传统上基于卡基支付的竞争策略将不再适用,各家银行在移动支付业务上比拼更多的是其账户对于客户的综合价值。

　　提升账户价值主要包括如下几个方面:一是平衡移动支付的便捷性与安全性。对于移动支付来说,安全是其第一道屏障,而便捷则是其重要支撑。商业银行一方面应严格落实监管要求,同时加强同业合作,建立完善的安全防护机制;另一方面则应引入新兴技术、丰富支付介质、简化支付流程,为客户创造具备3A（Anytime, Anywhere, Anyway）特征的移动支付体验。二是有效整合账户,基于支付业务提供综合金融服务。商业银行的比较优势是其全方位的金融服务,在移动支付时代,支付将成为客户接触各项服务的入口。因此一方面应加强底层账户的联通,另一方面则应整合各项金融业务,在支付账户上按功能提供增值服务。三是加强外部合作,构建移动支付生态圈。互联网时代的商业竞争,不是企业与企业之间的竞争,而是企业生态之间的竞争,生态的价值在于开放、协同和进化。在此背景下,支付账户的价值也有赖于生态圈的构建,商业银行应加强外部合作,通过支付生态圈的构建来打造多元化移动支付场景。四是基于大数据分析精准推送服务。充分利用内外部数据,对数据进行深度挖掘,不断丰富客户画像的内容,增强对客户关系管理系统的支持,并提供有针对性的客户营销建议,并利用支付账户向客户精准推送内外部服务。这不仅有助于提升账户对于客户的价值,而且也便于针对差异化的细分客群打造特色品牌。

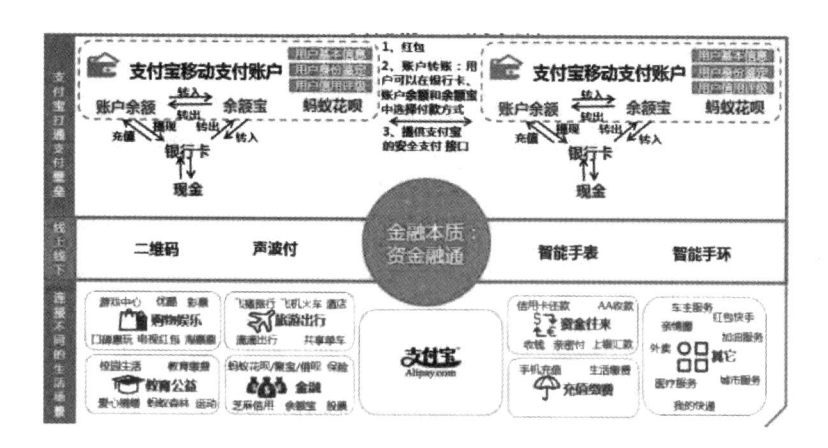

图 2—20　直达金融本质的支付宝生态体系

资料来源:艾瑞咨询,民生银行研究院。

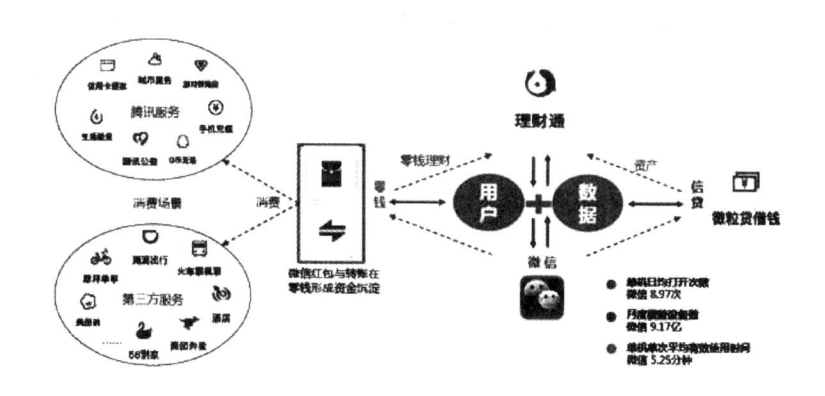

图 2—21　以微信钱包为核心的财付通生态体系

资料来源:艾瑞咨询,民生银行研究院。

对于银联与银行来说,虽然通过加强外部合作构建生态圈十分重要,但伴随着移动支付日益成为金融行业最具发展活力的领域之一,银行之间以及银行与银联、支付机构、互联网公司等市场主体之间的竞争合作关系越发复杂。在此背景下，商业银行应立足于适合自身的产业模式、立足于同业间特色竞争优势、立足于银行整体的发展战略来参与外部合作，并据此选择与相应市场主体间的合作领域和合作模式。尤其谨防使自己仅仅成为支付宝、微信支付生态圈中的一环。

在非现金支付的时代背景下，无论是"卡支付"，还是"码支付"，抑或是未来更为先进的支付结算通道，都是整个支付生态体系下的组成部分，任何一种支付方式与体系，都要努力满足各种支付终端客户的支付需求，哪种支付方式能够更有效地提升终端支付客户在支付便利性、全面性、协调性与安全性的"支付体验"，哪种支付方式就能获得更多的支付群体，在这一点上，各种支付方式的竞争应是公平的，只有公平而有效地竞争，才能最大可能地激发市场活力，实现资源的高效配置。但同时，也要看到各种支付方式也是支付生态体系的有机组成，多层次、多路径的支付方法的存在，既可以营造支付市场的有效竞争环境，也是尊重各种终端支付客户的"支付习惯"与"个性选择"，同时，也要对每种支付路径进行行业规范与监管，努力实现各种支付路径的协调并联，避免各种支付路径下的分割支付系统。

可以说，银行卡组织及其四方模式对于开启非现金支付，以及包括产品、市场及机构等"非现支付生态"的确立和发展起到了至关重要的作用，进一步确立了我国支付方式由"现金支付"向"非现金支付"的转变。随着互联网时代的快速发展，支付运营系统的软硬件环境都有了实质性的改变，这使得原有以银行卡为主的支付渠道和以四方模式为基础的支付业态也面临着机遇与挑战。

摆正心态，不能因为受损而拒绝进步：从机遇方面来讲，一方面，就是支付基础设施的发展，使得支付体系和方式更为多样、快捷与便利，从这个意义上讲，支付基础设施发展了，支付方式便利了，就不利于卡组织的发展了，这不应该是卡组织或者支付业界人士的思维理念。因为支付基础设施的发展对待所有模式都是平等的，区别只是如何去看待和适应新环境的改变。另一方面，就是支付基础设施的发展、包括支付业界生态圈的丰富和良性竞争都是起到进一步确立非现支付的主流地位，扩大非现支付人群和市场，总的市场扩大了，对于任何支付组织都是有利的，而且一定程度上的良性竞争与互动，可以更加有效地推动支付模式的创新和发展，增强国内支付行业的整体竞争力，不仅可以更加从容地应对国际支付巨头来华竞争的冲击，更可以自信地走出国门，参与世界市场的支付体系的竞争，依托中国强大的商品、人群的外贸能力，相互借重，相得益彰，更加突出中国在世界经济中的地位和积极作用。

第五节　变革与创新：卡组织维权与发展的两大途径

一　卡组织的机遇错失与主动变革

（一）卡组织维权错失的机遇与机会

体育界有一句名言，那就是"最好的防守就是进攻"，放在支付生态领域的竞争，也可以改换为"最好的维权就是变革与创新"。在第三方支付发展初期，银行也曾试图发展自己的电商平台，比如建设银行的善融商城，各大银行依据信用卡积分兑换等也都创立了自身的电子商城，每家银行的各自为战，使得基于信用卡支付的电子商城始终是"小打小闹"，既没有相互联合扩大成统一的"卡组织商城"，各家银行抑或是银联推出的零星的用卡优惠也没有给消费者带来长期性、便利性和多样性的消费体验。其次，在第三方支付机构发展初期，银行业面对互联网金融的发展要么是质疑与围堵，要么就是与其合作发展，鲜有银行机构敢于"先下手为强"地参与第三方支付机构股份,对其进行内部控制。这样,"别人的东西学不来,自己的业务又不断被蚕食,面对不断坐大的竞争对手,局面也越发的被动"。除在境外刷卡支付领域,银联仍占据较大的市场份额外,刷卡支付行为逐渐失去主要消费客户群体已经是不争的事实,在互联网平台各社交网站、贴吧、论坛等各种网友交流平台中,原有"卡族""薅羊毛党"的评论热度一再减退。这种现象揭示残酷的商战金律:(1)如果你不将业务的战场推进至别人的主营领域,那么接下来,你的主营领域就是别人推进的目标;(2)如果无法学来竞争对手,就应该提前下手,为我所用,至少也要从内部规范和约束其市场行为;(3)市场监管是存在认知时滞、决策时滞和执行时滞的,无论是市场创新还是金融创新某种程度上,都是在利用这种时滞进行监管套利,而且当大众的消费认同达到一定程度时,监管者也主要以加快规范经营者行为、引导市场发展为主。经验上来说,无论这种创新的"原罪度"有多大,在相当大容忍程度内,这种经营形式仍将会保留,除非它自身已不再适应市场新环境的需要。从银联的角度来看,在市场环境、政策环境、监管环境都在发生改变的情况下,其错失了早期的变革与创新机遇,在维权并未取得良好效果的情况下,逐渐在新兴支付市场中越发被动。

(二)银联内部变革

从另一个角度来说,之所以银联在早期缺乏足够的市场敏锐度,恰恰与其缺乏足够的外部竞争压力有关。而随着清算市场的放开,包括网联的成立及其业务的迅速拓展、运通、SWIFT等陆续进入中国等,势必对曾经单一的清算市场主体银联带来较大的竞争压力,这也成为促使其加速内部变革的主要动力之一。

自2017年4月初,银行卡组织——银联总部的新架构里不再设银行服务部、市场拓展部、产品部三大部门,而改为设置机构合作部、商业服务事业部、金融与民生事业部、银联钱包事业部、银联科技事业部、大数据部、企划部七大部门以及云闪付专项工作团队和无卡业务专项工作团队两大专项工作组。由此调整结果可以看出，变革方向主要在于机构合作业务的管理扁平化和针对产品设计服务的管理垂直化。对于七大事业部来说，其主要划分是根据产品属性特征和客群定位细分而设立，而银联钱包事业部、银联科技事业部、大数据部和云闪付、无卡业务两大专项工作组都是围绕"创新业务"新设立的。通过内部组织结构的优化，银联期望形成的是"以战略为导向、以客户为中心"的前端市场团队+统筹协作企划部门+科技研发和数据管理双驱动的研发应用团队，提升运作效率，激发组织活力，增强市场竞争的灵活度与战略协同性。2019年，银联更是成立17年以来首次对社会公开招聘总公司高级管理人员，招聘5名执行副总裁岗位，分别负责产品、市场、技术、业务运营、技术运营等方面的工作。这代表着银联坚决"贯彻落实深化国有企业改革精神，打造职业化、专业化的高管团队，推进市场化转型发展"的决心。

二　创新四方模式：新市场环境下卡组织的突围战略

（一）通过创新四方模式降低维权成本

与前几年情况不同的是，清算市场的发展日渐清晰：（1）无卡时代已经确立，"码支付"的主流时代已经走来；（2）清算支付平台及运营模式走向开放也已是不可逆的大势。市场走势清晰的环境下，对于每个业界参与者来说，剩下的就是如何提高自身的竞争力。而对于卡组织而言，降低维权成本的关键则是创新四方模式，构建有效的生态圈。

首先，在卡组织四方模式不变的前提下，将原来分散的成员机构、商户、持卡人服务职能进行有机整合，形成统一的服务模板与运营模式，形成合力，真正突出"以终端客户为中心"，使消费者获得最大的服务便利以及最舒适的用户体验。

其次，卡组织不应仅仅是行业互联网络，以及接受金融监管的行业代表与组织者的角色，而是应发展为卡组织"2.0"版，实现科技转型和数据型的转型。一方面，充分发掘产业技术开发潜力，激活研发资源，才能加强技术支持能力、加速孵化技术应用创新，探索新的科技服务模式，形成自己的核心竞争力；另一方面，银联作为中国目前唯一的银行卡清算组织，海量的数据沉淀是其天然优势，充分挖掘数据价值，进一步夯实大数据管理、开发与应用基础既是银联自身转型的需要，也是其服务各大合作机构的基础和资本。

最后，未来的商业竞争，不是企业与企业之间的竞争，而是企业生态之间的竞争，生态的价值在于开放、协同和进化。因此，卡组织应以构建生态圈为己任，并应坚持不与渠道争入口，不与机构争账户，不与收单争场景。在无卡时代，基于卡片所形成的单纯依托银行体系的四方模式必然面临挑战，为了继续获得四方模式带来的规模报酬优势，为了更好地体现双边市场中合作拓展的优势，卡组织应将其他市场主体——诸如手机厂商、电信运营商、支付机构、互联网公司等——纳入其生态圈中，并合理构建圈层结构，增强生态圈在互联网环境下的竞争力。

（二）创新四方模式的深层意义

除降低维权成本外，对于卡组织而言，通过创新培育新型四方模式无论是对其自身以及成员银行还是对我国经济金融发展都还有着更为深层的意义。

第一，短期有助于规范产业发展，防范金融风险。由于各商业银行本身就是经银监会准入和监管的金融机构，加之卡组织的再次行业规范，使得四方模式对金融监管要求的自律性和适应性均较强，同时也可以为监管机构提供有效的数据支持和监控手段。当前防控金融风险是主要的金融工作之一,创新四方模式,发展以银联银行为核心的零售支付体系可以更有效地强化风险内控机制,提高监管机构防范化解金融风险的能力。①

第二,中期有助于参与国际竞争,支持人民币国际化。尽管近些年我国支付产业发展迅速,但以支付宝、微信支付为代表的支付模式在许多监管相对更加严格的国家却很难行得通。目前国际上通行的仍然是建立在卡组织基础上的四方模式,因此,在国际市场上,依然需要本土的卡组织去和 Visa、Master 等展开竞争。新型四方模式的构建将更有助于在国际市场上培育自有民族品牌,更好地支持人民币的国际化。

第三,长期有助于银行账户体系的构建,提升银行业服务实体经济的能力。随着国内银行业市场化、混业化、国际化程度越来越高,银行之间的竞争也逐渐从以往同质的规模、数量竞争,转变到满足市场和客户需求的异质、质量竞争,各家银行无论是在发展战略层面还是在具体业务层面的差异化、个性化、综合化趋势日益显著。由于支付是入口,账户是底层,通过创新四方模式与支付宝、微信支付等支付机构开展直接竞争,将有助于促使各家银行努力提升账户价值,进而提升整个银行业服务实体经济的能力。

三 对其他主体的相关政策建议

(一) 监管机构

应该清醒地认识到,非银行支付产业在快速发展的同时,也存在很多自身问题,近期央行强化监管与推动多项制度改革的出发点也很明显地着力于此。对于监管机构来说,应防止"劣币驱逐良币",促使支付行业健康发展。

---

① 不应以小额免密这样的单个事件来否定四方模式在支付安全性方面的努力,总体而言银联银行体系在风险内控方面要明显强于受到较弱监管的第三方支付机构。

第一，围绕效率与风险，积极落实金融市场基础设施原则。金融市场基础设施（Financial Market Infrastructures，FMIs）是当前最重要而且具有挑战性的金融研究领域之一，主要包括支付系统（Payment System）、中央证券存管（Central Securities Depository）、证券结算系统（Securities Settlement System）、中央对手（Central Counterparty）、交易数据库（Trade Repository）。进入21世纪以来，尤其是2008年国际金融危机之后，各国都更加关注FMIs的稳健性与安全性。2012年，CPSS和IOSCO（International Organization of Securities Commissions）联合发布出版了金融市场基础设施原则（PFMI），旨在形成全球共同努力完善金融市场基础设施的"软法"。金融市场基础设施具有特殊性，正如前美联储主席格林斯潘在其回忆录中写道："若是要存心搞垮美国经济，只需摧毁电子支付系统就行了。"支付清算基础设施，如同经济基础设施一样，在初期严重缺乏的时候，需要加大建设力度、尽快布局，从而保障金融"交通和物流"的顺畅。但到了一定阶段之后，就需全面提高建设质量，严格防止"豆腐渣"工程和低效项目。第三方支付作为"支付系统"的类型之一，也离不开这样的大势变迁。

第二，建立多层次新型支付市场的需要。基于国家支付体系的战略视角，需要统筹安排，构建"多层次新型支付市场"。在经济基础设施建设中，重复建设、多头管理、资源浪费等一直受到关注。同样在金融基础设施建设中，随着"初级阶段"告一段落，也需要从国家支付体系的大视野，进行更好的战略统筹。我国支付清算体系是在较为薄弱的基础上快速发展起来的，有时呈现某些"多头并进"和"碎片化"现象。如今，为了更好地承载金融创新与发展，就需要打造一个高效的"多层次新型支付市场"。对此，一方面需要从全局看问题，注重多重目标协调，如零售支付只是整个支付体系的组成部分，第三方支付则是新型零售支付探索中的"沙盒地带",不应只片面看问题,纠结于局部利益目标。另一方面,在法律、监管、治理等各方面,都需要加强跨部门的协调机制建设,有效应对功能日益复杂的支付清算设施,因为伴随金融机构的"混业",金融基础设施更是不可避免地出现"边界模糊"。

　　第三,优化支付市场供给与培育有效需求,改善支付体系的"稳健性"与"弹性"。一方面,与日益增长的经济金融创新与发展需求相比,我国的金融基础设施有效供给仍然严重不足。就零售支付而言,这种有效供给更需强调结构与质量,而非"唯数量论"。例如,几百家拥有支付牌照的机构曾被作为改革成就,但当众多机构业务单一、同质甚至难以为继,某些"壳"牌照价格被恶炒至天价之时,显然市场是需要挤出"泡沫"和"无效供给",构建更加严格的违规惩罚与退出机制。再如,处于灰色地带、无证从事支付业务的机构也数量众多,尤其是打着创新名义的某些模式,其风险不容小觑。还有,同样是电子支付业务,非银行支付机构的处理金额远远低于银行,处理笔数却逐渐超过银行,表明二者的服务定位差异。当然,除了零售支付之外,大额支付、证券清算结算设施等,也面临优化供给的迫切性。另一方面,就需求而言,首先需要培育居民、企业和其他机构的有效支付清算需求,认清"过于花哨"和短期"过渡性"需求的局限性。支付如同道路设施一样,其提供的基本功能还是交通,路边设置广告宣传当然有必要,但如果太"吸引眼球",或许也会带来"事故多发"。再如,以零售支付创新来促进消费非常重要,但如果居民收入、社会保障等条件跟不上,则便利支付加上金融杠杆共同作用于消费行为,最终不一定有利于居民福利提升。同样比如,债券市场可能存在的市场分割、制度缺失等问题,也在某种程度上与其金融基础设施供求失衡相关。这些都意味着,支付清算的供给侧改革与需求管理,需要避免大起大落,在遵循市场规律的基础上,应该更加强调持续、稳健、均衡发展。

第四，处理好平台化与垂直化、国有化与民营化等基本关系。在金融市场基础设施建设过程中，需管理好一系列复杂关系。一则，基础设施自然具有某种"公共性"特征，支付清算设施也是如此，这就要求支付清算组织、系统可能需要在拥有"经营可持续"的同时，不能忽视公共性原则。二则，支付清算组织作为承载资金流动的、"四通八达"的基础设施，天然具有某种平台化特征，也是平台经济学理论的研究重点。与其同时，全球复杂支付体系也已悄然形成，支付近年来也逐步成为商业模式的一部分、市场营销的新手段。由此，在服务平台参与者与自身掌控产业链之间，或许会面临某种权衡困局，如 Visa 等银行卡组织一直存在"三方模式"还是"四方模式"的"路线之争"，第三方支付机构也存在是否有隐形"跨行转接清算"的争议。客观看，二者在某种程度上难以兼容，选择平台化的"开放性"，还是垂直化的金融控制"闭环"，也是许多支付清算组织"向左走、向右走"的难题。三则，以欧美为代表，现代支付清算设施往往是自下而上发展起来，在复杂的监管约束下，民营化设施也成为主流。相比来看，我国是基于自上而下推动金融市场基础设施建设的路径，未来更面临新的权衡。其中，对于支付交易层面来看，应该在监管一致性前提下，继续推动各类支付机构的市场化发展，鼓励民营资本充分参与；对于清算结算环节来说，基于国情，在适度推动民营化的同时，仍需在新形势下探索国家自主可控的原则与模式。应该说，符合法律与国家政策、市场化运营、民营资本参与、减少行政规制，几者之间完全能够实现协调共存。

第五，真正推动支付行业转向扎实的金融科技驱动。金融稳定委员会（FSB）于 2016 年初对"金融科技"做出了初步定义，即"金融科技（FinTech）是指技术带来的金融创新，它能创造新的业务模式、应用、流程或产品，从而对金融市场、金融机构或金融服务的提供方式造成重大影响"。就全球来看，支付领域正是金融科技最具生命力的应用场景之一。对此，一是面临新技术时代的重要转折期，无论银行还是非银行支付机构，都要减少对制度红利和套利的"迷恋"，而真正把科技驱动作为支付服务创新的核心动力，强化金融科技的"正外部性"。二是消除"金融科技腾飞幻觉"，因为我们的支付工具创新虽然看似"眼花缭乱""赶英超美"，但是在基础性的底层技术研发、技术标准化等层面还有大量不足之处。三是金融科技可能使得金融与非金融的边界进一步模糊，但无论如何变化，金融运行的底线不能突破，相应的穿透式、功能式支付监管体系也需完善。

第六，"三路并进"完善支付消费者保护机制。在2008年金融危机之后，欧美金融监管进一步强调和突出金融消费者保护，以至于引起了金融业的许多争议。相比而言，我国的金融消费者保护刚刚起步，属于保护不足而非过度。对于支付消费者保护来说，考虑到其特殊性，更应该作为重中之重。对此，一是需要政府、监管部门完善消费者保护的法律依据、工作思路、方法与模式，使得违规者与机会主义者承担高额违规成本；二是需要协会等自律组织、社会组织等，共同致力于形成良好的行业氛围，使得各类侵犯消费者的行为、不同主体串谋的行为等都"无所遁形"，并且"人人喊打"；三是应该致力于提升支付消费者的专业知识与自我保护意识，使得支付领域的违规乃至诈骗行为，失去生存的土壤，因为随着新型支付手段的飞速发展，大量问题都是由于支付服务消费者不熟悉安全原则而遭受损失。

（二）银行

第一，整合行内资源，打造支付体系2.0。重构支付体系，实现全账户全场景支付。通过统一支付品牌、支付平台、通道管理、商户准入、定价策略，打造全行统一的多账户、多渠道、多方式、多功能的支付产品，支持线上下、本他行、境内外、本外币、个企户的行业应用，实现全账户全场景支付。打造简易的支付流程，提供流畅的支付体验，提供友好的界面和便利的业务入口。打造集扫码、闪付、代收、代付、网关、快捷、监督、归集等产品于一体的银行支付品牌，提升赚取中收、获取存款、在线获客、客户交易四大能力。

第二，注重外部合作，构建移动支付生态圈。加强银行间合作，共同做大市场。立足四方模式，加强与银联及其他银行之间的合作共赢，让移动支付产品在更大的银行系支付生态圈中找到立足之地。积极呼吁各家银行团结一致，通过结成利益联盟与支付宝、微信支付等支付机构争夺市场份额。此外，可借助开放银行模式切入各种场景，做大生活圈。联手通信运营商、快消企业、公共事业单位等各类市场主体，拓展手机支付商户，提供全方位的支付业务。围绕客户的"吃、住、行、购、娱"创新和拓展移动支付服务；紧扣居民日常生活中的水、电、煤、暖、物业、有线电视、通信等各类缴费需求，以一站式服务为目标，支持多样化的缴费方式；将信贷产品嵌入到应用场景中，方便客户随时随地享受便利、一站式金融服务；成为用户的生活助手，全方位地为客户提供其他便捷的非金融服务。积极与互联网平台合作，共创金融新生态。与电商平台、社交平台、搜索平台等互联网平台企业深度合作，连接赋能，互为平台、互为流量，共同服务平台上的企业和用户，深挖潜力，加强线上跨界联合营销，实现规模效应和乘数效应，促使银行从原来单一化、产品化的服务供给转向多元化、场景化的服务供给，从原来的单一获客模式转向适应生态链、产业链的批量获客方式，构建"场景+金融"的新生态。

第三，以账户为抓手，凸显综合金融优势。大力发展电子账户，迎接无卡时代。大力发展电子账户，以替代实体银行卡，并基于账户的虚拟化，提供移动支付以及其他互联网金融增值服务；发展基于生物识别的身份认证技术，以解决在线身份识别和确认问题，实现网上实时开户；精心设计适用于手机操作的用户界面，方便触控，尽量减少客户在手机上填写数据的操作。打通账户体系，整合内外部数据资源。通过电子账户和场景的应用和创新，打通行内账户体系。在充分整合内部数据以及广泛借鉴外部合作方数据的基础上，构建智能分析应用系统，将复杂的客户数据转化为具有影响力的业务洞察。在大数据基础上将机器学习算法应用于自动化审批、贷后预警和催清收、差别定价等业务场景，实现业务决策更快更准，显著提升了全行风险防控和风险预警能力。开展交叉销售，优化流程架构与体制机制。基于支付账户以及大数据分析开展交叉销售。一方面借助客户画像、产品响应模型等数字化手段，通过短信、APP推送、外呼等方式进行精准营销；另一方面提升数字化营销能力，发现及识别客户的潜在需求，借助线上线下的场景触达客户；此外，通过交叉营销实现或有流失倾向客户的转化，提升客户黏性。前端以客户为中心，整合各项金融业务，在支付账户上按功能提供增值服务，后台通过优化业务流程、组织架构和体制机制，更有效地打造综合金融移动终端。

第四，线上线下结合，充分利用网点资源。打通线上线下支付渠道，打造O2O支付服务体系。利用手机等移动设备实现线上、线下支付场景的无缝对接。完善手机银行线上支付功能，丰富移动线上支付模式，扩大支付业务覆盖范围，建设移动支付网关；同时优化摄像头、NFC、蓝牙等功能模块，与受理终端更好地完成交互，加大线下支付模式应用场景拓展力度，打造完善的手机银行O2O支付服务体系。充分利用网点优势，将线下线上有机结合。借助银行线下网点优势，从线下带动线上，把线下网络和线上网络有机结合起来。在业务拓展方面，以移动端渠道为重点，持续优化手机银行、微信银行功能，同时通过推进网点智能升级，将网点与电子银行、移动金融有机结合，将业务逐步迁移至移动端。在流程审核和风险控制方面，充分借助线下渠道的优势，并借助这种优势提升线上网络竞争力。多渠道收集客户信息，持续优化用户体验。畅通分支行信息反馈渠道，鼓励分支行围绕移动支付及其他增值服务，与客户深度交流，了解最真实的客户需求和建议，了解同业发展动态，并通过强化沟通增进客户黏性。通过手机银行客户之声功能、电话银行工单、舆情监控、APP下载评论、微博、微信等论坛和门户网站的用户评论，收集整理客户反馈；组织内部体验团队进行全面体验，查找问题和差距并及时改进；组织行外志愿者团队，实施"小白"用户测试机制，作为提升用户体验的重要指南。

第五，拥抱新兴技术，以 FinTech 驱动创新。引入新兴技术，完善支付工具。大力引入新兴技术，丰富支付介质、简化支付流程、提升支付安全。密切跟踪、引入并完善声纹、NFC、指纹、图像、虹膜等技术应用，围绕客户需求，在产品设计、支付工具、智能投顾、身份认证等方面，持续优化客户体验；积极推进移动支付与可穿戴设备的结合，拓展支付工具范围；大力发展聚合支付技术，整合支付机构和银联系条码支付，打造超级聚合支付产品；积极响应或推进各项技术，建立跨银行甚至是跨行业技术标准。紧跟前沿金融科技，挖掘新技术的应用价值。深入研究大数据、云计算、区块链、物联网、超声波、VR/AR等最新技术，并将研究成果转化并融入支付及其他各类服务场景中，在增加客户新鲜感、提升客户体验的同时有效降低客户风险；通过探索机器学习、智能应用、智慧洞察，构建决策大脑，为全行提供数据化决策、差异化服务、智能化风控和业务创新驱动力；充分利用互联网思维和金融生态思维，推动平台化、场景化、智能化金融服务和构建多元化的网络金融平台体系。多种形式布局,构建"金融+科技"生态。通过收购、投资、战略合作等多种形式积极布局和借力金融科技创新。尤须加强与互联网企业、垂直平台、金融科技公司等合作,优势互补、相互赋能,通过金融科技优化银行原有的获客模式和服务模式,积极推进数字化转型,提供更加多元化、人性化、高效便捷的支付和其他多种金融服务。

第六,保护账户安全,做可信赖的银行。改造业务系统,打造多维防控体系。进一步完善"安全账户",保护客户资金安全;充分利用新技术为数据获取、数据分析和了解你的客户(KYC)/了解你的客户业务(KYB)等提供新的抓手,改造传统风控模式;持续从银行端、互联网环境和客户三个层面,努力构建完善的移动金融安全保障体系。严格落实监管要求,加强沟通协作。谨记客户的信任和托付,严格落实央行各项要求;主动向人民银行反洗钱监测中心报送可疑交易报告,与各地公安机关密切合作打击治理电信网络新型违法犯罪;加强同业间沟通协作,合作发力,打造安全便捷的支付环境。引导舆论导向,塑造可信赖的支付品牌。持续组织系列宣传活动,通过新闻媒体、服务渠道、微博微信等多渠道广泛开展宣传,普及支付安全知识,培养金融消费者安全支付习惯,引导舆论导向,将银行支付品牌打造成消费者值得信赖的品牌。

第三章

境内外支付账户体系创新发展比较及对境内账户监管的建议

内容摘要： 账户的广义范畴是指服务于法人或个人权益，用于储存、支取和划转的名义户头，而狭义的账户特指银行开立的结算账户。账户通常具有身份识别、资金功能和信息归集等三重属性特征。在相当长的时期内，以银行为代表的传统金融机构看重的是客户价值，而非账户价值，对于金融账户服务更多地被视为是一项基础性服务。而互联网金融则赋予账户功能新的市场价值，逐渐形成了"得账户者得天下"的市场共识。

随着金融与科技融合趋势不断加深，现代支付体系悄然形成。由于支付账户在整个支付体系中具有基础性作用，因此伴随着零售支付的快速发展，账户问题也逐渐成为支付体系研究中的关键问题。其中非银支付账户打破了银行账户垂直体系分割，并与交易场景的不断融合，同时拥有众多的技术和模式上的优势。更为重要的是，就个人消费者实现其支付功能而言，非银支付账户与银行结算账户之间的区别变得越来越小。

非银支付账户则对账户管理体系带来冲击，并且这种冲击不仅仅出现在中国，其他国家同样如此，不仅仅由当下的移动支付创新所带来，以往在支付领域的科技应用同样会带来相似的影响。从支付经济学的视角来看，第三方支付机构的平台竞争性和外部网络效应特征更为明显，也表现出更强的垄断性竞争特征；而从支付基础设施的角度来看，非银支付账户则可弥补个人账户建设方面的缺陷。

成熟市场国家对在银行账户的管理主要集中在银行账户的分类与开立、远程开立账户以及账户日常管理等方面，总体而言具有一定的共性；但在非银支付账户管理方便，则美国与欧盟存在较大的差异。新兴市场国家（地区）在支付账户管理方面的最新实践也较为丰富，例如发展中国家普遍对移动支付账户有着差异化的监管，此外，印度设立的支付银行以及香港地区建设的快速支付系统也比较有代表性。

伴随着我国支付体系的建设及支付监管机制完善，相关金融法治框架下的账户管理职责也逐步清晰，以法律法规和信息系统建设为依托构建了账户实名制体系，完善了单位银行结算账户分类管理体系，并逐步推进个人银行结算账户分类管理模式，落实个人非银支付账户分类管理。不过由于非银支付账户逐渐与银行账户相脱离，并成为与之功能相似的独立账户体系，这使得对非银支付账户管理方面的问题凸显。

为适应支付科技带来的监管挑战，账户管理方面应破除银行结算账户与非银支付账户的界限划分，对二者统一监管要求；对于涉及其他金融业务的非银支付账户，应按照实质重于形式的原则，加强功能监管和行为监管；同时加强非银支付账户与银行结算账户之间的互联互通，强化系统间的互操作性，构建国家快速支付体系。

第一节 从账户到账户体系

一 账户的概念：内涵与外延

账户涉及各个金融、财税、会计乃至社会生活各个领域，账户的范围界定问题至今没有统一的概念。账户的广义范畴是指服务于法人或个人权益，用于储存、支取和划转的名义户头。按账户的性质和功能划分，可以分为会计类账户、金融类账户、公共事业类账户和虚拟账户。而狭义的账户特指银行开立的结算账户，银行账户是法人单位或个人申请办理各种银行业务的户头，包括户名和账号，这是办理各类银行业务的前提和基础。

总体上来看，账户通常具有身份识别、资金功能和信息归集等三重属性特征。

首先，账户最基本的功能属性就是身份的识别，任何一个账户需要与账户权益人相对应，这种"物权属性"是账户概念的核心基础，具有"物权"所要求的唯一性和排他性特征，账户持有人也由此应对账户资金及其流向负责。正因为账户与账户持有人的物权归属关系，账户的身份识别与验证就是账户的基础性问题。如在银行卡时代，卡号是账户身份识别的基本方式，早期是靠人工手动输入长码位卡号（通常为16—19位），后期又创新出OCR技术进行快速卡号识别。手机支付账号是将用户手机SIM卡与用户本人的银行卡账号建立一种对应关系，而在生物识别阶段，账户的身份识别是依靠人类自身独特的生物性，如指纹、虹膜、声纹、人脸等各种生物特征。

其次，正是由于账户具有天然的"物权属性"，为每个个体财富的归集之所，因而，部分账户又被赋予了资金功能属性。在账户具有资金转账，存取乃至信用等基本功能下，账户就成了支付业务的起点和终点。在这个意义上，货币仅是财富转移的工具，支付仅是财富转移的过程，而完成转移的标志和终点则是账户间财富关系的最终确认。

由于人类财富的数字化，账户在承担基本的身份信息确认之外，还逐渐累积了大量的财务与交易信息，并具有了信息归集属性。随着数字化金融时代的到来，账户所承载的信息量不断扩大，账户的信息汇集范畴已经不再局限于账户持有人的身份特征，而将其社会关系、行为习惯、地理位置、活动轨迹、交易特征等各种数据信息予以集合，如果将账户视作经济活动的微观细胞，那么对大量账户的集合统计，就可以反映整个社会的宏观经济运行状况与发展趋势。

二 银行机构账户及其类型划分

根据巴塞尔委员会 2004 年发布的《新资本协议》，依据银行的表内外资产性质，将账户分为银行账户和交易账户资产两大类。其中，交易账户记录的是银行为交易目的或规避交易账户其他项目的风险而持有的可以自由交易的金融工具和商品头寸。记入交易账户的头寸必须在交易方面不受任何条款限制，或者能够完全规避自身风险。而且，银行应当对交易账户头寸经常进行准确估值，并积极管理该项投资组合。为交易目的而持有的头寸是指，在短期内有目的地持有以便转手出售、从实际或预期的短期价格波动中获利或者锁定套利（lock in arbitrage profits）的头寸，如自营头寸、代客买卖头寸和做市交易（market making）形成的头寸。记入交易账户的头寸应当满足以下基本要求：一是具有经高级管理层批准的书面的头寸/金融工具和投资组合的交易策略（包括持有期限）；二是具有明确的头寸管理政策和程序；三是具有明确的监控头寸与银行交易策略是否一致的政策和程序，包括监控交易规模和交易账户的头寸余额。是否具有交易目的在交易之初就已确定,此后一般不能随意更改。与交易账户相对应,银行的其他业务归入银行账户,最典型的是存贷款业务。

而根据我国《银行账户管理办法》和《人民币银行结算账户管理办法》的规定,银行结算账户是指银行为存款人开立的办理资金收付结算的人民币活期存款账户。银行结算账户按存款人不同,可分为单位银行结算账户和个人银行结算账户,除银行结算账户外,还有个人储蓄存款账户及外汇账户。其中,单位银行账户是指存款人以单位名称开立的银行结算账户,按账户资金的使用目的与用途,分为基本存款账户、一般存款账户、专用存款账户和临时存款账户以及其他特殊人民币结算账户。个人银行结算账户是以自然人名称开立的可办理支付结算的银行结算账户,用于办理个人转账收付和现金存取。银行机构根据实名制开户原则、一个基本账户原则、自愿选择原则和存款保密原则进行账户开立和管理。

表3—1　　　　　　　　银行结算账户类别明细

人民币结算账户	单位银行结算账户	基本存款账户
		一般存款账户
		临时存款账户
		专用存款账户
	个人银行结算账户 (办理资金收付及结算)	
个人非结算账户	个人储蓄存款账户 (仅办理存取,不进行结算)	个人活期储蓄账户
		个人定期储蓄账户
		个人通知存款账户
		个人外币存款账户

续表

外汇账户	经常项目外汇账户	境内机构经常项目项下收入与支出账户
		驻华机构办公经费账户
		来华人员外汇账户
	资本项目外汇账户	外债汇入与偿付账户
		股票收入类账户
		外商投资类账户
		境内机构资产存量变现账户
		其他资本项目项下账户

从上述银行机构账户划分的类型定义可以看出，我国《银行账户管理办法》和《人民币银行结算账户管理办法》所针对的银行结算账户属于巴塞尔委员会中的银行账户范畴，本书所研究的也主要是以银行结算账户为主，不涉及巴塞尔委员会的银行交易账户。对于银行结算账户（后文也可简称为银行账户）集中反映出明显的账户身份属性、资金属性及信息归集属性。首先，银行账户也可称为银行户口，一方面将所有属于同一个客户的信息号进行归总至唯一的银行户口号，形成"一个账户、一个介质、一个密码、一个对账单"，这样既将同一个客户的所有资金信息进行归总，又是明确区分各个客户间的资金信息，这个过程本质上就是一个账户身份的确认与区分。其次，账户又附加了银行系统对客户信息的记录，包括基本信息、账户信息、综合评价信息、产品信息、渠道信息、客户关系管理信息等。最后，账户最重要的就是资金功能属性，即办理存款、取款和转账结算以及结售汇业务，同时为纳税、现金管理、反洗钱和经济监管提供支持。长期以来，银行体系是支付结算的主渠道，而对于个人来说，个人账户基本上就等同于其自身的个人银行结算账户。

三 传统金融模式下的账户价值分析

对于任何规模的银行机构而言,"知道你的客户"(Know Your Client,KYC)都是一项基础性要求,因为其涉及信贷、风控、中间业务乃至反洗钱等合规管理各业务条线。现如今,银行都成立客户服务部,用于维护能给银行带来长期业务、稳定利润来源的客户。相比较客户价值,账户价值并不为银行等金融机构所看重,虽然在业绩考核指标上,也会制定诸如新增开户数等相关指标要求,但实际上,长久以来,银行等金融机构长期以来奉行的是"客户营销"理念,账户价值是依附于客户价值而存在的。

究其原因,第一,因为银行并不是通过账户体系来发掘和维系客户资源的,而是以"二八原则"为营销原则,主要针对大中型对公客户和极少数高净值客户。这些客户资源在数量上较为有限,也无须较大的搜索成本,这样的账户信息资源并非银行主营业务及利润的来源,账户更多体现的是相关业务开展的基础性工具。

第二,银行的客户管理体制因素,纵使大量中小客户账户在资金总额上并不少于少数大型客户,但是传统的客户管理机制并不能有效应对所有客户的各项需求,为此,银行往往采取客户分类原则,而非账户分类原则。对于高净值客户制定相应的产品和服务,满足其个性化、定制化及便利性需求,而对于中小客户,则采取标准化产品和服务,在保证资金安全和监管规定的前提下,满足其一般性需求,从这一点来说,并不能完全说互联网金融机构抢夺了银行的客户资源,而是银行并没有将中小客户作为它们优先维系的客户群体。

第三,从银行同业竞争角度出发,银行等传统金融机构存在明显的同质化竞争,此前传统地对中小客户的拓展仅仅是追求物理网点的扩张,以缩短客户的物理性距离作为获客的主要路径,账户资源的增长是验证获客渠道成效的结果,而不是从如何有效分析账户信息和增加活跃账户的角度进行客户资源的拓展。

第四,银行对账户的管理往往存在强烈的业务分割特征,就是账户的开立与使用是独立的,权利是属于开户机构,甚至同一个银行内部,账户的管理归属都有明确的划分,这使得单一客户做不同的业务要对应不同的账户,在不同的金融机构要开立各家单独开立的账户,账户之间存在明显的隔离性特征,尤其是涉及某些具有行政性资金关系的专项服务,更加强化了这种独立分割的账户管理特征,如我国公积金服务通常由建行服务,那就需要到建设银行的分支银行开立公积金账户,同样,以北京为例,缴纳交通罚款则需办理工商银行账户,医保卡则需办理北京银行账户,公交一卡通和美国大使馆签证由中信银行管理,甚至此前要是想在网上预订2008年北京奥运会门票以及2010年上海世博会门票还要分别持有一个中国银行和交通银行的账户,此前一段时期各种考试报名缴纳费用也需要通过指定的银行账户办理。正是由于与某种强制性或是相对刚性的资金支付需求相绑定,使金融机构对账户开立的增长路径并不需要依靠提升服务质量获得,同时也使银行对账户的管理,逐渐被演绎成对账户持有人的管理,而非服务与被服务的关系,也使得账户持有人使用体验较差。

第五,金融科技及互联网商业模式的发展,促使账户市场价值得到了进一步的挖掘。此前,虽然零售市场存在大量的交易数据,但其价值密度极低,少量价值数据藏匿在庞大的交易数据之中,有如沙里淘金,传统的数据处理能力无论在数据存储容量,还是数据分析效率上都难以达到盈利化的标准,因此往往忽略账户间的交易数据,这种成本收益下的考量在当时的技术背景下也是合理的选择。

第六,是监管政策环境所致,此前居民个人账户的开立并无数量上的限制，一个居民个体可以在各家银行以及同一家银行内的各分支机构开立大量账户，这样就造成大量低效、无用的账户资源，而且由于账户的开立无须实名登记，账户的集合信息特征不强，数据价值不够充足。因此，账户资源的管理价值甚至低于管理成本，银行的账户管理行为变成了具有公共性质的产品供给，承担了大量公共资源的损耗。

正因为上述因素影响，在相当长的时期内，以银行为代表的传统金融机构看重的是客户价值，而非账户价值，账户资源与客户资源并不是紧密绑定的，相反，对于金融账户服务更多地被视为是一项基础性服务，账户经营特征更加倾向于"普惠性"而非"营利性"，加之在强力推行账户实名制之前，账户开立管理相对宽松，多开账户以及批量开户造成大量睡眠卡、死卡等"僵尸账户"存在，价值账户的市场密度较低，反而出现过度占用金融资源等问题。因此，银行机构往往采取收取年费和小额账户管理费的方式压制账户数量，如一些银行针对日均余额低于一定数额的账户收取小额账户管理费，收费标准通常为每季度3元，1年12元，加之通常的10元/年的年费标准，每个账户要被银行收取22元/年，[①] 而若是银行认定的贵宾客户或单位工资代发客户等价值客户，即可以采取账户管理费和年费减免的政策，这也从侧面看出，银行对账户的管理隶属于客户管理，账户价值从属于客户价值。

四 互联网金融赋予账户功能新的市场价值

而在互联网时代，技术的发展与商业模式的创新，使得账户的

[①] 根据发改委和银监会发布的《关于印发商业银行服务政府指导价政府定价目录的通知》，"对于银行客户账户中（不含信用卡）没有享受免收账户管理费（含小额账户管理费）和年费的，商业银行应根据客户申请，为其提供一个免收账户管理费（含小额账户管理费）和年费的账户（不含信用卡、贵宾账户）"。这就意味着，上述两项费用可以实现"双免"，但前提是银行客户需要主动申请，且每一家银行只能提供一个"双免"账户。

三大功能属性得到了进一步的发挥，账户价值由从属于客户价值的附属地位，转变为一切金融服务的入口和载体，客户价值反而被账户价值所关联和承载，逐渐形成了"得账户者得天下"的市场共识。在金融科技创新与互联网金融模式下，金融账户被赋予新的市场价值，市场重要性不断提升，具体表现在以下几个方面：

首先，随着账户实名制和账户分类制度的实施，如人民银行要求一个人在一家银行只能开立一个Ⅰ类账户，这样使大量低效账户问题得到了有效解决，账户与账户持有人的对应联系也逐渐确立起来。由于账户的物权属性及身份识别的功能在监管机构的强力贯彻得到了彻底的明确，这就使得在账户实名制的背景环境下，账户与账户权益持有人是紧密绑定在一起的，从而拥有账户资源意味着拥有其背后所代表的客户资源，由此，账户不再是客户的附属品，而是客户资源的基础载体，是一切客户营销的基础。金融机构间对客户资源的竞争，转变为对账户资源的争夺。当然，由于账户权益持有人与账户仍然存在一对多的对应关系，这种账户需要是活跃账户，才真正具有市场意义，但不管怎样，正是由于账户背后的身份属性赋予了账户资源的市场意义，无论在支付领域还是在金融市场上，作为流量资源的代表，账户本身就是一种金融资源，也正是账户价值的再发现，围绕账户的身份识别属性，引发出了诸多实际的金融热点话题与监管政策的关注领域，如账户的生物识别与远程开户问题，账户买卖与虚假账户开立的问题，商业银行开立Ⅱ、Ⅲ类账户的跨行Ⅰ类账户绑定核验问题，乃至近期流行讨论的开放银行等问题，本书将在后续章节中展开讨论。

其次，账户作为财富转移的起点和终点，与货币一起共同组成了财富转移的全过程，因此，越深入研究账户，越离不开对货币理论的关注。在现金社会时代，账户更多地作为财富的归集之所，更多执行的是财富登记与清点确认的功能，而由货币（无论是金属货币还是纸质信用货币）执行支付交易与财富转移功能，因此，一笔资金可以从 A 账户取出，在经历数次交易以及若干时间段之后方进入 B 账户，以现金形式存在的货币执行了支付手段与财富贮藏的功能。然而，在非现金社会，货币的电子化使得交易无须以现金的形式支取，而是直接通过在 A 账户贷记，在 B 账户借记的形式完成了账户间的财富转移。这样，账户的功能由此前单纯的财富归集（资金存取）与记账对账功能转变出包括支付、转账、投资等各种金融功能，代表着一起客户金融活动的入口，并由此促使了账户功能的综合化，就是打破个人在不同机构、不同功能类型金融账户的隔离状态，逐渐形成个人账户的网络化管理体系，实现账户的金融功能综合化，或者说是一种"超级账户"的雏形就此诞生了。

最后，在互联网金融中，账户信息归集的功能属性，使得拥有大量账户信息的机构即意味着拥有价值数据资源，这种资源价值在互联网金融时代得到了充分的认可及进一步的深度挖掘。从本质上讲，互联网金融就是基于大数据的金融，由于账户关联了大量交易数据，是天然的数据集中、整合、挖掘和共享的产业领域，互联网金融企业可以依托大数据、人工智能技术的快速发展与商业应用，对于账户数据所反映的客户需求进行深度挖掘，通过存储、传输、处理大量多维度非结构化交易数据，可以快速而精准地刻画出每个账户背后所代表的"客户画像"，分析目标客户群体在支付、信用、投融资等需求规律，从而搜索出潜在的价值客户，由较为明确的金融需求领域逐渐拓展到新增性的金融需求，或把碎片化的金融需求整合成具有市场价值的金融需求。无论是对于新增性金融需求的拓展，还是对于碎片化金融需求的整合，都意味着对于大量此前忽略的金融客户资源的聚合，形成堪比乃至远超此前优先客户的"客户集群"，从而提供更直接便捷的多元化增值服务。这对原有金融机构获客方式与业务营销形成了巨大的冲击。如随着存款保险制度的确立以及利率市场化的快速推进，商业银行主要依靠净息差和净利差的时代将逐渐消逝，未来商业银行主要利润来源将越来越取决于中间业务的开展。然而，互联网金融依托终端设备的便利化以及相关的支付数据分析，在与商业银行进行同类中间业务的产品开发及服务提供方面，将更具成本优势和信息优势，并将对商业银行的中间业务的业务量和利润率造成直接冲击。

五 账户体系及国家账户体系的构建

从一个国家的资金账户体系来看，通常包含三类账户子系统。第一个账户子系统是会计主体的会计账户，且会计账户是一个封闭的循环系统。1494年，意大利数学家卢卡·帕乔利，受威尼斯商人罗比亚西的启发，撰写了《算术、几何、比与比例知识》，提出了系统的"会计学"思想，并在"威尼斯簿记"法的基础上加以改进，提出了"复式记账法"，也由此开启了近代会计制度的发展。而"账户"（Account）是"复式记账法"的重要结构基础，是指根据会计科目设置的、具有一定格式和结构、用以分类反映会计要素增减变动情况及其结果的载体。通过财务报表的编制，会计账户反映了会计主体生产、分配、交换和消费的经济运营效果，同时，会计账户还直接与税收申报相关联，也是国民收入初次分配的账户体现，对会计账户的管理依据是《会计法》以及财政部制定的会计制度，会计账户由财政部门直接监督管理。与会计科目不同，会计账户可以根据经营特征及经营主体的具体需要，进行相应的设置，其账户分类形式相对灵活。如按经济内容划分，可以将账户分为资产类账户、负债类账户、所有者权益类账户、成本类账户和损益类账户。具体的会计账户明细见表3—2和表3—3。

表 3—2　　　　　　　　按经济内容划分的账户明细

分类标准	一类账户	二类账户	账户例证
按经济内容划分	资产类账户	流动性资产账户	库存现金、应收账款
		非流动性资产账户	固定资产、累计折旧
	负债类账户	流动性负债账户	短期借款、应付票据
		非流动性负债账户	长期借款、应付债券
	所有者权益账户	所有者原始投资账户	实收资本、资本公积
		经营累积账户	盈余公积、利润分配
	成本类账户	直接计入类成本账户	基本生产成本、辅助生产成本
		分配计入类成本账户	制造费用
	损益类账户	营业损益类账户	主营业务成本、收入
		非营业损益类账户	营业外收入、支出

表 3—3　　　　　　　　按用途和结构划分的账户明细

分类标准	账户名类	账户定义	账户例证
按用途和结构划分	盘存类账户	通过实物盘点进行核算和监督的各种资产类账户	现金、银行存款、原材料、库存商品、固定资产
	结算类账户	核算和监督经济组织间债权债务往来结算关系账户	债权结算账户，如应收账款、应收票据、预付账款；债务结算账户，如应付账款、应付票据、预收账款；债权债务结算账户
	跨期摊配类账户	核算和监督应由若干个会计期间共同负担而又在某个会计期间一次支付费用的账户。	资产类跨期待摊配账户，如长期待摊费用；负债类跨期待摊配账户，如预提费用
	资本类账户	核算和监督经济组织从资本金增加变动情况的账户	实收资本、资本公积、盈余公积

续表

分类标准	账户名类	账户定义	账户例证
按用途和结构划分	调整类账户	用来调节和整理相关账户的账面金额	备抵调整账户 附加调整账户 备抵附加调整账户
	集合分配类账户	归集和分配经济组织经营过程中某个阶段所发生的相关费用的账户	制造费用等
	成本费用类账户	归集经营过程中某阶段所发生的全部费用，计算和确定出各个对象成本的账户	生产成本、物资采购、在建工程等
	集合配比类账户	核算和监督经营过程中发生的损益，并借以在期末计算和确定其财务成果的账户	主营业务收入、其他业务收入、营业外收入等
	财务成果类账户	核算和监督经济组织在一定时期内财务成果形成，并确定最终成果的账户	本年利润

第二个账户子系统包括金融类账户系统和公共事业类账户系统，共同发挥着资金的储存、支取和划转功能，而网络虚拟账户也属于该账户系统，其发挥特有的网络化中介服务，使前两类账户系统实施更有效率，联系更加紧密，上述账户管理依据是《商业银行法》以及《结算账户管理办法》等，中央人民银行是直接的监督管理机构。

而第三个账户子系统则是财政部门和商业银行在央行开立的预算内（外）账户和存款储备金账户，其主要功能为国民经济宏观调控与宏观审慎管理。上述账户管理依据是《中国人民银行法》，由央行直接负责执行。这三类账户子系统既相互独立，又相互联通，由于上述系统均涉及资金功能，因此又与支付系统相互关联，互为影响。

第二节 网络经济发展与第三方支付的兴起

一 全球零售支付的创新发展

（一）金融科技驱动下现代支付体系的创新

随着网络信息技术的发展，金融与科技融合趋势不断加深，现代支付体系已经悄然形成，具体表现在以下几个特征：

第一，支付服务产业实现与银行业的分离，原本自支付指令的发起、传递到资金实际结算都属银行业的产业链条，均在银行体系内部予以完成，但由于银行支付系统未能充分考虑与电子商务交易系统的深度融合，在线上支付方面未能充分满足客户，尤其是个人客户的支付需求，从而导致银行体系的电子支付系统被更具有服务意识的第三方电子支付系统替代，金融行业原本就是以金融中介服务为产业发展的出发点，但讽刺的是，在支付领域，银行也确实遇到了一个"被中介化"的过程。

第二，支付工具呈现多样化，支付服务的场景个性化突出，现代化的支付手段和支付系统打破了交易的时空限制，技术创新带来网络支付、移动支付不断冲击原有的支付工具格局，不仅现金支付与非现金支付的比重发生重大变化，在非现金支付内部，网络与移动支付与银行卡支付的主导关系也在发生变化。

第三，支付体系引入更多的信用和技术因素，造成支付体系内部的风险来源更加复杂和多变。首先，存在于支付清算系统中的多边清算、净额轧差和非实时结算机制，使得债务人的信用风险不易被及时发觉，存在着风险的暴露隐藏与潜在累积效应。其次支付工具的信用嵌入，也使得支付体系面临更大的信用风险、法律风险和欺诈风险。最后是网络支付安全问题，随着支付的技术性越来越深入且更新频繁，网络支付安全的技术性风险和操作性风险问题也变得更加显著。

第四，从支付经济学的视角来看，电子支付的发展使货币供给越来越呈现内生性：电子货币的发行，使经济中以预付机制为特征的信用得以扩张。一旦电子货币的使用成为占主导地位的日常支付工具，其对货币供给及货币政策的影响则无法被忽视。

第五，由于跨国公司的发展和企业跨境兼并，跨境贸易及人员、资本、技术的跨境流动等跨境金融需求存在，现代支付体系以互联网和支付系统专网为依托的金融交易、清算、结算网络为金融全球化提供了必要的物质技术基础，也模糊了国（边）境界限的物理意义。如在支付系统基础设施方面，多币种持续结算银行系统（CLS）、环球银行金融电信协会系统SWIFT、银行卡跨境支付系统、欧盟运行的TARGET系统等均为跨境支付服务领域重要系统。

以美国为例，电子资金转账分为批发转账系统和零售转账系统。在批发转账系统中，美国国内大额（批发）银行间支付主要通过联邦电子转账系统（Fedwire）与美国国家结算服务（National Settlement Service，NSS）。其中，Fedwire是一个实时全额结算系统（提供日间透支便利），在商业银行的联储银行准备金账户划拨资金，由联邦储备体系拥有并运营，NSS是一种私营部门清算网络机制（处理纸质支票、自动清算所支付、ATM和借记卡与信用卡），为在联储银行开立准备金账户的参与行间的日终净额债务提供结算。而在外汇交易和跨境支付方面，美国商业银行主要运用CHIPS系统进行资金转账，CHIPS是由来自22个国家的商业银行组成协会拥有，并由11家主要银行的美国分支机构组成的协会，以清算所的形式进行资金转账与结算。CHIPS采取一种"预付金和双边或多边净额结算相结合"的结算方式，主要通过参与机构在纽约联邦储备银行的存款准备金账户划转。

零售支付系统方面，个人与个人的资金转移体系大致包括三类：非银行中心体系、银行中心体系以及银行卡中心体系。在非银行中心模型中,付款人和收款人可以使用非银行服务,如使用PayPal将资金从付款人账户转移至收款人账户。在银行中心模式中,付款人通过银行直接将资金从付款人账户转移至收款人账户。以卡为中心模型,付款人通过贷记或借记网络来转移支付资金。

美国主要实现个人对个人支付(P2P)由纸质支票向自动化清算所系统清算的电子资金转账转变。传统上,美国家庭主要通过ATM卡、借记卡、直接存款以及直接支付等方式实现电子资金转账服务,此外还存在新兴支付技术,包括电子账单支付和呈递、个人对个人支付、储值(预付)卡以及互联网货币。值得注意的是,无论是ACH/EBPP网络系统还是EFT网络系统传递支付指令,都是提供了对纸质支票而不是纸币的替代物。目前,存在两类个人对个人的转账支付系统,一种是"线上快钱"支付系统,另一种是"线下快钱"支付系统。事实上,这种方法不需要收付款人开立银行账户或者执行注册程序。例如在"线上快钱"支付系统中,个人间交易通过一次性个人身份码(OTP)进行信息确认,而在"线下快钱"支付系统中,个人交易可以通过在ATM机上依靠二维码和公开密钥进行信息确认。这种设计需要对二维码进行确认,因此将处理过程由支付发起者转移到ATM机上。这样的话,就可以解决家庭成员或朋友间因共用银行卡,使得个人PIN码之类的个人身份认证信息的滥用和泄露,而且将会使银行持卡人在紧急时刻不便使用银行卡时,可利用ATM机进行交易。这种方法可以有效整合各种现有银行支付渠道,包括移动银行系统和网上银行系统。同时,使得个人消费者也可以不用开立银行账户,直接使用ATM机就可以享受银行服务;并且提供给个人消费者快速而安全的转账方式;最小化银行卡共用现象;可以最大化利用发展中国家有限的银行基础设施,提供更多的有效银行服务。

(二)需求拉动下零售支付模式的创新

金融产品以及相关产业的出现和发展,从根本上说,还是取决于人们对财产关系的供给与需求。例如，近代欧洲信托、资产估值担保等行业的萌芽就起源于中世纪的十字军东征，如1095年教皇乌尔班二世在法国克莱芒召开公共议会，号召教众"解放耶路撒冷"，并为有效动员十字军东征人员，提出"参加十字军出发以后，其在国内的资产，包括动产、不动产等全部在内，以及其归国以后的保全，由罗马教皇为保证人，在参加者所属教区主教的实际监督下得以保障"；"若为参加十字军筹集经费而必须售卖自身资产，或通过资产担保获得贷款，其资产的合理价值由教皇个人做担保，实际的监督由所属教区的枢机主教和主教负责"。

从某种意义上来说，市场主体对金融或者更具体的支付服务需求，才是支付体系及其制度变迁的原动力。人们往往夸大了新技术对支付体系的革新效应，但事实上，脱离金融需求，新技术本身往往很难成为驱动力。如20世纪末期，电子现金支付服务商曾试图发行大量嵌入式芯片卡（如德国银行机构曾免费发行了5000万张GeldKarten），以数字无记名余额卡支付方式来代替信用卡或借记卡支付，但事实上，人们已经习惯使用，并认可了信用卡及借记卡提供的非现金支付方式。因此，诸如无记名电子货币加密软件的DigiCash公司和CyberCash公司均相继破产。即便是实现成功创业的第三方支付公司PayPal，其利润主要来源点也并非依靠个人对个人的支付，更非其最初设想的团体账单拆分或移动掌上电脑使用者，而是在推广应用中发现在eBay等网络平台上存在大量的个人型的"小微商家"，因为这些"小微商家"虽然数量庞大，但个体均无法承担像Visa或万事达卡这样的卡组织要求其承担的手续费用，因此，PayPal的支付方式正是满足了电子网络交易及"小微商家"的金融需求，才实现了快速而持续的发展。①

---

① ［美］埃里克·杰克逊：《支付战争：互联网金融创世纪》，中信出版社2015年版。

近些年，支付业务作为传统的金融服务开始焕发新的活力，2016年，全球支付业务收入总额为1.2万亿美元，核心支付收入为0.8万亿美元，相当于全球银行业总收入的20%—25%。全球支付交易总额为420万亿美元，是全球GDP的5.5倍左右。在业务结构上，全球非现金交易强劲增长，非现金支付领域创新不断。截至2016年，全球非现金交易量高达4331亿笔，增速创10年来新高，年均增速为6.8%。从业务结构来看，移动支付、电子钱包等账户对账户支付工具发展迅速，预计在2022年前后成为全球规模最大的支付工具。相反，支票和现金交易规模则持续下降。

支付业务的创新发展离不开新技术的运用，特别是互联网技术的突破，这尤其体现在零售支付领域。与零售银行一样，零售支付也需要满足消费者对不间断支付和即时支付的期望，同时确保安全和隐私。

众所周知，包括支付行为在内的消费者的生活方式现在已经与手机息息相关。虽然我们在手机上花费的总时间持续增长，但每一次电话的时长却在缩短。2015年底，谷歌公司估计，每个人平均每次手机通话时长只有70秒，这种通话每天可能会重复数十次。因此，支付领域的创新者必须创造新的方式来帮助人们移动资金，其不仅要迅捷，要基于手机，更重要的是要足够"平滑"，让消费者在各个短暂的日常片段中顺畅地进行商务活动。因此目前，从全球范围来看，零售支付体系的创新最主要集中在移动支付上。

由于手机功能越来越强大，联通性日益增强，整合各项支付功能于手机将带来很多潜在好处。消费者不仅可以用手机完成自动支付，同时也可以利用移动电话的通信与计算功能处理其他事务。此外，移动支付通过推动包括小额交易在内的电子支付的转型，从而大大提高支付系统的效能。移动支付是在手机上建立电子钱包进程中重要的一步，电子钱包的建立有助于进一步的创新，从而为社会带来更多的便宜。

市场上已经涌现了很多提供"即时"付款的智能手机应用。人们可以使用支付应用将资金立即转移给同样使用该应用的其他用户。有些银行也联合开发了快速支付应用程序，从而能利用其既有的存款账户系统。现在的美国人在付钱时已经不需要打开指定的应用程序或去其银行的网站。很多人都会使用 Uber 或 Lyft 支付打车费，而不用专门启动银行的应用程序，也不必再掏出钱包。同样，支付提供商可以使用智能手机信息传递服务的应用程序编程接口（API）来将其支付工具直接集成到社交应用程序中。如今，美国的消费者在和朋友手机聊天时已经可以互发钱款了。[1]

中国在移动支付方面更是走在世界前列。从市场需求角度看，发达国家银行卡和信用卡普及率非常高，移动支付只能提供一些边际上的效率改进；相反在新兴国家，移动支付反而能够有效填补传统金融服务的不足。益普索（Ipsos）调查显示，中国和印度移动支付普及率达到77%和76%，而美国和德国的普及率为48%，日本仅为27%。从基础设施角度看，中国的4G网络已经覆盖了主要乡镇，而国外大多数国家，甚至许多发达国家的移动通信基础建设显著落后于中国。市场需求和基础设施两方面共同作用，使得中国的移动支付得以快速地实现和推广。

此外，在谈到国外移动支付创新时，不能不提的一个例子就是肯尼亚的 M-Pesa。M-Pesa 于 2007 年 3 月由肯尼亚移动运营商 Safaricom 推出，2016 年，已有近二分之一的肯尼亚人使用 M-Pesa，年度交易额超过 5 万亿肯先令，约占肯尼亚年度 GDP 的 80%。M-Pesa 不需要绑定银行卡，手机号就是支付账号。虽然从技术上看，M-Pesa 使用较为落后的短信形式，但这恰恰说明，在发展移动支付方

---

[1] ［美］鲍威尔：《美国支付革命及联储的职责》，《中国金融》2017 年第 11 期，第 11—13 页。

面,想象力以及商业模式创新或许比技术更重要。

除了便利以外,零售支付创新也可以为消费者带来实实在在的利益——创新也可以改善安全性,比如提高对消费者身份识别的能力和检测欺诈交易的能力。移动支付引入了很多校验消费者身份的办法,包括通过短信认证码、生物识别(指纹或面部扫描)、设备识别信息、IP地址检验和地理位置数据等。同样,交易数据的便捷获取以及云计算资源使得我们拥有更智能、更快速的算法程序(如增强型神经网络)来检测与消费者支出模式不符的付款行为,这有助于防止欺诈交易。安全性和便利性是成功的支付创新的关键因素,消费者不会将资金存放在不安全的银行系统中,也不会喜欢虽然安全但支付烦琐的银行系统。

从国际范围来看,得益于银行卡EMV迁移的发展和非接触受理环境的改善,NFC移动支付模式在海外受到包括商业银行在内的产业各方青睐。此外,包括卡组织、商业银行以及其他相关机构也在积极探索新兴支付技术。

其中,Apple Pay是目前海外最普及的移动支付解决方案。Apple Pay是苹果公司在2014年10月推出的移动支付解决方案。其与Visa、万事达、美国运通等卡组织均有合作,可用国家总数达到20个,接入全球4000家信用卡或借记卡发行机构。Apple Pay目前在美国所有零售场所所占比例超过50%,其中包括美国前100家零售商中的67家。

除Apple Pay外,卡组织、商业银行、移动运营商、电子批发商和其他支付公司也都在通过竞争和结盟的方式积极获取市场份额。

其中,对于卡组织和商业银行来说,一是基于NFC技术推进移动支付创新。例如,Visa推出集成Pay Wave的HCE支付解决方案;万事达在移动钱包MasterPass中加入Token技术;西班牙CaixaBank推出基于HCE的移动支付服务CaixaBank Pay。二是探索其他支付技术。例如，万事达测试了指纹和人脸识别技术；JCB 测试掌纹静脉无卡支付应用；巴克莱银行推出类异形卡移动支付产品 bPay 并联合时尚零售连锁店发布可穿戴支付配件。三是采取外包形式为客户提供移动金融服务。例如，英国移动金融服务提供商 Monitise 公司通过其企业平台，为巴克莱银行、苏格兰皇家银行、汇丰集团等机构的最终用户提供移动金融服务。四是尝试多种推广形式。例如，葡萄牙的网络银行 ActivoBank 与电信运营商合作，在银行网页和实体网点销售具有移动支付功能的手机。

而在其他机构方面，PayPal 为具备与其他电商平台洽谈合作的更大灵活度，于 2015 年 7 月脱离 eBay 独立上市，并陆续测试 NFC、HCE、二维码和蓝牙等多种支付服务。2011 年，谷歌发布"Google Wallet"计划，为智能手机用户 NFC 支付构建一个完全开放式的移动支付平台。2016 年，谷歌推出新移动支付功能，支持刷脸验证。Twitter、Facebook、Snapchat 等社交网络和通信工具也加快了在移动支付市场上的拓展力度。

最后，政府在各国移动支付发展过程中也发挥着重要的作用。这种作用主要体现在如下两个方面：一是制定电子支付方面的法律规范。比较有代表性的是美国的《电子资金划拨法》《统一电子交易法》以及欧盟的《欧洲电子商务提案》和英国的《2002 电子商务规则》等。二是由政府主导推进产业链整合。例如，在法国政府的大力主导下，由移动运营商、银行、运输运营商和零售行业、手机制造商、支付解决方案供应商共同参与"尼斯—移动非接触式城市"项目，有效地实现了产业链的整合。

二 非银机构在支付账户上的创新实践

（一）账户问题在支付体系研究中的关键意义

在社会经济活动中，市场交易是最基本的经济行为，而当前大部分的市场交易都要以资金在交易主体的账户间的转移作为交易完成的重要标志与前提条件，完成整个交易流程的专门处理机制就是支付体系。现代支付体系下，由支付机构、支付账户、支付工具、支付基础设施以及支付监管共同组成，各组成部分相互联系、相互影响，也是相辅相成，不可分割。除去实施主体（支付机构）和监管主体（支付监管）暂且不谈，传统意义上讲，支付功能的实现——完全实现资金的转移——需要涉及支付账户、支付工具、支付基础设施三个部分：这其中，账户是支付体系的基础，是市场交易主体进行一切资金管理活动的基础，也是记录社会资金运动的重要轨迹，在市场交易活动中起着至关重要的作用，需要被转移的资金只能存放于某个账户之中，而在转移之后也必然要进入到新的账户中；支付基础设施（清算结算系统）是联通各个账户的"管道"，资金正是通过这些"管道"才真正实现了最终的转移；而支付工具则是扮演着信息传递者的角色，无论是支票、卡片或其他支付工具，实际上都是为了构成一套通信系统，为账户管理者或支付基础设施发出转移资金的信号。可以说，正是账户一头连接支付工具，一头连接支付基础设施，从而将整个支付体系合为一个整体。

我们也可以从另一个角度来看，那就是将支付和清算结算拆开来看。在资金转移的过程中，存在着"支付"与"清算结算"两个阶段，支付业务可以看作是资金转移的前端，主要体现交易主体使用各种交易主体所认可的支付工具进行货币所有权转移的过程，而清算结算业务则可以看作是资金转移的后端，可以看作是各交易主体在银行等金融机构账户间的资金结算调拨实现的清偿过程。或者简单说，支付过程是传达付款人的支付指令，是一种信息流的传递，清算结算过程是资金流通的渠道，是一种资金流的传递。而在这两个过程中，账户则是作为承载信息流和资金流的实体。

综上所述，支付账户在整个支付体系中具有基础性作用，然而近些年，在讨论支付领域热点问题时，人们却更多关注的是支付工具的创新、支付系统（也称支付基础设施）的发展、支付机构业务的消长乃至支付监管政策的趋势，支付账户的基础性作用却遭到了一定程度的"忽视"。究其原因，则主要在于近些年所谓的"支付科技"更多体现为科技在支付工具方面的应用，而一些市场乱象则主要涉及的是支付业务和清算业务的混合，因此就事论事来看，则很难将注意力放在中间的账户上。然而当我们对整个支付体系进行剖析后，便不难发现，任何支付功能的实现必然是以账户体系为基础，而任何支付领域的问题或乱象也必然集中于账户管理体系之中。

（二）非银（第三方）支付账户的创新与演进路径

非银支付账户（或称第三方支付账户）就是客户在非银支付机构开设的存储和支取资金的户头。从监管的牌照管理体系来说，非银支付机构应是未持有银行牌照，不开展传统银行业存、贷、汇等主营业务，但后续经监管机构许可持有支付牌照，可提供相关支付服务的相关企业机构。非银支付账户总体上可以分为两类：一类是平台类账户，如支付宝、财付通及其他平台类账户，这类账户的特点是账户本身并非服务内容，而只是服务的入口和载体，也不会因服务内容的增加或减少影响账户的存在。另一类账户是行业垂直应用型账户。如专注行业解决方案的汇付天下和快钱。这类账户在行业需求环境中产生，具有较强的功能性，可以解决支付中面临的许多问题，其账户面临的生命周期具有不确定性，在服务上也无法采用多维度去维系用户。①

对非银支付账户的演进路径分析应参照互联网账户的发展脉络

---

① 马梅、朱晓明、周金黄、季家友、陈宇：《支付革命：互联网时代的第三方支付》，中信出版社2014年版。

进行梳理。第一阶段,随着互联网经济的快速发展,非银支付账户最初是以互联网身份账户的形式出现,如游戏登录账户或社交账户,但这种账户仅为在互联网上的身份识别功能,而且这种身份识别本质上也是虚拟的,并未与账户持有人实现真正的身份绑定,此时互联网身份账户并不具备资金功能,互联网身份账户与网络资金往来不存在交互关系。

第二阶段,互联网平台在拥有大量身份账户基础上,开始对账户赋予某种资金和支付功能,这时网络身份账户逐渐发展为"网币账户",所谓网币账户,是指对属于其控制的网络账户自行分配网络货币,可在其互联网平台内或账户持有人之间进行交易,但与银行账户体系无往来,该阶段可以视作互联网账户"资金化"或"货币化"的初级阶段,如游戏网络平台发行的点卡以及腾讯发行的Q币等。

第三阶段,以大型电商、支付平台渠道服务商、网上资金供应商为代表的非银机构,开始引导客户在其网站注册时设置的一个网络支付账户,并与有关银行账户绑定互通,但需设置密码才可支付,这样就实现了网络支付账户与银行结算账户相关联。客户充值网络支付账户后,可用转回功能将网络支付账户内资金余额转回持有人已在网上银行绑定的银行活期存款账户,这样就实现了客户资金在网络支付账户与银行结算账户之间的"双向流动"。这种网络支付账户,实质上是一个虚拟账户,但其具有集中收付功能、充值功能和担保功能。这个阶段,银行账户体系的垄断地位被打破,大量的个人资金从既有的银行账户向非银支付账户"搬家",开始形成拥有庞大资金规模的个人支付"备付金",个人可通过非银支付账户发送支付指令,支付途径既可以通过个人在非银机构的备付金进行划转,也可以由非银支付机构通过与各商业银行的"直连"网络,实现资金的快速划转,由于网络效应的存在,若资金划转交易双方均为非银机构的注册用户,且非银机构与商业银行的"直连"

体系足够完备的情况下，非银机构实际上，已经具备了交易用户间债权债务关系的转接清算功能，形成小规模的跨行结算体系。

第四阶段，非银机构账户在实现支付功能的基础上，以账户作为用户流量资源的入口，将支付账户关联至投资、理财、消费信贷等多元化资金功能，从网络支付服务向网络综合性的金融服务转变。

三　第三方支付的发展及其账户的运行优势

（一）第三方支付快速发展

值得注意的是，从全世界范围来看，站在这波支付创新浪潮之巅的都非银行、卡组织或移动运营商，而是第三方支付机构。通俗地说，所谓第三方支付就是在企业和银行之间建立一个中立的支付平台，为资金流转提供流通的渠道，提供这些服务的企业就是第三方支付机构，而提供服务的平台就是第三方支付平台（见图3—1）。

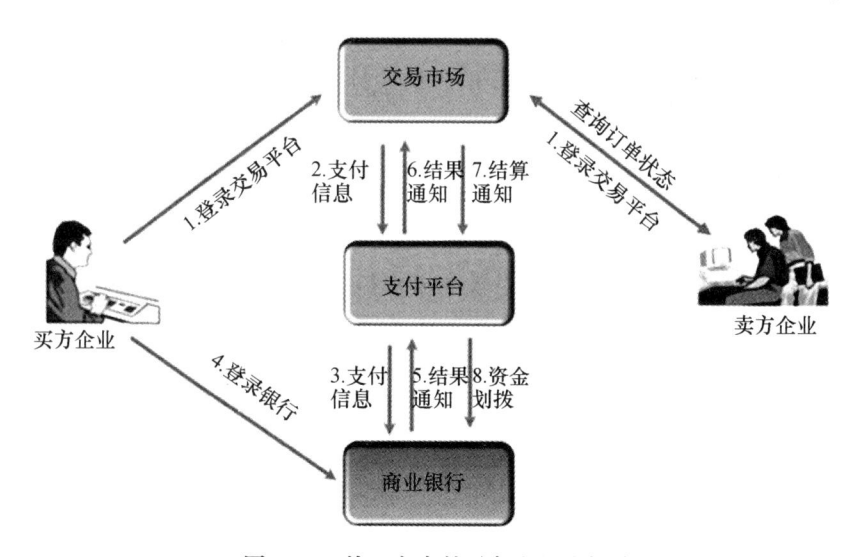

图3—1　第三方支付平台流程示意图

资料来源：杨涛、程炼、李鑫、楼国强：《互联网时代的银行卡产业变革》，经济管理出版社2016年版。

从支付模式来说，与互联网相关的支付手段创新，主要包括

PC 互联网支付和移动互联网支付。当然在现实中,银行和非银行金融机构都是其重要推动者,但是由于非银行的第三方支付组织拥有相对更灵活的创新机制和动力,并且走在了许多新型电子支付工具创新的前列,也带来了以支付为载体的其他金融服务功能整合。

由于第三方支付平台可以对交易双方的交易进行详细记录,第三方支付利用其交易市场建立的用户数据,可以用支付的方式来收集各行业数据。除了一般的网上购物,还扩展到福利管理、差旅管理、资金归集等现金管理业务,以及代扣保险费、"保理"、垫付式"流水贷"等金融业务。另外,第三方支付利用其数据资源,通过与其他行业进行合作开发终端、入股其他行业等,深度接入行业,更可能加深行业合作,为其提供定制化行业解决方案。而在移动支付方面,各种技术呼之欲出,更是朝着便捷化、多元化的方向不断发展。以美国最大的支付公司 PayPal 为例,其坚定地支持 BLE 技术,并发布了利用 BLE 技术的移动支付硬件设备 PayPal Beacon。与其他产品不同,PayPal Beacon 连接到互联网,顾客支付全程不需要掏出手机,即使信号很差或没有信号也可完成支付。

表 3—4　各国最具创新性的第三方支付机构或支付科技机构

国家或地区	公司	成立时间	公司简介	公司信条
中国大陆	蚂蚁金服	2004 年	蚂蚁金服被认为是第三方支付领域的全球领导者,最初以"支付宝"在支付世界占据主导地位。其聚焦于利用开放资源生态系统,为小型企业和个人提供金融服务。其目前负责一个支付帝国,并经营多种业务,包括支付宝、蚂蚁财富、芝麻信用、MYbank 以及蚂蚁金融云等。其营运范围涵盖支付、财富管理、独立信用评分和报告、私人银行业务以及云计算服务。	为世界带来微小而美好的改变

续表

国家或地区	公司	成立时间	公司简介	公司信条
中国台湾	TapPay	2015年	TapPay目前与台湾十家主要银行合作，以改善客户处理线上支付的体验。这个软件为开发者提供随插即用的API，可将其整合到可定制化的网页中，并利用欺诈检测工具减少欺诈行为。TapPay目前每月处理数百万笔交易。	我们的使命是改善支付卡结账流程，向全世界展示一个无现金的未来
印度	KredX	2015年	KredX是一个双边市场，连接希望轻易取得运营资金的中小企业，和寻求高于平均收益水平的短期投资人。它的线上票据贴现平台让企业能够以折扣价，对包括高净值人群、家族办公室、基金和银行在内的投资人出售尚未支付的票据。	连接企业与投资人
韩国	Viva Republica	2013年	Viva Republica Co Ltd.开发的社交网络应用程序。被称为"Toss"的主要移动应用程序通过P2P模式提供转账及支付服务，直接服务消费者和商家。在Toss推出之前，为了转账10美元，使用者必须输入五组密码及大约37个点击；有了Toss之后，使用者只需要一个密码和三个步骤，就可以转账达50万韩元。	最简便的汇款
土耳其	Iyzico	2013年	Iyzico于2013年在伊斯坦布尔创立，为线上公司提供安全的支付管理系统。让本地小企业能够整合支付分期付款、忠诚度功能和透明的结算流程。	扩展您的业务——开始在土耳其销售
美国	Square	2009年	Square支持各种商业业务——从人们口袋中的名册到笔记本电脑上的报告。该技术将企业网点和其他经营元素（例如库存管理和融资选择）进行完整的整合。包括两种产品：一种是可以轻易进行金钱交易的Square Cash，另一种是预订及领取食物和饮料的Square Order。	卡片支付简单容易

续表

国家或地区	公司	成立时间	公司简介	公司信条
美国	Stripe	2013 年	Stripe 提供一种线上和移动 APP 收款方式，利用本地和国际银行卡使用银行账户。它采用友善的方式，每年处理数十亿美元，服务数以千计不同规模的公司。Stripe 聚焦于协助开发人员、制造人员和创作人员。透过促进没有纠纷的交易，Stripe 解决了代码和设计造成的问题，而不是金融问题。应用程序编程介绍简单、清楚，可让使用者专注于构建优良的产品。	线上支付的新标准
英国	Revolut	2015 年	Revolut 提供全球性的金钱应用程序，以最佳汇率进行零佣金操作，鼓励全球使用者支付。为了提高公品性和金融自由度，Revolut 也强调必须提供良好的使用者体验。这个应用程序在 3 个月内就有 47000 个活跃使用者，平均每天有 130 万美元的交易。	您的数字银行业务替代方案
英国	Pockit	2014 年	Pockit 的目标客户是那些在个人状况或财务状况发生变化后，被原有金融机构排除在外的客户。客户可以在几分钟内成功申请一个线上账户，并获得非接触式万事达卡和资金管理应用程序。该公司目前为 20 万客户提供服务。	不提供不合理的银行服务
法国	Lydia	2013 年	Lydia 是一个消费者支付系统，让用户可通过网络平台相互进行支付。其最初的目标市场是大学校园，但后来已转移到零售连锁店和电子商务平台。	您的所有支付需求，只需一个应用程序
法国	PayFit	2016 年	PayFit 为人力和薪资部门提供数字化服务，让雇主能管理一系列行政任务，例如工资单、社会福利报表、休假和员工福利。	发薪从未如此简单

续表

国家或地区	公司	成立时间	公司简介	公司信条
意大利	Satispay	2013 年	Satispay 总部位于意大利，是一家移动支付公司，以不同于传统支票及信用卡的点对点支付方式，帮助个人对商家支付。使用者可在实体及线上商店进行支付。	在转移资金时，做聪明的选择
荷兰	Adyen	2006 年	Adyen 是支付产业的创新者，为超过 3500 名客户提供先进的解决方案。这个平台可简化全球支付交易、提升客户体验、改进流程并最终提高业务绩效。移动和网点渠道可提供超过 187 种交易货币和 250 种支付方式。	无论何地，支付不受限
瑞典	Klarna	2005 年	Klarna 是欧洲电子商务支付服务的主要供应商，将付款人与买家区分开。这样可以让买家在收到预先订购的商品时或收到后支付，借以创造更安全的交货后付款解决方案。Klarna 在吸收网络商店所有信用和欺诈风险方面特别有效，保证卖家可以安全收到交易资金。Klarna 的最终愿景是在全球推动顺利、可靠而没有纠纷的销售和购买经验。	简化购买
瑞典	iZettle	2010 年	iZettle 让信用卡使用者可透过智能手机或平板电脑，以更经济的方式获得移动支付解决方案。iZettle 提供了商业分析和洞察，以及移动读卡机，可以帮助商家管理并改善业务。	iPhone、iPad 或安卓手机都可以使用的信用卡支付
爱尔兰	Plynk	2015 年	Plynk 是一个移动支付平台，可以不依靠账号或银行卡轻易地在个人之间汇款。该系统通过通信应用程序运作，并利用社交媒体推动其千禧代客户的成长。	Plynk 是新的通信应用程序，你不能没有它

续表

国家或地区	公司	成立时间	公司简介	公司信条
巴西	Nubank	2013 年	Nubank 采用手机应用程序控制自己的白金万事达信用卡，提供流畅而简单的消费体验。由于 100% 的数字渠道和极少的文书作业消耗，Nubank 不收卡费，且可用于全球超过 3000 万个通路。	独一无二的体验
澳大利亚	zipMoney	2013 年	zipMoney 是一个有网点的信用提供者，以免去对现金或信用卡的传统需求。至少三个月的免息期，对使用者来说非常有吸引力，简单且方便。	先享受，后付款，免利息，最高 10000 美元
澳大利亚	AfterPay Touch	2014 年	AfterPay 为线上购物使用者提供简单的分期付款计划，可以平均分为四期付款。客户利用 AfterPay 填写付款细节，而商品则将从商家直接配送给客户。AfterPay 提供查看和管理付款时间表的选择，并在截止日期前提前付款。	立即购物、稍后付款、简单的 4 期分期
新西兰	Pushpay	2011 年	Pushpay 提供的参与解决方案可实现有意义的连接和移动商务工具，从而促进快速、安全而简单的非网点支付。Pushpay 为宗教机构、非营利组织和教育提供者提供方便、个人化的参与和支付解决方案。	一个完整的支付和参与解决方案
尼日利亚	Flutterwave Inc	2016 年	Flutterwave 目前在 36 个非洲国家运营，为其最大的金融机构提供支付技术和基础设施。该技术让个人和企业能够接受线上和离线付款，并推动传统上与数字经济脱节的社区成长。	支持非洲数字经济的现代支付基础设施

资料来源：H2 Ventures，KPMG，"2017 Fintech 100：Leading Global Fintech Innovators"，https://home.kpmg.com/。

中国的第三方支付机构更是逐渐在世界范围内成了领导者。从2011年4月底签发首批第三方支付牌照算起的8年多时间里，央行总计发出了271张支付牌照。2015年8月份，央行注销3张支付牌照，结束了第三方支付牌照"只发不撤"的历史。据不完全统计，从第一批续展决定至2018年7月，央行共注销了33张支付牌照，截至2018年末市场上存量有效支付牌照为238张。2018年，第三方支付机构发生网络支付业务5306.10亿笔，金额208.07万亿元，同比分别增长85.05%和45.23%。其中，互联网支付是最主要的业务类型。对比商业银行与第三方支付机构的市场份额，银行虽然仍是支付清算主渠道，在大额支付、单位资金结算和跨境支付方面占据主导优势，但第三方支付用户规模和交易规模不断扩张，特别是移动支付增速更快，同时在交易规模结构细分中，第三方支付相比银行而言在零售支付应用方面场景更加多元化。此外，像支付宝、财付通等更是加速"扬帆出海"。近年来，蚂蚁金服一直致力于推进国际化进程，陆续在印度、泰国、菲律宾、韩国、印度尼西亚等地布局。微信支付主要是与海外商家或合作伙伴建立合作，拓展场景、建立开放平台，以吸引商户接入、扩大微信支付的使用范围。[1]

（二）以账户体系的视角分析非银支付账户的运行优势

很多观点认为第三方支付机构[2]之所以能够打破银行机构在支付领域的"特许经营"地位，在于互联网技术的发展，还有观点认为是监管机构未及时关注支付领域的快速变化，使得互联网平台机构有机会实现"野蛮生长"，成功实现"先上车，后买票"。这些观点均有一定的事实依据，但也有失偏颇。第一，任何金融创新的成功固然离不开科技的革新支持，但关键还是在于满足一定的金融

---

[1] 李鑫：《互联网金融扬帆出海风正劲》，《中国城乡金融报》2018年3月23日第7版。
[2] 中国最早的第三方支付机构是成立于1999年的北京首信股份有限公司和上海环迅电子商务公司，主要为B2C网站服务。第三方支付机构的作用就是通过搭建一个公用平台，将各商家和银行连接起来，为商家、银行、消费者提供服务，并从中收取手续费。

需求；第二，即便是存在一定的监管空间，但事实上，银行也同样可以开展网络账户体系建设，甚至说可以拥有和使用更多的资源进行竞争，但银行不仅错失了这次机会，后续银行体系的网络支付账户建设也长期未能形成足以抗衡的竞争力。

首先，非银支付账户打破了银行账户垂直体系分割，适应了客户对银行间账户通融的金融需求，提高了支付效率。长期以来，在传统银行体系中，各商业银行账户体系多为各自独立的内部垂直管理模式，横向账户之间的跨行交易需要通过央行建立的专有线路实现，账户跨行交易通融性不强，犹如一个个的"账户烟囱"。即便各商业银行实现了网银模式，但其网关接入成本较高，利用U盾等网络安全模式手续烦琐，客户体验感不佳。关于结算账户间的横向服务，不同银行之间的跨行清算在中国银联自主设计、建设的系统上完成。中国银联基于人民银行的大小额支付系统，使客户可以在银行的专用自助终端中实现跨行取款，而在商家收款方面，通过POS机等终端设备，商家可以实现对客户多家银行卡的付款收取，而在持卡人还款方面，可以通过拉卡拉等终端设备实现多行还款，这些横向账户服务都是在网络支付账户尚未成熟时的支付服务形式，但这些服务模式都无法与非银支付机构的非银支付账户相比，这是因为非银支付账户将其用户的账户后端绑定多家银行账户，而且将智能手机等个人移动设备作为支付终端，无须再购置其他终端设备，如智能手机拥有独立的操作系统，可以通过扩展应用程序，安装各种程序，可以通过无线网络来接入互联网，使用户可以便捷、安全地实现多个账户的对接管理，且在某种程度上，非银支付账户在拥有庞大账户资源体系的基础上，本身就可以实现小规模的净额结算和账户贷记功能。

其次，非银支付账户与交易场景的不断融合，实现了交易信息流、支付资金流、商贸物流的"三流合一"。第三方账户从电子商务平台出发，不断扩展对其他各种交易场景的深度整合，实现"支付+场景"的商业开发模式，将个性化、零散化的支付需求进行集中、梳理、整合，如包括便利店支付、航空客票及酒店预订、海外免税店购物、网购商品保险、包裹快递等各领域拓展传统金融此前未有效开发的"长尾客户群"，在提升客户体验度的同时，也保持了客户对其支付入口的依赖，增强服务平台黏性。

再次，第三方支付机构还着力于其网络虚拟账户服务功能的集成化和多样化，非银支付账户不仅是交易渠道，还起到了支付托管、现金管理、信用担保中介以及生活缴费账单服务等各项功能。以支付宝为例，其最初的账户功能就是在电子商务平台上的网络交易中，充当第三方的资金担保平台，也就是网络交易往往存在交易双方缺乏信用保障，由买方将货款付给支付宝等"中间平台"，使货款在交易双方达成一致意见后，再进行资金流向的后续安排，通过支付托管来实现支付保证。在支付担保的基础上，支付宝又推出了余额宝服务，用户将银行结算账户中的线下资金搬到线上余额宝等网络虚拟账户，并通过购买和赎回货币基金的方式，实现资金收益和日常支付便利的平衡，打破了原有银行体系下贷记卡资金无利息收入，借记卡仅享有活期收益的情况。此外，支付宝账户还凭借支付入口及支付信息归总等优势提供了卖家小额信贷、向账户持有人推荐证券、保险等理财产品网络销售及支付渠道等，不断丰富网络虚拟账户的功能内涵，也使得自身的盈利模式和获利渠道多元化。

表3—5　　　　　　　　支付宝虚拟账户基本功能

基本功能	具体内容
集中收款与快捷支付功能	实施"支付入口"功能，提供银行支付网关的集成服务，实现交易资金的接收、支付，并且可以实现个人对个人、个人对商家的资金转账。

续表

基本功能	具体内容
充值功能与账单收发功能	账户与多个银行的接入关联，实现虚拟账户与结算账户资金的双向联系。
担保功能与卖家信贷功能	提供第三方担保服务，防范网络欺诈。
资金管理功能	与余额宝相关联，实现现金管理与理财通道功能。

最后，还有一点值得关注的是，尽管非银支付账户拥有众多的技术和模式上的优势，自身也在不断开发新功能以及更深层次的场景融合，但是网络支付账户并未脱离完善健全以及合规的银行结算体系，在某种程度上，其仅仅是附着在银行支付和结算系统的外置服务网络，这也保障了其服务的可信度与可靠性。事实上，通信账户是在银行账户之外最早实现支付功能的非银支付账户。如电信运营商可以提供对客户增值服务，客户可以使用其通信账户余额进行支付，三大电信运营商也已获得相应的支付牌照，但是由于通信账户与银行结算系统相分离，虽然拥有大量的账户资源，但既无法实现账户间的资金划转以及账户余额同结算账户的资金双向流动，也无法进行账户更多的银行结算与资金管理功能，因此，只能是简单的账户余额充值与管理，无法与非银支付账户相竞争，与之相类似的还有有线电视账户等各种公用事业账户，由此可见，仅拥有账户资源无法单独完成支付模式的创新，因为支付体系是一个有机的整体，支付账户、支付终端以及支付基础设施都是密切相联系的，没有支付终端的技术革新，没有支付基础设施的建设，即便拥有绝对丰富的客户资源与账户体系，也是远远不够的。

四 非银支付账户在支付流程中的特殊作用

（一）银行卡组织主导下的四方模式及资金流与信息流的分离

在银行卡为主导的非现金支付时期，银行卡开放式的支付产业链条中，存在银行卡组织、发卡机构、收单机构、特约商户和消费者（持卡人）。除去负责制定银行卡网络交易规则、为跨行交易转接清算的银行卡清算组织外，在一笔支付中实际发生资金流动的参与方有四个，称为"四方模式"。在四方模式下，持卡人通过POS机具读取银行卡信息，并将这些信息与特约商户、购物的货币价值等相关信息整合为新的电子信息发送至收单机构信息系统，经收单机构验证信息后，将联络该卡组织的信息系统并通过卡组织与发卡银行确认，该持卡人账户具有足够的信用额度进行支付。得到发卡银行的授权通知后，卡组织发回收单机构确认支付信息，并由POS机具打印出需由持卡人签字的POS签购单，最终完成交易，而持卡人的银行账户与特约商户的银行账户间的资金转账则由卡组织依据各国的银行间结算机制进行转接清算。

与现金交易抑或封闭式的卡组织支付模式不同，在四方模式下，开放式卡组织将支付流程分为信息流和资金流两个流转过程，如图3—2所示，所有信息的传递流程均由虚线表示，而资金的清算流程由实线表示，即分别存在着"支付信息交换与验证"以及

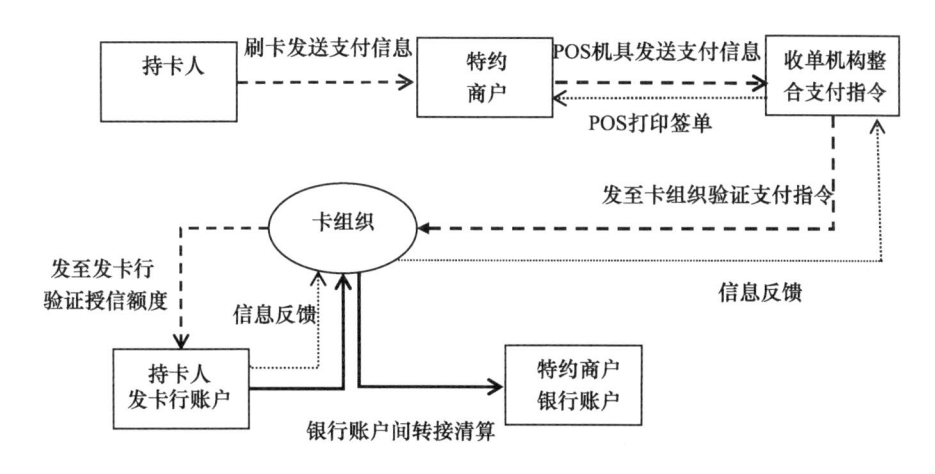

图3—2 四方模式下的支付流程及卡组织的作用

"资金转接清算与结算"两个阶段。在支付信息流阶段,卡组织承担着支付信息交换的中介作用,即将发卡行与收单机构的支付信息进行关联验证和信息反馈,而在资金结算阶段则扮演着转接清算端口,实现银行间的资金结算。

虽然在四方模式下,支付信息流程与资金结算流程被分离成各自独立的两个阶段,但是卡组织并未改变银行账户在支付体系下的主导地位,也正是因为信息流的分离和卡组织的中介作用,使得各银行独自隔离运行的账户体系实现了"互联互通",从而便利了持卡人的持卡消费体验,实现了非现金支付由支票支付向卡基支付的转变。

(二) 支付信息传递路径的演变对支付工具发展的影响

如果从信息传递途径实质来看待支付工具的发展,可以看到现代支付体系中支付工具的载体从各类票据、电报汇款、银行卡发展到 PC 端的互联网支付和以手机为载体的移动支付领域。解构支付信息的传递,大体上可分为支付信息的身份验证(这可以依据验证收款端或是验证付款端来细分支付模式)、支付金额及其他必要数据。在现金支付时期,支付信息从属于支付场景,因为收款人和付款人的身份是当场确认,支付金额由铸币金额或票面金额确定,因此,可以说现金支付是同步完成支付信息确认与资金转移的过程;到了支票时代,支付信息转移至支票工具,银行通过验证票据和签字人的印鉴进行支付信息的确认,而后由支票的兑现完成资金的转移。

在银行卡时代,支付信息通过银行卡在 POS 机等支付终端的传输进行确认。在 20 世纪后期,以信用卡和 ATM 网络为基础的银行卡支付体系已经大大扩展了消费者的支付方式,开启了消费者"非现金支付"时代。

由此可见,对于个人与商户之间的交易,银行卡的支付体系已经较好地满足了支付便利性和安全性的需要，但是个人与个人之间的支付需求，银行卡系统严重依赖固态非移动的"重型"终端设备，基础架构设备投入巨大，如商家只有获得许可使用的必要设备，才能接受银行卡服务，ATM 柜台机等终端设施也会受到场地等各种条件限制，虽然金融系统持续不断地加大网点设施投入，强化网络密度，一些公司如国内的拉卡拉等公司曾致力于将银行卡适用的支付终端个人化，但仍无法满足单个消费者日益多样和便捷化的消费需求，尤其是对发展中国家金融覆盖率不足的民众来说，存在着大量无账户人群，在某种意义上来说，传统银行卡主导的支付时代，其所提供的非现金支付更多的是实现了个人对商户单位的支付，即"to B"的支付需求，而仍无法满足单个消费者对另一个人的支付，即"to C"的支付需求，个人间的支付仍然停留在现金或是支票交易。

为了解决银行卡支付在个人间的支付信息传递不畅的问题，开发适应个人用户间支付的信息传递系统得到了市场的关注。随着移动网络覆盖率的扩大以及手机等个人移动终端的普及，个人的身份识别载体已经不仅仅是银行机构认证的银行卡及其背后的银行结算账户，而是扩展至 PC 端的电子邮件或网络用户名，以及移动端的手机号码、社交用户名等各种独立可认证的账户模式。如美国 PayPal 创始人彼得·蒂尔将 PayPal 最初的支付应用定位于个人客户以电子邮件作为账户，利用个人电脑或 Palm（掌上电脑）转移账户资金，解决群体账单拆分的团体支付以及诸如 eBay 拍卖网站上个人买卖之间的便捷支付，从而促进了个人消费者之间的交易活动，节省寄送和收兑支票的成本。

（三）个人支付账户与银行结算账户的"弱相关"阶段

以往个人的支付账户基本上就是其银行账户，支付工具与银行账户之间一对一连接，体现出明显的"强相关"特征。具体支付工具的差异更多体现在清算安排的差异上,如银行卡对应卡组织,支票对应清算所或交换所等。然而随着支付工具的载体从各类票据、电报汇款、银行卡发展到 PC 端的互联网支付和以手机为载体的移动支付后,情况则发生了根本性的变化。个人账户开始不再束缚于银行体系的认证,账户形式也开始更加多元化。个人支付账户与银行结算账户不再是"强相关"关系,银行结算账户也不再是个人非现金支付的全部载体,而是变为其众多支付手段的一种,个人支付既可以通过银行结算账户进行支付,也可以通过非银机构的非银支付账户进行支付。以移动支付为例,个人在移动交易平台上的账户可以是个人在银行机构开立的个人银行结算账户,也可以是个人在第三方机构开立的虚拟账户,以及其他移动运营商提供的通信账户或专用账户,近场支付账户乃至积分账户等,具体分类情况如表3—6 所示。

表3—6　　　除个人银行结算账户外其他移动支付账户类型特征

账户类型	开设机构	是否与人民币等值	账户功能	账户性质
非银支付账户	第三方机构开立	账户资金一般与人民币等值	可以与个人银行结算账户绑定,实现双向资金流动	类银行账户
通信账户	运营商开立	账户资金一般与人民币等值	提供代收费服务,以及无物流的数字化产品支付服务	预付类账户
近场支付账户	手机芯片载体	账户资金一般与人民币等值	适用于门票、商店等小额支付场景	预付类账户
积分账户	一般商户	支付账户资金一般不与人民币等值	特定权益可进行商品兑换或抵扣	权益类账户

究其原因,一是随着互联网、手机等移动终端的普及,个人的

身份识别载体已经不仅仅是银行机构认证的银行卡及其背后的银行结算账户,而是扩展至PC端的电子邮件或网络用户名,以及移动端的手机号码、社交用户名等各种独立可认证的账户模式。二是支付环节以非银行机构的非银支付系统为主要服务商,从而造成信息流和资金流的处理体系发生了分离,个人的支付行为演变成:支付信息通过非银支付机构开立的个人支付账户间传递,而资金流转则由银行机构开立的个人银行结算账户间结算,中间的关联依靠个人在非银支付机构的账户与银行结算账户的绑定。三是互联网或移动支付工具与银行账户之间通常会形成一对多的连接,这种一对多并不仅仅是指直连银行带来的非银支付账户与银行结算账户之间的一对多,更重要的是指支付工具与银行结算账户之间的更加复杂的联系。以支付宝为例,同一个支付宝账户可以进行网关支付,也可以用余额支付,在每一种支付形式背后,则体现为不同的银行账户资金流动形式:网关支付实际上只是传递支付指令,资金则是在付款方和收款方各自的银行账户之间转移;而余额支付则需要备付金账户在其中发挥作用。

实际上我们知道,在我国,非银支付账户只是虚拟的账户,其与银行结算账户相比具有明显不同的特征和功能定位(见表3—7),并且虚拟账户仍然需要对应着特定的银行账户,即备付金账户。然而当非银支付账户与银行结算账户针对个体消费者来说功能越发一致,并且消费者对两种账户的认知也越发趋同的情况下,则二者在纯经济学意义上讲,或者说在对于个人消费者而言实现其支付功能方面来讲,区别变得越来越小。实际上从美欧的情况来看,非银行结算中介持有可转账存款规模与银行结算中介相比早已相仿。尤其是当非银支付机构如果进一步涉足清算甚至结算功能的时候,就会致使所有支付相关功能都集中到非银支付机构的同一超级账户体系中;当非银支付账户不再局限于处理信息流,而是涉及资金流时,问题就会变得更加复杂,风险隐患也会进一步加大。

表3—7　　　个人银行结算账户与个人非银支付账户特征区分

特征表现	银行结算账户	个人非银支付账户
提供账户服务的主体	由银行机构为客户开立	由支付机构为客户开立
资金用途	日常经营活动结算及资金投资理财	互联网或移动支付交易的收付款结算
账户余额的性质和保障机制	为客户的存款资金,以客户的名义存放在银行机构,增值收益为客户所有	客户的预付款项,支付机构以其自身名义存放在银行机构,由支付机构实际使用和支配
账户法律保障	银行信用保障	企业信用保障

第三节　支付模式创新对账户体系管理的挑战

一　互联网经济对账户内涵的冲击

第一,互联网的运用使得电子商务和网络公司十分普及。网络公司是一个虚拟公司。它没有固定的形态,也没有确定的空间范围,只是一种临时结盟体。公司之间的关联关系越来越复杂,母公司和子公司各为独立法人,但可以合并编制财务报表反映关联性企业整体的财务状况。因此,多会计主体问题更加凸显了会计主体在空间上的极度伸缩性,它可以是也可以不是一个法人实体,也可以是若干个或很多个法人实体。但从另外一个方面来说,这种变化也更加强调了账户本身的"法人性"和"责任性"。

第二,账户的"货币计量"假设暗含了两大前提条件,即货币币种的唯一性与币值的稳定性。在网络经济时代,数字货币的出现有可能打破账户的第一个前提假设,即货币币种的唯一性,因为在网络账户中,既可以实现以国家法定货币为支付工具的资金运转,也可以实现以网络虚拟货币为支付工具的资金运转。在币值稳定性上，也存在国家法定货币与虚拟数字货币的竞争关系，即何种形式的货币能够成为"完美货币"，因为以算力验证为基础的比特币，其网络互信特征为信用基础，在某种意义上，比很多国家恶意增发货币的信用基础还要坚挺，这样，会计账户的币值稳定性假设将面对各国家发行的货币，以及各种类型货币间的激烈竞争。而这是以往与银行为中介的资金往来体系所无法快速实现和印证的。

第三，传统会计中，账户主体构成由企业转移至个人或居民家庭部门，且大量中介消失，账户关系相对简单化。在工业社会中，企业尤其是生产型企业是现代经济活动的中心，也是现代金融服务活动的重点对象，通过金融部门提供资本来使生产型企业能够进一步扩大再生产，提高生产效率，提升规模经济效应，并最终实现利润的增长。但是随着市场交易由企业间活动逐渐转移至个人间活动，并且中介型企业逐渐失去优势，则企业账户间的交易活动已经不再是市场交易的绝对主体。在这一背景下，个人间账户交易依托互联网技术和平台经济形态逐渐崛起，相应地，传统上服务于企业间账户支付结算的银行账户支付体系，也逐渐失去支付市场的绝对地位，服务于个人间账户支付结算的网络支付体系，其市场地位重要性已经开始显现。

第四，在网络经济时代，由"线上交易效率快于线下交易效率"致使"整个交易效率超出生产效率"。在此趋势下，一方面，支付账户交易逐渐取代或少部分替代了线下银行账户交易的比重份额；另一方面，财务账期的时间约束不再存在，记账时间的大幅缩小逐渐实现了账户交易的同步记录，账目关系和账户关系同样实现了完整记录，可以即时全面地反映账户交易关系、资金流向乃至背后的交易实质，这样支付交易信息的价值被创造性地扩大了，支付数据的归集、存储与分析塑造出支付账户经济的又一个增长点。

第五，个人与个人以及个人与单位之间的支付呈现较强的"网络效应"，即一个内部相连的交互系统必须赋予那些自愿加入的人某些价值才能存在。参加的人越多，网络效应就越大，因为所有的成员都可以实现交互并由此赋予价值。对于"网络效应"的价值，以太网之父罗伯特·梅特卡夫总结出了"梅特卡夫定律"，以揭示网络的聚拢效应与价值，即"网络的价值等于用户数量的平方"，也就是说，如果一个网络的用户数量是竞争者的 2 倍，那么其价值则是竞争者的 4 倍。正如"网络效应"预测的那样，个人线上的支付账户规模不断扩大，在个人支付领域，已经开始呈现取代银行卡等交易方式，成为主要的个人支付模式。根据艾瑞咨询预测，到 2018 年末，互联网支付用户规模接近 5 亿人，移动用户规模将达到 4.4 亿人，而随着智能手机的逐渐普及，用户对移动 APP 的依赖逐渐增强，移动支付的用户规模增速也明显快于互联网支付，也使得主流消费人群的支付行为开始发生显著变化。

第六，互联网时代下，账户带有明显的"属人"性质，每一个用户都有自己的网络专属账户，如游戏账户、社交账户等，这些账户早期都是非货币账户，但在互联网场景下，这些账户往往具有一定的储值功能，形成网络条件下的交换基础，甚至有些"储值"可以与线下的现金进行兑换，这样这类账户就具有预付款账户属性，而若这些账户与线下的银行卡形成某种关联和绑定，就具备了一定的支付功能，从而具有货币账户属性，形成事实上的网络资金账户。

非货币账户 → 预付类账户 → 货币账户

图 3—3 非货币账户向货币账户的演化过程

具有资金支付功能的货币账户，无论是非银支付账户，还是银行结算账户,都具有明显的"属人"性质,都需要进行客户身份的实名制验证,但非银支付账户与线下银行结算账户不同的是,银行结算账户(主要指Ⅰ类账户)需要面签合同环节,对于非银支付账户,这涉及远程开户的限制问题。此外,非银支付账户的"一对多"的共用形式也较为普遍,如子女用自身的网络账户为父母服务,或家庭成员之间共用网络支付账户等形式,账户的"属人"性质将不会是一一对应的单纯形式,账户的实际使用将不局限于一人,多种形式的共用账户形式将会最终改变账户身份的单一指向和相关约束。

当前,将线下账户责任制完全复制于非银支付账户,是在强化账户所有人的责任,即意味着账户所有人要对账户活动承担无限的法律责任,但实际上,这种完全由账户所有人来承担的做法将会导致成本过高且效率过低。从这个意义上来说,非银支付账户实名制不应该强化账户开立者的法律责任,而应将非银支付账户与自然人相分离,提升账户本身的法律责任,即网络支付账户的相关交易行为应由实际控制人或实际操作者来承担,且在明确账户法律责任的基础上,建立账户责任体系。

二 账户交易属性的强化与数字货币的发展趋势

(一)簿记账户的支付功能及对实物货币的替代效应

众所周知,货币具有交易媒介功能。随着可交换商品数量和种类的增多,货币的媒介功能相比传统的物物交换,起到了节约信息和交易成本的作用,因此人类社会从交易的物物交换体系转移至交易的货币体系。如凯恩斯在《货币论》中提到,"现代货币的主要形态是账户货币","货币金融活动既有其数量方面的意义,也有其时间方面的约束,更为重要的是,其活动更为直接的是在账户间或账户关系中实现,并被有关账目记录的。这个账户体系的基础就是商业银行的账户体系，证券、期货、信托等金融活动所开立的账户体系都是根植于商业银行的账户体系"。①

由此可以看出，货币功能的实现与账户体系有着密不可分的联系。这种联系可以先从中世纪的两种银行形态中进行感性的认识：欧洲商业改由阿拉伯数字而非罗马数字进行账务数目登记，以及威尼斯人将托斯卡纳地区普拉托商人的簿记法改良为"复式簿记法"是中世纪欧洲金融活动的两大重要改革。在簿记方法的改革后，威尼斯人又创建了新型的银行，不同于此前的"Banco"银行，这种银行的办理柜台上堆满各种金币或银币，主要从事金属铸币的汇兑或者借款业务，威尼斯人的新型银行只有账簿，所以也被人称为"书写的银行"（Banco di Scritta），在日本作者盐野七生的著作《海都物语》中曾这样描述，"商人们会参考报纸上的价格进行交易，成交后便去银行办手续。他们在银行都有账户，只要告诉银行家向某某人的账户汇入多少钱，银行家依嘱登记在册，钱就这样过了户。商人们再也不需要像以前那样，提着装着金币银币的袋子去做生意了。受托将钱汇入他人的账户，银行家并不会提供收据证明。银行有账本的副本，始终受到政府相关部门的监督，因此没有开具票证的必要"。②

从上述的史料中，可以发现实物货币（无论是铸币形式抑或是纸币形式）与簿记账户均可以实现支付功能。随着交易主体间交易信息的快速发展，支付指令的传递依次进入电报、电信及网络时代，支付交易也逐渐向账户间的网络化簿记发展，就如同威尼斯商人在教堂走廊内进行账户的贷记，来取代实物货币的流转，交易的记账体系在很多场合逐渐替代交易的货币交换，而是通过记账的网

---

① ［英］凯恩斯：《货币论》，安徽人民出版社2012年版。
② ［日］盐野七生：《海都物语：威尼斯一千年》，徐越译，中信出版社2016年版，第182页。

络信号手段，使得每次交易都在买卖双方的财富账户上进行贷借记录。如周子衡在《账户：新经济与新金融之路》中提到，"近现代金融体系已经建立起一个有效的网络体系。这个网络体系依赖的是货币金融革命和法律革命所创建起来的有关货币的账目、账户管理及运营体系"。[①]

（二）数字货币时代的账户功能

事实上，目前网络支付还停留在与线下分离的方式，即先在线下发行纸质货币，然后将线下的货币兑换为线上支付商的网络支付"货币"，最后用网络支付账户实现网络支付"货币"的支付和转账，同时网络支付账户剩余资金可以随时兑回线下货币。这样就形成了一种账户的功能分离，即网络账户强化了支付功能，银行账户保留了资金保管和结算功能，这种功能分离在一定程度上促进了支付效率的提升，但是从另一方面来说，将线下支付工具转换为线上支付工具本身也是一种效率损失。而若允许线上发行货币，则可能会接近于数字货币的发行和流通的关键突破。

值得注意的是，目前实际支付中使用的电子货币并不是数字货币。在实际支付业务中，电子货币的支付确认，有一个时间上的延迟，这个延迟体现的是支付地点与记账地点之间的空间距离。虽然伴随着技术进步，这个距离在大多数情况下已经不重要，延迟的时间甚或可以忽略不计，但是，程序上而言，电子货币并非是在支付的同时发生记账的。事实上，电子货币支付只是发出了记账指令，支付确认只是收到记账指令的确认，记账还是发生在后台系统中。这表明，所谓的电子货币并不是同步记账货币，它也不是账户本身。严格说，电子货币的账簿与其本身是脱离的，其账簿归属于银行后台系统。可见，电子货币支付活动是通过"分步记账"完成的。

---

① 周子衡：《账户：新经济与新金融之路》，中国社会科学出版社2017年版。

与电子货币不同，数字货币本质上是一种记账货币，数字货币依靠密码编写来使得每一个单位货币都具有独立的识别机制，就如同数字货币拥有了一个自身的"身份证号码"。而网络账户的"簿记"特性天然成为数字货币的载体，数字货币往往以加密货币的形式，并通过分布式账本技术实现数字货币物权的共识性确认。从这个角度来说，数字货币无法脱离自身系统的账户体系而存在，因为只有同一数字货币系统内的账户才能接收本系统发行的数字货币，其不会自行消失，但总是归属于特定的账户，打不开账户，无法动用账户内的数字货币了。至此，数字货币与账户的身份属性自始就是绑定在一起的，或者说，数字货币自带账户属性。因此，数字货币的每一流转，都是被加盖了时间戳，且被全网记录。它不具备、不需要，以致根本排斥记账中心，更不存在后台记账的情况，支付的同时即发生与完成记账。数字货币的身份属性和账户属性是紧密绑定在一起的，任一支付，即同步发生账户变更，亦即同步发生记账。这是数字货币系统本身所设定的。可见，与电子货币不同，数字货币的支付活动是通过"同步记账"完成的。"同步记账"是相对于电子货币的"分步记账"而言的，事实上，同步记账不仅是通过记账而发生支付，而且这一记账亦是通过整个数字货币系统完成的，也就是所谓全网记账。正是基于此，在所有货币种类或形态中，数字货币不仅支付效率最高，而且也是最为安全的支付工具。

（三）发行央行数字货币及对账户体系的改变

目前，各国正在纷纷研究的央行数字货币，也会使现有的商业银行账户体系发生显著的改变。央行数字货币发行遵循中央银行到商业银行的二元体系，当前社会经济活动主要基于商业银行账户体系开展，借助商业银行账户体系，充分利用现有成熟的IT基础设施以及应用和服务体系，将大大降低数字货币推广门槛，降低商业银行支持数字货币的成本投入。在这一模式下，个人或企业的身份核实及反洗钱等工作依然由商业银行完成。客户在银行开立传统的银行存款账户后，还可以通过商业银行在央行数字货币系统开立数字货币账户（数字货币钱包）。存款账户和数字钱包账户中的资金可以相互转换。

在此背景下，各商业银行建设行内数字货币支付系统，开发各项功能，满足数字货币钱包开立及维护、数字货币钱包与银行存款账户绑定及维护、数字货币存取现金、电子货币与数字货币兑换等功能。未来很长一段时间内，现有的电子货币支付系统与数字货币支付系统将并存，客户之间点对点交易数字货币，通过数字货币交易系统进行确权。交易电子货币则和现有流程一致，通过央行现代化支付系统、商业银行核心业务系统完成。

同时，支付结算基础运行机理也将发生变化。如区块链是一个分布式的账簿，每一个参与者均可以负责账簿的维护，并且没有中心机构对交易进行管理。这与现有的个人存款必须要对应在银行账户中存在重大结构性差异，势必对银行账户体系造成重大影响。传统支付结算方式受时间、空间限制较多，流程比较复杂。区块链可以实现点对点的实时结算，不再有清算、对账的过程。任何区块链上的金融交易，登记、交易、支付、结算和清算一步完成。这极大地提高了支付效率，尤其是在跨境支付方面，免除了现在的层层代理开户的复杂清算流程，减少在途资金风险。另外，基于区块链技术的支付方式支持逐笔实时的全额交收，支付网络可以实现 7×24 小时运转。区块链技术底层依靠统一的互联网基础协议，可以实现支付系统的全面互联互通，这极大地降低了系统的扩张成本，全面覆盖支付的各个领域。①

此外，从央行货币政策的角度来看，货币政策的实施是通过调

---

① 周子衡：《数字货币的属性与供需分析》，《清华金融评论》2016 年第 5 期，第 28—32 页。

控基础货币，即中央银行货币负债数量进行的，而中央银行的货币负债包括纸币和商业银行在中央银行的存款余额。当前支付体系创新表现在三个方面：第一，当前的非现金支付实现为消费者提供持有和转移可用余额的电子货币设备，若这种方式逐渐取代或在相当程度上替代现金支付，则对中央银行发行纸币的货币政策规律造成实质性的影响；第二，支付创新也体现在提供中央银行账簿之外结算的存款转移系统，如私营自动清算所和 ATM 网络进行清算和结算的存款转移，这样也会对中央银行统计和分析货币政策实施效果产生影响；第三，若电子支付方式和结算系统发生变革，则对于货币制度将会引发潜在的制度性变迁，如消费者的支付习惯已经演化成电子支付为主，纸币即便是没有被替代，也仅仅作为支付方式的补充，而电子货币的结算系统也可由中央银行结算体系之外进行，则私人发行电子货币将会影响对中央银行的货币需求。如 Crown 和 Dowd（2001）认为，"对中央银行货币的需求不仅会大幅下降，而且可能在一个可预见的范围内消失。未来电子支付和结算系统的技术进步，以及正在发生的制度变迁，如转向私营部门结算系统，会消除对中央银行货币的需求"。即在没有法律限制的情况下，高收益债券可以完全替代中央银行负债。①

随着"账户—簿记"支付体系的不断革新，市场主体对中央银行货币的实际需求持续萎缩的态势已经开启，虽然现在对中央银行资产负债表的负债规模影响有限，而且资产负债表的萎缩也并非必然带来中央银行货币政策实施能力的下降，但在支付体系革新的情况下，中央银行所发行的存款负债作为银行间资金流结算媒介的作用路径及效果可能会发生一定的改变。

---

① ［奥］斯蒂芬·W. 施密茨、［英］杰弗瑞·伍德：《支付体系的制度变迁与货币政策》，中国金融出版社 2017 年版。

三 非银支付账户对账户管理体系的冲击

(一) 非银支付账户的功能分析

随着我国零售支付从卡基支付向账基支付转变的趋势越来越明显，零售支付产业的竞争主体——银行、卡组织、支付机构等——越来越认识到，其竞争的焦点将在账户上。

在移动互联网的新时代，入口之争是最残酷也是最具战略意义的。传统互联网的基础入口是终端与浏览器，应用入口是各类网站。账户是支付的基础载体，并不局限于网络，可以通畅地应用于互联网、移动互联网、广播电视网等多种网络。随着个人时代的来临，账户也将成为未来网络世界的基础入口之一，支付账户将拥有更多个人的特性。如果说传统互联网时代的入口是满足需求与实现服务的1.0版本，账户入口就是满足人、针对人的新型个人级入口。在这个入口中，每个用户面临的入口服务内容是根据其数据基础来提供的。例如，目前支付宝已在用户账户中植入了部分商家，支付宝用户可以直接通过账户选择商家，进行支付，完成服务与商品购买。在传统互联网入口时代，支付账户在整个服务的购买中，处于最末端的环节，是被动地被用户使用。然而当支付账户成为入口时，支付账户将成为新兴的入口形式，不再是服务的从属。由于支付账户掌握了大量的用户数据，且具有完全的排他性，形成对用户需求了解的个人垄断，可以为用户提供个性化入口服务，针对不同群体的用户提供不同的账户入口服务，为商家与服务商提供基于用户引流和支付达成的全程服务。因此，从目前的趋势来看，一些机构用支付账户可以做很多非支付的事情，而另一些机构则在用非支付账户来试图做很多支付和资金的事情。泛账户竞争的时代已经来临。

然而，非银支付机构的介入并不仅仅是在第三方支付工具与银行账户之间多了支付账户这么一个中间环节，而是使得银行账户与支付账户之间的关联关系变得越发复杂。

在现实中，人们通常用虚拟账户来描述第三方支付机构为客户开立的支付账户。如果要对这些第三方支付机构的账户进行功能剖析，首先需要从现代账户体系的支付功能分析出发，也就是包括：交易或轧差、清算、结算。众所周知，国际支付结算委员会（CPSS）将清算系统定义为一系列使得金融机构能够提交和交换与资金或证券转移有关的数据和文件的程序安排。其一，是为参与方的应收应付关系建立净头寸，以便于后续结算的过程，称为轧差。其二，清算则指的是交换、协商并确认支付指令或者证券转移指令的过程，清算发生在结算之前。其三，结算指的是包括卖方转移证券或者其他金融工具给买方，并且买方转移资金给卖方的过程，是整个交易的最后一步。结算系统保证了资金和金融工具的转移能够顺利进行。需要注意的是，这一系列环节在实时大额结算系统（RTGS）中并不适用，RTGS是一类特殊的结算系统，其中每一个指令不需要通过轧差清算，而是立刻得到处理。应该说，在零售支付模式中，这一清算系统流程是典型适用的。

同时，所谓的各类跨行转接清算组织，实际上主要是介入到清算环节，起到的是一个"账房先生"的作用，它收集一定时间内所有成员银行之间的交易信息，形成标准化的应收应付关系，将相反方向且等量的应收应付关系进行抵消，并计算出每家成员银行的净头寸。以支付宝为例，支付宝通过逐一与各家银行签署协议，对网上支付指令进行收集、整理和轧差，并通过在各家银行的备付金账户的资金增减，实际上完成实际意义上的清算过程，主要是清算信息流的整合，并没有深入到资金流结算过程。

由此来看，国内第三方支付机构的虚拟账户功能，实际上分为两种，一种是少数如支付宝一样，介入到清算功能里，另一种是停留在支付发起的交易环节，而把清算后续环节留给了其他组织，如拉卡拉与银联的合作。客观上来看，在支付系统的三个重要功能环节中，结算环节往往由央行严格把控，因为涉及宏观稳定性和安全性。而清算市场的适度开放是符合一定趋势的，其关键问题是如何在提高清算效率的同时，使得相应的风险最小化。

如果要进一步探讨所谓银行账户（这里所说的是具有支付、清算、结算功能的银行账户）和虚拟支付账户二者之间的关系，可以用类似的支付工具演变来进行对照。如：银行卡—卡组织—银行账户；支票—清算所或交换所—银行账户等。[①] 可以看到，我们所提的类似第三方支付的虚拟账户，本质上意味着：网基支付的工具或模式—与网络支付配套的跨行清算系统—银行账户。然而，与以往支付工具与银行账户之间一对一的连接不同，互联网支付与移动支付发展到今天，互联网或移动支付工具与银行账户之间通常会形成一对多的连接，这种一对多并不仅仅是指直连银行带来的支付账户与银行账户之间的一对多，更重要的是指支付工具与银行账户之间的更加复杂的联系。以支付宝为例，同一个支付宝账户可以进行网关支付，也可以用余额支付，在每一种支付形式背后，则体现为不同的银行账户资金流动形式：网关支付实际上只是传递支付指令，而资金则是在付款方和收款方各自的银行账户之间转移；而余额支付则需要备付金账户在其中发挥作用。这就使得支付账户与银行账户之间的关系同样变得复杂化。

从本质上讲，所谓虚拟账户与银行账户并非是同一层次的概念：以交易衡量，则虚拟账户代表从卡基到网基交易方式的转换；以清算衡量，则意味着与原有跨行转接清算规则与模式的矛盾与冲突；以结算衡量，虚拟账户仍然对应着特定的银行账户，即备付金账户，只是相对缺乏监控和透明。然而监管者和银行对于支付宝等

---

① 杨涛：《第三方支付虚拟账户的性质及风险防范》，《浙江经济》2014年第4期，第8—9页。

第三方支付虚拟账户的担心，更多是因支付账户与银行账户之间的关系变得复杂化后，尤其是当支付机构介入到清算环节之后，清算信息流动出现了封闭特征，不够透明，且结算环节也难以被银行所监督。在某种意义上说，当前的第三方支付虚拟账户，实际上同时承担了交易（基本功能）、清算（附属功能）、结算（隐形功能，这是由于银行对备付金账户资金流实际上缺乏监管）三大功能。这样，所有功能集中到同一超级账户体系中，确实会存在一定风险。简言之，当支付账户不再局限于处理信息流，而是涉及资金流时，问题就会变得更加复杂，风险隐患也由此加大。

（二）美国在线支付账户的经验借鉴

实际上，不仅仅是当前引领世界潮流的移动支付创新对中国的账户管理体系带来冲击，在网上在线支付刚刚兴起之时，美国也曾遇到类似的困境。

随着电子商务和互联网的发展，美国的网络支付在 2000 年左右开始快速发展，并在当时发展起来一种基于 E-mail 的网上在线支付，以 PayPal、ecount、Citigroup's c2it、BillPoint 等为代表。最早的类似的在线支付系统是用于进行快速的在线拍卖，通过这种支付方式可以有效克服当时的主流零售支付工具的局限，大大简化了拍卖流程。当时如果用纸质支票付款全流程需要五天才能结清，而拍卖的卖家也很少有人愿意接受借记卡或信用卡支付。此外，网上在线支付比使用卡片支付要便宜，卡片支付服务费最少 2%，而且对于小商家还要更高。此后，这种支付方式由于其快速便捷的优势逐渐在各个零售支付领域拓展，一个粗略的估计认为，到 2001 年时，在线支付交易量大约为 50 万笔/天；而另一个估计则指出其用户量大约每年以 70% 的速度增长（Kuttner and McAndrews，2001）。[1]

---

[1] Kuttner K. N., McAndrews J. J., "Personal On-Line Payment", *FRBNY Economic Policy Review*, Vol. 12, 2001, pp. 35 – 50.

在这种类型的支付业务中，付款人使用安全加密的联接访问支付服务商的网站发起资金转移，输入金额、收件人的电子邮箱等相关信息及付款指令，服务商的计算机将含有支付服务商网站链接的消息发送给接收人邮箱，收款人点击链接，建立与支付服务商的服务器的安全联接，并确认资金转移。尽管交易机制相似，但相应的支付服务会根据资金账户的类型以及完成交易的清算结算网络的不同而不同。一般分为两类：基于支付服务商专有账户的支付服务和基于银行账户的支付服务。而基于银行账户的支付服务又可分为使用 ACH 或 ATM/POS 借记卡支付网络。

其中，基于支付服务商专有账户的支付服务的发展情况和我国的第三方支付情况有些类似。付款人需要在支付服务商处建立虚拟账户，并将资金从银行账户或信用卡账户转移到服务商的账户。如同国内的第三方支付一样，付款人可以选择仅使用服务商的支付服务，也可将资金存在服务商的账户上，从而形成支付服务商账户中的沉淀存款。据估计，在 2001 年时，此类支付服务商账户中的沉淀资金有 2000 万美元（Kuttner and McAndrews，2001）[①]，不过随着在线支付逐渐普及以及系统之间互操作性程度的提升，其增长十分迅速。此外，除了银行自身提供的相似服务外，由非银支付机构提供的该类支付服务在当时并未受到充分的监管，也缺乏相应的法律法规，其账户沉淀资金往往被投资于货币市场中的一些低风险资产以获得一定的收益，然而事实上包括沉淀资金金额及投向等具体情况并不透明，因为该类机构不需要披露。另一个与我国第三方支付相似的是，这些专有的网上支付服务对消费者是免费的，尽管服务商本身需要支付成本，但他们将这种免费视为一种营销方式以扩大使用范围。

[①] Kuttner K. N., McAndrews J. J., "Personal On-Line Payment", *FRBNY Economic Policy Review*, Vol. 12, 2001, pp. 35 – 50.

与在线支付账户相关的一系列问题在当时的美国也引起了较大的争议，不过与我国的情况有所不同，当时在美国最大的争议在于这类机构是否应该被视为银行，从而遵守相应的法律法规并接受监管。这取决于"银行"的定义。如果将银行视为"吸收存款、发放贷款"的机构，那么答案肯定是否定的，因为这些机构通常投资于货币市场资产，而不是贷款。然而，如果按《格拉斯—斯蒂格尔法案》中的定义，则更多关注银行作为存款接收者的角色。该法案排除了受国家许可的货币发行者或银行以外的任何机构进行"接收存款"并在储户出示支票、存折、存单或其他债务证明及储户要求的情况下还款的业务。从经济学意义上讲，此类在线支付服务商作为资金的接收者，在客户的指示下可以提取或转移资金，因此被许多人认为符合《格拉斯—斯蒂格尔法案》中对于银行的定义（Kuttner and McAndrews, 2001）[①]。实际上在当时，一些这样的支付机构——比如西联汇款和美国运通之类的旅行支票公司——在积极获得法律的认可，并已经在几个州获得了提供存款服务的许可。

除了对于是否应归属银行的争议外，消费者保护也成为人们关注的焦点之一。信用卡和借记卡除了有发卡人和消费者之间的合同条款外，还受到一系列法律法规的约束，联邦法规也会给予银行账户一定程度的保护，尤其是有存款保险，因此消费者的潜在损失是有限的。但大多数基于自营账户的在线支付服务商则没有存款保险的保护，也没有相应法律法规的约束。为了防止欺诈风险，此类支付机构通常为客户提供私人保险，防止他们的客户账户被欺诈使用，以提高其服务吸引力。然而这毕竟与存款保险不同，因为存款保险在银行破产时提供保障。

此外，从行业竞争角度讲，同样提供此类在线支付服务的既有

[①] Kuttner K. N., McAndrews J. J., "Personal On-Line Payment", *FRBNY Economic Policy Review*, Vol. 12, 2001, pp. 35–50.

银行，又有非银支付机构，受监管影响二者在账户管理的成本上存在较大的差异。例如银行提供相应服务被要求持有一定份额（3%或10%，取决于存款水平）作为非计息准备金，而非银服务商则没有要求。此外，与非银机构不同，银行被要求持有最低资本金，还必须接受各类监管机构（货币监理署、美联储、FDIC和州立银行监管机构等）的报告要求和定期检查，而非银机构也没有相应成本。当然，银行可以利用存款保险为自己账户余额提供高达10万美元的担保，这是其比非银行支付机构具有的优势。

最后网上在线支付账户的快速增长还会对货币量的统计造成影响。当时在美国，非银机构持有的余额未被统计在货币总量中，这就使得统计指标越来越难以反映市场中实际的货币流动性的情况。不过正如纽约联储官员所讲，金融创新浪潮已使货币总量的信息内容减少到失去作为政策目标的地位，因此在线支付账户对其的影响只是个次要问题（Kuttner and McAndrews，2001）。[①]

上面对美国21世纪初个人在线支付业务的介绍，是否使得身处今天的我们有种似曾相识的感觉呢？无论是其发展特征还是由此产生的问题，很大程度上与今天我们国家的非银支付有共通之处，只不过过去我们似乎并未对其有过多的关注。重要的是，由于美国无论是整个金融监管体系还是法律体系相比我国都更加完善，也更加稳定，因此和我国相比要少很多支付行业的乱象；同时与当今越来越炫的各种支付科技相比，通过E-mail进行的个人在线支付复杂程度也要小得多，因此更容易令人把握问题的核心。

从美国的案例能够清晰地看出，由科技进步引发支付创新所带来的监管难题，绝大多数指向了一点，那就是支付账户——支付创新对账户管理带来的冲击可以说是方方面面问题的聚焦点。从国内

---

① Kuttner K. N. , McAndrews J. J. , "Personal On-Line Payment", *FRBNY Economic Policy Review*, Vol. 12, 2001, pp. 35 – 50.

来看，不论是近些年由非银支付机构虚拟账户所引发的争议，还是监管部门在账户分类管理方面的不断完善，同样也体现出账户问题的核心重要性。支付科技对于账户管理的冲击具有普遍性：不仅仅是中国，其他国家同样如此，不仅仅是当下的移动支付创新，以往在支付领域的科技应用同样会带来这样的影响。当然，与21世纪初的美国相比，信息技术和新兴科技的进一步发展，支付产业从卡基支付向账基支付的进一步升级，都有可能会使得账户问题在今天，特别是在支付科技发展较为前沿的中国，变得更加严重。而如果我们进一步展望未来大胆地想象，则随着技术的进一步发展，未来账户本身就有可能成为一种支付工具，而不像如今这样还需通过各种支付工具来进行资金的转移。此外，目前金融机构、第三方支付机构、运营商、互联网平台上的账户种类繁多，用户名和密码的记忆给消费者的支付活动带来很多不便，随着各参与行业壁垒的消除和参与主体之间协同共赢局面的形成，支付和其他各类型账户将有可能呈现简单化、同一化的趋势。这些都会进一步对现有的账户管理模式带来深刻的挑战。

四 从不同角度理解支付创新对账户管理的冲击

（一）支付经济学视角下的支付平台与账户角色

支付的作用是为了结清债权人与债务人的经济关系，在某种程度上，支付的出现先于货币的出现，或者说账户货币是支付体系的一个阶段，主要以现金或票据及银行卡等支付工具完成支付行为。而随着电子银行、互联网金融的兴起和微电子技术的发展，"账户簿记"模式的电子支付方式逐渐成为主要的支付渠道。在此阶段，又根据服务主体身份的不同分为银行转账支付和第三方支付。在银行支付体系中，支付指令的发起、传递到资金实际结算都是从银行到银行的支付模式，它形成了单一的支付链条，属于银行内部支付体系；而在第三方支付体系中，是指非银行机构提供与商业银行支付结算系统接口的交易支持平台的网络支付模式，作为一种金融服务，第三方支付机构一方面连接有收付款需求的个人或商户，另一方面又连接有资金结算功能的银行机构，通过与银行的二次结算获得分成带来的收益。

出于对日益发展的支付工具及相关行业关注，围绕资金运转与配送，对支付工具、支付系统、支付服务主体、制度变迁以及监管机制等各方面的研究逐渐形成了一个新兴的研究分支，即支付经济学。2008年，美联储在研究报告中指出，"新出现的支付经济学从货币和银行理论吸收了技术和观点，从经济产业理论吸收了工具（如网络产业）。这些合成工具成为一个研究分散交易系统的框架。反过来，这些框架会产生综合的方法去分析关于便利交易的制度政策的制定"。[1] 首先，支付经济学与经济学、金融学、会计学及计算机科学等相关学科有关，呈现复合交叉学科特征；其次，随着第三方支付以及新型支付工具和支付方式出现，支付市场由单边市场转变出双边市场特征，因此，支付经济学还与多双边经济学、网络经济学相关。

双边市场（或更一般地说，多边市场）可以粗略地定义为，使终端用户之间相互交往的一个或多个平台，并通过适当地向双边（或多边）收费使双边（或多边）都参与其中。换言之，平台在保证整体盈利，或至少不亏损的前提下，试图满足每一边的需求。[2] 对于持卡人而言，信用卡或借记卡的价值就在于其所光顾的商家能够接受并最终实现了支付功能，与此同时，相关商户则通过接受更多的信用卡或借记卡的支付工具扩大了营业收入和利润，这就是一个典型的简易双边市场模型，而在众多成功实现双边市场模型的基

---

[1] 杨道法：《支付理论与实务：支付经济学探索》，中国金融出版社2015年版。
[2] ［法］让·梯若尔：《创新、竞争与平台经济》，法律出版社2017年版。

础上，形成了更为强大，也更为丰富的多边市场模型，也相应产生了更为强大的网络效应。在商业实践中，以双边市场模型和网络效应为商业理念基础的典型应用就是平台经济的横空出世和快速发展。

很多学者对市场多边性的实证研究发现，在双边或多边市场中，其终端用户之间的交易量不仅取决于平台收取的总体费用，更取决于其收费结构的市场，换言之，平台经济需为其服务制定价格结构而非只是价格水平。因此，商业模式的选择对于各种平台经济运营成功与否是至为关键的，即平台经济中的商业模式通常会将市场中的一方定义为盈利端，而将市场中的另一方认定为亏损端或不盈利端，且终端用户无法通过使用某种平台而对其他终端用户的外部福利性内部化，这样会造成以下现象：第一，不同类型商业模式的平台经济存在对市场双方认定的倒置现象，如在支付系统中，信用卡等银行卡产品将商户视为盈利端，而将持卡人作为亏损端或补贴端，而部分在线支付产品，将持卡人作为盈利端，而将商户作为亏损端；第二，同种商业模式下的平台经济存在对市场双方（尤其是亏损端或受补贴方）的竞争关系，即终端用户存在"多栖"效应（muliti-homing effects，也称之为"平台对转换渠道的设计"），如很多商户接受多种支付方式及其支付平台服务。在商业现实中，一家商户往往会接受银行卡支付，包括 Visa 支付，也包括银联支付，同时也会接受第三方支付，包括微信支付和支付宝支付，一些消费者往往也都同时拥有上述的支付方式，这样，一个支付平台的竞争性价格依赖于另一方参与者是否存在"多栖"现象以及这种"多栖"现象的表现程度有多大。举例来说，若银联降低由商家支付的手续费，那么只要大部分 Visa 持卡人同时持有银联卡，则商家就会自然倾向于使用银联卡，而拒绝使用收费更高的 Visa 卡。当然从理论上来说，这种特征表现还将与市场交易商品的属性、交易者的价格敏感性、交易场景等各种因素有关，然而在商业实践中，如何由初期的补贴式商业模式过渡至后期的收费式商业模式，确实是很多平台经济的"惊险的一跃"。

而从账户的角度来看，终端用户的"多栖"倾向，使得任何一个用户可以在各个支付体系和支付平台上开设账户，如一个消费者可以拥有多个银行卡清算系统支付账户，如 Visa 结算支付下的发卡行账户，以及银联结算支付体系下的发卡行账户，也同时拥有支付宝账户以及微信支付账户，这种"多栖"倾向会造成以下问题：第一，账户数量呈指数级增长，账户形式也呈现多样化和复杂性。由于"多栖"倾向的存在，终端用户大量开设结算账户，且存在一定的敏感性，各支付平台对"活跃客户"的竞争性将更为激烈，这样账户的使用效率将会大大降低，大量"僵尸"账户的存在既是市场资源和效率的损耗，也将会增加支付系统安全的潜在风险。第二，若账户开立和维护成本升高，则必然存在"租借"账户的动机，如共享账户的现象将会更加普及，这又势必影响到账户实名制的实施和账户关联责任的确认问题。第三，结算体系内，不同发行单位的账户之间交易存在着费用和利润的分摊机制问题，例如电信网络中，终端用户的通话势必关联不同的通信服务商，在卡支付系统中，发卡方和收单方是不同的经营主体，也存在着"交换费"的认定和分摊问题，但在第三方支付系统中，情况就更为特殊，当前的第三方支付机构尚以独立支付体系为主，尚未构建第三方支付机构之间的互联支付，而这就意味着，相比于银行卡支付体系而言，第三方支付机构的平台竞争性和外部网络效应特征更为明显，也表现出更强的垄断性竞争特征。

（二）支付基础设施的角色及在个人账户建设方面的缺陷

关于支付基础设施支付设施的定义，其狭义概念可以理解为是具体的"支付系统"，即为实现资金转账的信息系统。而从广义角度来看，支付基础设施又可以理解为一种支付体系，即一系列关于支付参与者双边或多边账户交易的支付服务主体、支付工具以及支付程序、规则及监管主体。从具体分类来看，按支付性质来划分，支付系统可分为零售支付系统或大额支付系统，其中零售支付系统是应用于大量低额度的账户交易，支付形式包括支票、贷记转账、直接借记以及银行卡支付服务等。而大额支付系统（LVPs）则主要在中央银行直接管理下，对大额、优先级的账户支付指令进行账户交易。按支付对象划分，支付系统又可以分为境内支付系统和跨境支付系统。

为了更好地理解支付基础设施的本质含义，应该首先梳理金融市场基础设施与支付基础设施的关系，梳理二者概念间的层次关系。

关于金融市场基础设施（Financial Market Infrastructure, FMIs），国际清算银行给出的定义是"交易机构间的多边系统，主要进行记录、清算、结算货币交易、证券交易、衍生品交易和其他金融交易的一系列安排"，FMIs主要包括五大核心功能分类，即支付系统，包含重要支付系统（SIPS），中央证券存管（CSDs），证券结算系统（SSSs），中央对手方（CCPs）以及交易数据库（TRs）。在金融市场中，FMIs主要制定参与方共同认可的规则与程序，提供不断创新的载体设施，其设立和发展的目的要么是减少交易成本，提升交易效率，要么就是强化风险管理，增强市场信心，反过来说，一切出于上述二者目的而建立的市场设施、程序和规则都可以理解为金融市场基础设施，金融市场的范围既可以理解为狭义的证券交易市场，也可以理解为广义的金融市场。

从二者的定义可以看出，金融市场基础设施强调为市场交易主体营造的基础性"环境"，这种环境既包括具有"硬件"特征的金融服务设施，也包括具有"软件"特征的程序与规则，如为加强人民币国际化而进行金融市场基础设施的建设就包括完善金融市场相关的法律制度建设、建立可靠而高效的征信及信用评级体系等，而支付基础设施则是金融市场服务设施建设的一部分。

支付基础设施在我们的日常生活中扮演着重要的角色。它们是任何一个国家银行基础设施的重要组成部分，也是经济活动关键的驱动力量。

当前支付基础设施在个人的账户建设问题上存在以下三个方面的问题：第一，现代支付体系将重点集中于持卡人账户的安全性和可靠性，但却较少关注持卡人的日常需求和支付习惯。例如，一些人出于各种原因需要与其亲戚朋友共用银行卡，进行现金支取，由于这种行为会使得持卡人泄露其银行卡以及相关个人身份识别码（PIN），导致持卡人出现各种隐私和安全问题。此外，持卡人还常常会丢失银行卡，而且由于各种原因无法访问他们的账户或者能够尽快使用 ATM。第二，现代支付体系更多关注银行间支付体系建设，尤其在第三方支付体系问世之前，无论是企业还是个人，都要以其在银行系统内开立的银行结算账户作为资金活动的基础，而一方面，银行间支付体系建设更多着力于企业在银行账户的资金往来，个人间的转账需求长期未能得到足够重视；另一方面，在很多发展中国家，银行的金融普惠性程度不足，民众的个体差异状况显著，很多人没有银行账户或无法享受银行服务。研究表明，发展中国家平均只有 46% 的成年男子和 37% 的成年女性声称其拥有银行账户，而到了非洲这一比例还将分别下降至 27% 和 22%。[①] 第三，监管机构过于依赖银行体系对资金动向、信贷规模与投向等各领域的职责履行，很有趣的现象是，虽然金融监管机构对银行机构的监管越来越事无巨细，要求近乎苛刻，但反过来说，也造成了金融监

---

① Abdulrahman Alhothaily, Arwa Alrawais, Tianyi Song Bin Lin and Xiuzhen Cheng, "Quick-Cash: Secure Transfer Payment Systems", *Sensors*, Vol. 17, No. 6, p. 1376.

管机构对银行机构的过度依赖，因为只有银行机构可以不计成本，全面无保留地执行监管机构的任何指令与需求，以至于上到货币政策执行效果，下到各种宏观金融数据统计报送，若脱离银行机构的监管抓手，金融监管机构的政策执行能力将受到相当大的冲击，从这个意义上讲，监管机构本能地倾向于银行系统作为支付系统的基础，反映在账户问题上，就是将个人账户等同于个人在银行开立的结算账户，而无视对于个人身份认证的形式存在很多种类，有些其他个人身份认定的账户形式甚至比银行结算账户更普遍、更高效，如在很多发展中国家，手机的使用者数量远大于持有银行账户的人数，更多人希望能够通过手机而非银行账户进行现金转账和支取。

第四节　支付账户管理的国际经验借鉴

一　成熟市场在银行账户管理方面的经验

（一）银行账户的分类与开立

澳大利亚涉及银行账户管理方面多以"立法"的形式出现，具有较高的法律地位，如《金融交易报告法》《犯罪收益法》《刑事事务相互协助法》等国家有关法律；在账户管理分工方面，具体的账户开立使用则是由商业银行根据法律规范自律管理银行账户，央行为银行账户的重要监管部门，重点监管商业银行账户管理及账户交易报告。而在账户的种类和性质方面，澳大利亚央行并未做出硬性规定，对存款人开立银行账户的数量也不做任何限制，完全由商业银行自我规范，澳大利亚的银行账户大致分为结算户、投资户和存折户三种，结算户是指存款人可以使用票据、借贷记卡等支付信用工具办理各种结算业务；投资户是指存款人可进行定期或理财存款；存折户是指存款人只能到开户银行的柜台办理转账结算和支取现金。在开立个人银行账户时，银行对申请开户人的身份认定实行

"百分检查"制度，存款人提供的身份证明文件越多，其得分也越高，这样可以有效地遏制伪造身份或提供虚假身份证明文件，而如果提供的身份文件未达到合格分数，商业银行也可以开户，但款项只收不付。澳大利亚人很少使用大量的现金，借记卡、信用卡和个人支票非常普及。以西太平洋银行公司为例，Westpac Choice 和 Basic Account 均可通过 ATM 取现，进行转账及网银操作。Deeming Account 只限于 55 岁退休人员，限本行每月 8 次免费取款，社会保障收益划到 Basic Account，每个人只许有一个 Basic Account。Reward Saver 账户一个月不取款方能得到利息，月末最后一天存款不少于 50 美元。Cash Manager 及 Day to day account 都可以连接 Debit Mastercard。虽然澳大利亚央行对账户的管理不作具体限制，但要求商业银行建立存款人开户信息的数据库，至少保留开户信息 7 年，并按规定向交易报告分析中心报告。

英国的银行账户一般有以下几类：(1) 现金卡 (Cash Card)，主要作用是帮助持卡人在银行或 ATM 上存取现金；(2) 支票保证卡 (Cheque Guarantee Card)，在使用支票时出示，以作为支付保证，支票保证卡上会被注明担保的金额，即持卡人每次可以开具支票的最高额度；(3) 借记卡，主要作用是帮助持卡人在商场里刷卡消费，费用通过银行结算系统直接从相应银行账户上扣除；英国银行对以上三种卡会采取合并的形式，将上述的功能统一到一张卡上方便客户的使用；(4) 信用卡，主要用于透支消费；(5) 现金账户 (Current Account)，用于存取日常开支的活期现金账户，账户利息很低或没有利息；(6) 存款账户，用来存款，利息较高可以支付支票，如果需要提取现金需要和银行提前预约。英国银行结算账户管理在开户环节上与国内有很大的不同：(1) 在银行开立账户实行面谈制度。开立账户时，除客户填写申请表，提供自身详细信息外，客户经理还要亲自询问开立账户的目的，资金收支情况等,尤其会着重了解账户内是否有大额现金的划汇和支取,一旦日后监控发现异常资金流动,将视同客户违反开户合同。(2)开户实行审查制度。英国开立账户并不是立即可取,一般需要1—2周时间。

美国的银行账户主要分两种:支票账户和储蓄账户,支票账户一般会对应一张 Debit Card,储蓄账户可以与支票账户做连接,当支票账户发生透支时连接账户可以自动划款。另外,一般银行还会有定期存款账户(Certificates of Deposit),利息相对较高;eBanking(自助服务支票账户)网上流水单、网上及 ATM 存取款无服务费;My Access Checking(个人支票账户)。Advantage with Tiered Interest Checking 有利息,利率与账户额有关,Small Business Checking Bundle 有两个账户 Business Economy Checking account 和 Personal eBanking account。Growth Money Market Savings Account 利率随账户额增加而增大,支票账户可自动向它转账,Regular savings 和支票账户之间可以相互转账。在对存款客户开立银行账户上,各家商业银行还是秉着"充分了解客户"的原则制定了严格的要求。如美联银行要求其存款客户开户时必须填报职业、所服务的公司名称、地址、家庭电话、办公电话、邮政编码等30多项数据和材料,这些要素只要缺一项,在电脑上都通不过,开不了户。与此同时,银行客户在使用银行账户时,当该账户一天的收付发生金额达到或超过1万美元时,商业银行必须在15个日历日内写出该账户的现金转移报告递交给财政部的货币监理官以备检查监督。

综合来看,国外一些国家在账户分类、功能设置等方面不仅更加清晰合理,同时也使用户办理银行卡用途更加明确,使用更为便利。澳大利亚将日常结算账户与储蓄账户分离,英国对储蓄账户与支付账户密码分别设置,美国分支票与储蓄账户,都是较安全的账户管理方式。①

(二) 远程开立账户

在远程开立账户方面，大体来看主要分为两类：第一类以美国为代表，不对开户方式（现场/远程）进行限定，由金融机构根据风险判断自主决定，且未对银行远程开户做出特别规定；第二类以欧盟和日本为代表，在银行远程开户管理方面更为谨慎，通常对远程开户有相应的规范要求。

虽然美国没有针对银行远程开户的强制性制度规范，但早在2001年，美国联邦金融机构检查理事会已经注意到网络技术发展对银行开户方式的可能影响，并出台了《网络银行环境下的身份认证》（简称《身份认证》），并在2005年和2009年对《身份认证》进行了修订。《身份认证》明确实名认证是账户管理过程中的重要环节，金融机构必须采取有效的身份识别方式，满足保障客户信息安全、反洗钱和反恐融资以及防范金融诈骗的需要。但是在网络环境下，对传统纸质授权的依赖性逐步降低，金融机构需要寻找其他可靠的替代方案。美国强调账户的管理要基于账户风险，要求电子环境下的实名认证并不依赖于"开户"，将客户身份认证从账户开立延续至整个账户的运行周期。而对于远程开户身份认证技术，美国监管机构认为采用何种技术由金融机构根据自身特点和所处环境自由选择，并没有任何强制性要求，但同时也在强调，认证技术在不断发展之中，传统认证手段在新的技术环境下，可能变得不再安全可靠（如利用cookie认证信息是否来自于同一电脑的技术已不再被推荐），而随着技术进步，新的认证手段（如指纹识别、人脸识别）逐步完善，有效性不断提升，认证成本不断降低，将会变得更加可靠和适用。

---

① 柴洪峰、郝建明：《网络支付安全的账户管理对策——基于国内外银行个人账户管理的实证分析》，《上海金融》2011年第12期，第70—73页。

欧盟对于银行远程开户的管理始自1991年欧盟出台的《关于防止金融系统被用于反洗钱和恐怖融资目的的指引》（以下简称"指引"）。该指引明确要求各成员国金融机构在非现场实名认证过程中，必须采取适当的措施来保证客户身份认证的准确性。这里所称的适当措施主要是指在线上远程开户的基础上，额外补充线下信息来辅助远程认证，主要有以下三种方式：一是要求非现场开户申请人线上提供（或邮寄）额外的证件或者材料来辅助远程认证；二是利用具备资质的第三方机构的认证信息来辅助远程认证；三是要求非现场开户申请人在首次支付交易时通过已有银行账户转账来完成，以确认客户身份，而这通常是最常用的非现场实名认证方法。

在银行远程开户管理方面，日本银行远程开户的主要特点是通过日本邮局对远程开户进行辅助认证。日本的法律法规规定金融机构在收到客户远程开户申请后，必须给客户邮寄一封挂号信，作为一种身份验证的手段。只有在收到客户回执后，才能完成对客户的身份识别。同时，日本严格的手机实名制，使得银行允许客户通过移动方式上传资料，如通过手机拍摄及上传身份证件照片等。实名认证的手机发送的信息视同客户本人进行的操作。[①]

综上所述：首先，各国在银行远程开户管理原则为"自主认证、自担责任"，相对而言，美国对于银行账户远程开立的态度相对宽松，不对银行账户远程开立设置任何强制性附加要求，而是把决定权交给金融机构。其次，采取多种方式来辅助保证实名制的实施，考虑到技术的成熟度以及单一认证方式的缺陷，多数国家采用多因子交叉认证的方式来规避远程开户的风险。最后，持续跟踪管理是防范账户金融犯罪的保障，各国监管机构普遍的共识是仅仅依

---

① 王雪韬：《银行账户远程开立的国际经验借鉴及启示》，《商业银行》2015年第9期，第31—33页。

靠在账户开立过程中落实实名制并不能有效防范洗钱、恐怖融资和金融欺诈等违法风险。因此，根据用户、账户、交易类型和交易金额等不同情况，建立了分层认证和管理要求。

(三) 账户日常管理

在日常管理环节上，英国的银行账户管理比较有代表性和借鉴性。

第一，重视客户信息的保密工作。英国的银行采用多种方式保护开户人信息，防止客户信息泄露。比如，银行会采取分邮方式分别传递开户账单、银行卡、密码、支票等资料，客户缺少任何一个账户要件都无法进行资金划转等操作。英国金融服务局（FSA）的统计数据显示，2009年英国银行业机构未发生一起因密码泄露的资金盗窃案，说明这项制度有效地防止了密码和银行卡被同时盗用，造成客户资金损失的操作风险。又如银行将同客户签署保密协议和税款代收协议，保证客户资料在账户存续期间的机密安全和按法规代扣各种税款，并承诺泄密的赔偿措施，体现了英国银行对社会征信系统建设的重视。

第二，实行"主、子账户"管理模式，银行账户收费体现出服务原则。在英国，一个主账户下可以存在多个子账户，银行一般不收取管理费用，收取管理费用的账户往往含有特殊服务。具体来说，就是在一个主账户下，开户人可以申请开立多个子账户，如零存整取账户、储蓄账户、往来账户、信用卡账户，等等。这些账户具备各自功能，帮助客户进行理财。如客户账户存在多余资金，银行会测算客户的最低资金保留额，为客户操作零存整取等理财措施，以提高账户的收息率。

第三，账户管理是社会征信积累的重要手段。英国银行很重视开户人信用级别的认定，一旦开户人提供了自己在他行的信用记录，如开户、贷款等情况，并显示信用良好，银行将调高开户人的信用级别，成为银行潜在的优质客户，并录入计算机系统进行跟踪管理。银行将对这部分客户提供一定额度低息或免息的贷款承诺，或在法律准许的范围内给予开户礼包，如赠送地铁交通费等，鼓励客户自觉维系自身良好的信誉。这个信用记录在积累一段时间后又会成为其他银行评估信用记录的重要依据。

第四，账户管理体现灵活性原则。英国银行对账户管理采取了很多措施，一方面便利客户，另一方面推动了经济发展。如对于短期旅游的外国人实行护照账户制度。即经过大使馆签证中心同意，外籍人员可以在赴英前开立账户并汇入款项供其抵英后使用，免去信用审查环节，但该账户只支不收，用完为止。又如英国账户结算除在银行网点可以提现外，一般的杂货店、超市的收银柜台都可以用银行卡提取现金，并允许商家收取一定的佣金。[①]

二 成熟市场在非银支付账户管理方面的经验

（一）美国市场的管理经验

美国联邦立法层面和州立法层面首先针对银行账户和非银行类支付机构账户设置了不同的监管标准。联邦立法层面和州立法层面分别结合其对非银行类支付机构功能的理解，对支付账户进行差异化的监管。比如，美国联邦将非银行类支付机构定义为货币服务商，仅具有支付功能，不具有储蓄功能。而在州立法层面，大部分州将其定义为"非银行金融机构"，主要从事支付结算服务，不能吸储和放贷；少部分州则从其业务的实质出发，认为非银行类支付机构正在从事"非法"的银行业务，需要遵照对"银行"的监管要求进行监管。

目前，美国通过多部联邦法律、州法律从多方面共同监管，

---

① 李云峰、王军：《英国银行账户管理的经验及启示》，《现代金融》2011年第2期，第49—50页。

具体包括《电子货币划拨法》及其实施条例、《无主财产法》、《货币转移法案》、《联邦存款保险法》、《反洗钱法》、《统一货币服务法》、《2009礼品法案》、《2009信用卡责任、问责和信息披露法》、《5502号法案》、《美国爱国者法案》、《多德弗兰克法案》等。总的来看，美国将预付卡发行与虚拟账户发行等均作为"货币服务业务"予以监管。部分开放式预付卡，比如薪资卡、政府卡、医疗卡等，以及有限网络的封闭式预付卡受到一定的监管豁免。

在机构准入方面，美国没有全国性的货币转移业务牌照，从业机构需要向各州申请牌照，并遵守各州的相关法律法规要求，才能在该州从事货币业务。在客户备付金存管方面，各州《货币转移法案》大多要求货币转移机构自身持续持有足额的备付金，全部备付金应以高度安全的方式持有。此外，货币转移机构还需要向财政部交纳一定的保证金。在货币转移机构遇到财务问题时，上述备付金和保证金将优先用于偿还用户债务。在反洗钱方面，美国《统一货币服务法》，首次将预付卡发行机构纳入监管，要求从事货币服务的机构在州监管部门注册，以保证安全经营、抑制洗钱活动、协调跨州业务遇到的立法冲突。《美国爱国者法案》要求金融机构、卡组织在合理与可行范围内，核实开立账户的顾客身份，包括姓名、地址和其他身份信息，保持身份证验证信息，建立反洗钱机制。

（二）欧盟市场的管理经验

欧盟在对银行账户和非银行类支付机构账户进行分类监管的同时，对非银行类支付机构的定位一直在随着对其认识的逐步深入进行动态调整。以PayPal（国际贸易支付工具）为例，2004年，英国向PayPal颁发的是电子货币机构许可；而在2007年，卢森堡却根据其申请向其颁发了银行牌照。2011年4月30日起，欧盟《电子货币机构指令》被废除,网上非银行类支付机构被认定为"信贷机构",按照信贷机构的标准接受严格监管。[1]

欧盟委员会于2007年发布了欧盟支付服务法令PSD,为欧盟支付市场奠定了法律基础,使得欧盟跨境支付与单一成员国内境内支付同样便捷、高效、安全。2016年1月,第二版欧盟支付服务法令PSD2正式生效。PSD2明确了纳入监管范围的各类支付服务和支付服务提供商。其中,非银行机构主要是电子货币机构,其主要特征是可以发行电子货币(预付卡和虚拟账户)。之前,欧盟委员会对电子货币的定义主要以预付卡为主。随着互联网的发展,电子货币逐渐衍生成用于互联网支付的虚拟账户,类似国内的支付宝和微信支付。欧盟委员会于2009年出台电子货币法令,对电子货币机构提出了相应的监管要求。

在机构准入方面,支付服务提供商在欧洲开展业务需要获得银行牌照、电子货币机构牌照或支付机构牌照。其中,获得银行牌照的机构无须申请电子货币牌照,其他从事电子货币发行的机构必须申请电子货币机构牌照。因此,非银行预付卡发行机构和虚拟账户发行机构根据自身业务范围申请不同的电子货币机构牌照。在客户备付金存管方面,客户备付金要与电子货币机构自有资金隔离管理。客户备付金可存放于商业银行或投资低风险资产,但不得用于其他用途。客户备付金不得构成电子货币机构的存款,不得用来发放信贷或抵债。客户备付金在投资期间所获得的利息不得给予电子货币用户。在反洗钱方面,电子货币机构对用户资金的管理需遵循欧洲反洗钱和反恐怖主义的规则。[2]

---

[1] 巴曙松:《支付账户分类监管的政策建议》,《经济》2015年第4期,第9页。
[2] 张璟霖:《欧美预付卡市场发展状况及经验借鉴》,《中国集体经济》2018年第2期,第167—168页。

三 新兴市场支付账户管理的最新实践

(一) 发展中国家对移动支付账户的监管

根据银行审慎监管的要求，如果电子货币是由银行发行的，监管机构就需要对与储值相对应的资金或未支付资金进行监测。如菲律宾的 SMART Money，在其合作银行账面上被记为应付账款，而不是储蓄，这样做便降低了银行的监管成本，同时移动服务商还要受到反洗钱方面的监管。

在非银行主导型模式下，如果电子货币只是在提供商内部进行流通，大多数国家基本上对此不实施监管。但电子货币用于具有银行账户性质的虚拟账户，则受到比较严格的监管。移动运营商为客户开立虚拟账户，客户与移动运营商之间直接建立契约关系，而与银行没有契约关系，在这种情况下，电子货币受到的监管较少。即使监管机构要求供应商将客户预先储值的资金存入银行，也不能完全保护客户资金的安全。一旦发生风险，客户可以向提供商索赔，但不能向银行索赔。

如菲律宾针对 G-Cash 的监管模式。根据菲律宾央行的要求，注册手机银行账户时，用户必须提供身份证、姓名和住址等信息。为了保护存款人利益，监管当局要求 G-Cash 供应商必须按照 1∶1 的比例，在 G-Cash 供应商专用银行账户中保持与手机银行账户相等的资金。同时中央银行对 G-Cash 的风险进行监控，要求对每日和每月的交易额设置上限，如单笔交易额不得超过 1 万比索，日交易额不超过 4 万比索，月交易额不超过 10 万比索。此外，G-Cash 供应商每月还必须向中央银行提交业务报告，代理商必须保留 5 年之内的交易记录。

为了更多地降低人工成本、方便快捷地获得金融服务，发展中国家积极推进无网点银行业务，即银行业务的代理商模式，以此来提高银行服务的覆盖率。如肯尼亚的 M-PESA，由于该虚拟账户在设计时回避了该国法律中所指的银行活动，M-PESA 提供商可以完全根据自己的商业判断选择代理商。M-PESA 客户协议的细则明文规定，M-PESA 的提供商 Safaricom 对代理商提供 M-PESA 服务出现的问题不承担任何责任。M-PESA 这种由非银行机构主导的无网点银行服务，监管方面除了要求把客户储值的资金存入多家银行外，基本上没有什么严格的规定，因此其提供商在选择代理商方面可以采取一些创新做法，这也使得 M-PESA 成为全球接受程度最高的手机支付系统。[①]

（二）印度设立支付银行

印度目前仍有约 40% 的人口得不到正规银行的服务，为了在小微企业和低收入家庭中扩大支付服务和存款产品的普及度，印度储备银行设立了一类特殊的银行，称为支付银行。这是印度银行史上第一次专门为支付服务发放差别许可证。支付银行主要通过手机来为客户服务，这是由于相比于传统银行在每个村庄开设分行来说，使用移动电话开展银行服务和支付服务将大大节约成本，从而有助于为农村地区提供普惠性的金融服务。同时，支付银行将使得原本仅以现金交易的穷人能够逐步习惯电子支付模式，从而提升印度社会的非现金支付程度。

支付银行在很多方面与其他银行一样，但却没有投资杠杆。换句话说，它可以承载大部分银行服务，但不能提供贷款或发放信用卡。它可以接收活期存款（最多 10 万卢比）、提供汇款服务、移动支付、移动转账、自动取款机、借记卡、网上银行和第三方资金转账，此外还可以提供共同基金、保险等简单的个人金融产品。此外，支付银行对于管理政府福利计划至关重要，如直接向受益人账

[①] 徐宝成：《国外手机银行：助推金融普惠》，《金融博览》（财富）2015 年第 7 期，第 54—57 页。

户提供补贴、养老金等。

表 3—8　　　　　　　印度各类支付市场主体比较

	贷款	存款	支付	提供存款利息
商业银行	是	是	是	是
支付银行	否	是	是	是
预付费支付工具（数字钱包）	否	是	是	否
卡组织	否	否	是	否

资料来源：Panwar V., Negi K., Meenu, "Basic Intraduction of Payment Bank and its Significance in India", *Journal of Research in Commerce & Management*, Vol.6, No.6, 2017, pp.47-53.。

（三）香港建设快速支付系统

2018年9月30日，香港快速支付系统——"转数快"正式启动，该系统是全球第一个提供跨银行、跨电子钱包、全天候运作的即时先进转账平台，也是全球同类平台中，首个兼容两种货币——港元和人民币的平台。

该平台的实施是香港提升其移动支付基础设施建设的主要尝试，将银行卡账户、储值卡账户集于一体处理，相关数据进入统一平台，纳入统一监管，采用统一的金融标准，首次实现储值卡账户与银行账户在同一个支付系统完成，如将八达通、微信、支付宝账户的接入，使用者可以方便进行跨银行和跨储值支付工具的即时资金转账，提升香港移动支付应用水平。同时，又能够有效化解金融支付风险，避免内地市场上近年来一直出现的第三方账户在监管外循环，形成事实上的"第二货币"孕育金融风险的可能。由于该平台将人民币和港币同时接入，实时结算，提升了内地来港人员金融服务特别是支付方面的服务能力，在符合监管风险要求的基础上打破了货币转换壁垒，有助于香港与内地的经济进一步融合和交流。

第五节　国内支付账户管理的演进及现存问题

一　我国建设支付体系及支付监管机制的实践进程

我国支付体系的建设与银行体系的发展密不可分。改革开放前，中国的金融体系从属于财政活动，服从于计划经济。1978年十一届三中全会召开后，中国金融业开始从计划经济体制向市场经济体制转变，如1979年，国家决定在固定资产投资领域，将财政拨款改为银行贷款（也称"拨改贷"），增加银行信用贷款的决策自主性，转变银行原有的"计划执行者"和"财政出纳员"的角色。而在银行体系改革方面，将中央银行与商业性金融机构职能分离开来，构建双层银行体系，即由中央银行负责货币政策调控、金融监管职能，并提供支付清算等金融服务，由商业银行开展信贷业务，向企事业单位或居民提供金融产品和服务。由此可见，在"双层银行体系"下，中国的支付清算体系并未划转至商业银行自主管理范畴，而是长期由中国人民银行直接指导，带有很强的政府属性。

中国的现代支付体系发展经历了四个阶段：第一阶段是计划经济时期。单一的国家银行（中国人民银行）在支付结算中处于主体地位，商业信用受到限制甚至被取消，货币流通依据国家计划进行组织和调节。

第二阶段是改革开放初期，随着中国工商银行、中国农业银行、中国银行及中国建设银行等四家国有专业银行的相继恢复或分立，银行结算由行政管理功能向中介服务功能转变。结算工具的主体限制被逐步取消，并开始向多样化发展。

第三阶段是确立社会主义市场经济时期，1995年颁布的《中国人民银行法》确立了中国人民银行行使中央银行职能的地位，在支付领域组织、协调各金融机构间的资金转移安排，参与支付清算活动，维护支付体系的安全稳定、提高支付效率。

第四阶段是现代化支付体系建立阶段，中国人民银行相继建立大额实时支付系统、小额批量支付系统、支票影像交换系统、电子商业汇票处理系统、网上支付跨行清算系统等，同时，银行业金融机构垄断支付服务的格局被打破，第三方支付系统为补充的支付网络体系。

二 相关金融法治框架下的账户管理职责划分

1995年3月18日第八届全国人民代表大会第三次会议通过的《中国人民银行法》（2003年12月27日修订）第一章第四条规定，"中国人民银行履行下列职责：……（九）维护支付、清算系统的正常运行"，第四章第二十七条规定，"中国人民银行应当组织或者协助组织银行业金融机构相互之间的清算系统，协调银行业金融机构相互之间的清算事项，提供清算服务。具体办法由中国人民银行制定。中国人民银行会同国务院银行业监督管理机构制定支付结算规则"。关于账户管理，第四章第二十六条规定，"中国人民银行可以根据需要，为银行业金融机构开立账户，但不得对银行业金融机构的账户透支"。

从《中国人民银行法》规定可以看出，支付清算系统建设与维护职责属于央行职责，清算系统是由银行业金融机构构成，清算业务也是由银行业金融机构完成，这从法律上明确第三方支付机构开立的网络支付账户不具备开展账户间清算业务，而仅能作为支付渠道的服务提供商开展相关支付业务。账户体系方面，各商业银行在央行开立账户，该账户主要用于银行业金融机构按照规定的比例缴存存款准备金，以及申请向央行办理再贴现业务，但该账户无信用功能，即央行并不会通过该账户提供透支额度。

1995年5月10日第八届全国人民代表大会常务委员会第十三次会议通过的《商业银行法》第四章第四十八条规定，"企业事业单位可以自主选择一家商业银行的营业场所开立一个办理日常转账结算和现金收付的基本账户，不得开立两个以上基本账户。任何单位和个人不得将单位的资金以个人名义开立账户存储"。

从《商业银行法》规定可以看出，该法案强调企事业单位只能开立一个基本账户，不能开设多个基本账户，且单位和个人不得将单位的资金打入个人账户，可见商业银行法更加强调对企事业单位的账户管理，反映了20世纪90年代我国支付体系以单位账户管理为主，对于个人账户的要求不多，而且也间接地将企事业单位账户和个人账户分为两类管理体系，企事业资金不得跨系统。

对支付的监管标准主要基于相关国际标准，国际清算银行（BIS）支付结算体系委员会（CPSS）专门发布了《中央银行对支付体系的监管报告》，明确了对国家重要支付系统有效监管的十项原则以及跨境监管合作原则。除《重要支付系统核心原则》（2001年）外，还包括国际清算银行的《中央对手建议》（2004年），《证券结算系统建议》（2001年）。

近年来，我国支付结算法规制度不断完善，初步形成了以《中国人民银行法》《商业银行法》《票据法》等法律为基础，以《电子签名法》《票据管理实施办法》《现金管理条例》《支付结算办法》《银行卡业务管理办法》《人民币银行结算账户管理办法》等为支撑的支付结算法规制度体系。根据《中国人民银行法》的规定，人民银行作为我国的中央银行，肩负"维护支付、清算系统的正常运行"的重要职责，人民银行成立了支付结算司，具体负责组织支付体系建设以及风险管理等工作；在人民银行省、市

（地）级分支行成立支付结算处和支付结算科，负责组织相关行政区域的支付结算工作和相应的监督管理工作。在支付系统方面，人民银行负责组织银行业金融机构相互之间的清算系统，协调银行机构相互之间的清算事项，提供清算服务。此外，人民银行负责制定支付标准，并会同有关监督管理机构制定支付结算规则。

（一）以法律法规和信息系统建设为依托构建账户实名制体系

作为我国银行账户的主管部门，中国人民银行建立了人民币银行结算账户管理系统和联网核查公民身份信息系统为技术支撑的账户管理体系，先后制定并组织实施三部账户管理办法，明确了以账户实名制为基础，账户分类管理为手段的账户管理制度。

相比于非实名账户，账户实名制对开户申请材料的真实性有了更高的要求，具体包括开户申请人提供的身份证件需合法有效，申请人与身份证件名称相一致，以及开户申请人要有真实的意愿表达，即真实性、合规性和完整性审查。由于账户实名制要求账户名称与申请人的身份证件名称一致，这样账户就将其所对应的申请人（包括法人和自然人）与资金归属绑定在一起，并赋予相应的权利、义务和责任。由于账户的实名绑定属性，使得银行账户具有了很强的客户身份识别功能，这种功能不仅解决了此前记名储蓄制度中出现的账户挂失办理困难、同名存单纠纷等问题，更重要的是，账户实名制能够清晰反映账户资金归属，要求市场参与者以其真实的身份信息参与市场交易，对政府而言，可以更加有效地发现腐败等非法资产，打击违法犯罪活动，对市场而言，账户实名制强化了资金运动的透明性，有助于促进社会信用体系建设，同时也增强了交易数据的身份识别功能，使得交易数据的经济价值大大提高了。

推进账户实名制,主要从法律法规制定以及信息系统建设两个方面入手:一是法律法规方面,早在2000年,国务院出台《个人存款账户实名制规定》,首次在法规层面明确提出了个人存款账户实名制的要求。2003年,人民银行出台《人民币银行结算账户管理办法》以及《储蓄管理条例》,要求单位银行结算账户同样要纳入到实名制管理体系中。2006年10月31日,人大常委会第24次会议通过《反洗钱法》,并于2007年1月1日起施行,这是第一次以国家法律形式确立银行账户实名制。二是信息系统建设方面,2005年6月30日,人民银行开始在全国范围内推行人民币银行结算账户管理系统(以下简称"账户管理系统"),该系统从技术手段强化了基本存款账户唯一性的要求,银行在受理申请人开立结算账户时,应首先审核其基本存款账户的开立情况,同时,通过账户管理系统,可以自动实现同一存款人所有单位账户的归集,杜绝多头开户现象。此外,人民银行还依托公安部人口基础信息数据库,建立了联网核查公民身份信息系统(以下简称"联网核查系统"),进一步提高了个人账户身份信息的真实性核对效率,使得银行机构承担了客户身份识别的法定职责。

(二) 完善单位银行结算账户分类管理体系

1977年10月,人民银行发布《银行账户管理办法》,这是我国第一份以独立法规形式明确银行账户开立和使用的政府管理办法。在该管理办法中,将银行账户分为基本账户、专用账户和辅助账户。1994年11月,人民银行又发布新的《银行账户管理办法》,为进一步加强账户管理,将存款账户分为基本存款户、一般存款户、专用存款户和临时存款户。2003年,人民银行在前两个账户管理办法实施经验的基础上,又出台了《人民币银行结算账户管理办法》,该管理办法在继续保留前述四类账户的分类基础上,突出了对银行账户的秩序化管理:一方面,强化了基本存款账户的唯一性原则,即存款人只能开立一个基本存款账户,开立其他类型账户必须以基本存款账户的开立为前提。另一方面,又放宽了一般和临时存款账户的开立限制,满足包括单位和个人在内的市场交易主体的多样化支付结算需求,适应社会经济发展的需要。

对于单位银行账户管理,人民银行根据《人民币银行结算账户管理办法》的相关规定,将单位银行账户按账户资金的使用目的与用途,分为基本存款账户、一般存款账户、专用存款账户和临时存款账户以及其他特殊人民币结算账户。根据账户分类原则,首先强调了基本存款账户的统御作用,明确基本存款账户是单位开立其他银行结算账户的前提,其他银行结算账户的开立、变更及撤销,均需要凭其基本存款账户方能办理相关手续,同时,基本存款账户开户行还可以依密码提供存款人名下所有的单位结算账户,而其他三类单位银行结算账户则是基本存款账户的有益补充,可以在强化账户管理的原则下,更为灵活地满足单位多种结算需要。

表3—9　　　　　单位银行结算账户分类及使用明细

账户类型	账户用途	行政许可依据	存取要求
基本存款账户	开立、变更及撤销其他三类账户均以基本存款账户为基础	实施核准制度	可办理日常经营活动的资金收付及工资与奖金的支取
一般存款账户	因借款或其他结算需要在基本存款账户开户银行以外的银行开立的结算账户	期限内备案	可办理存款转存、借款归还、资金收付、现金缴存,但无法如同基本存款账户办理现金支取

续表

账户类型	账户用途	行政许可依据	存取要求
专用存款账户	对特定用途资金专项管理和使用开立的结算账户	实施核准制度	由基本存款账户转账存入,不得办理现金收付业务,除特殊账户并办理审查批准外,原则上不得办理现金支取①
临时存款账户	因临时需要并在规定期限内(通常不得超过2年)开立的银行结算账户	实施核准制度	办理临时机构以及存款人临时经营活动所需的资金收付及现金支取②
其他人民币特殊账户	如合格境外投资者在境内因从事证券投资等业务开立的人民币银行结算账户	实施核准制度	按国家相关规定,境外机构开立基本存款账户,办理资金收付及现金支取

(三) 逐步推进个人银行结算账户分类管理模式

与加强单位银行结算账户管理,防范"公转私"等资金违规划转与腐败风险不同,加强对个人银行结算账户的管理初衷主要是防范电信网络诈骗、保护个人银行账户信息安全和资金安全。2015年,人民银行印发《关于改进个人银行账户服务,加强账户管理的通知》,对个人银行结算账户也进行了全面改革,改革的思路总体来说是两大主线:

一是严格实施账户实名制,依靠前文所述的联网核查系统,银

---

① 财政预算外资金、证券交易结算资金、期货交易保证金和信托基金专用存款账户不得支取现金;基本建设资金、更新改造资金、政策性房地产开发资金、金融机构存放同业资金账户应在开户时报人民银行审查批准;粮、棉、油收购资金、社会保障基金、住房基金和党、团、工会经费等账户需支取现金,应按国家现金管理规定办理。

② 注册验资和增资验资的临时存款账户在验资期间只收不付,且不能办理现金支取。

行机构根据人民银行相关规定，严格审核身份证件真伪，识别客户身份，如违规使用他人账户或出借自己的账户供他人使用的，其不良记录将会纳入征信系统，对其个人后续办理银行贷款等各项金融服务产生不利影响，而若被公安机关认定为出租、出借、出售和购买银行账户或个人账户的单位和个人，银行机构也将会停止其5年内账户的非柜面服务，且3年内不得开立新户。同时，人民银行于2011年开展全国范围内，个人人民币银行存款账户相关身份信息真实性的审核工作，于2013年底完成所有个人银行账户的信息核实，进一步规范和完善了个人银行账户的实名制要求。

二是分清主账户和辅助账户功能，实现个人银行结算账户的分类管理。具体来说，就是将个人银行结算账户分为Ⅰ类、Ⅱ类和Ⅲ类。其中，Ⅰ类账户为个人的主要账户，每一个人只能在同一个法人银行设立一个Ⅰ类账户，开户渠道为柜面开户或在银行机构人员现场审核开户人身份情况下，在自助机具上开户，个人的大额资金应存放在Ⅰ类账户，其功能目的主要是保障资金的安全。Ⅱ类和Ⅲ类账户可依据客户需要予以设立，开户渠道在Ⅰ类账户已有渠道的基础上，增加电子渠道开户，但需与Ⅰ类账户绑定验证身份信息并使用，此两类账户主要的功能为进行包括网络支付、移动支付等各项日常支付，满足各种消费场景的支付便利化需求。以Ⅰ类账户为主账户，Ⅱ类和Ⅲ类账户起辅助作用的账户分类管理可以实现保障账户资金的安全性与实现多样快速支付的便捷性统一。

表3—10　　　　　个人银行结算账户分类及使用明细

	账户功能	交易及使用范围	验证方式	使用用途
Ⅰ类账户	包括现金存取、大额转账、消费支付、理财等全功能银行结算	额度不限，使用范围不限	银行柜面或在银行机构人员现场审核开户	个人工资收入存取及个人主要资金管理

续表

	账户功能	交易及使用范围	验证方式	使用用途
Ⅱ类账户	存款、购买理财产品、限制性消费和缴费及资金转出结算	除与绑定账户间及购买理财产品额度不限外，存入现金限额20万元每年，消费、缴费及向非绑定账户转出资金年累计限额20万元	除Ⅰ类账户的开通验证方式外，还可通过网上银行、手机银行等电子渠道开立	日常刷卡消费及网络购物、缴费
Ⅲ类账户	无法存取现金、限制性消费和缴费及资金转出结算	除与绑定账户间及购买理财产品额度不限外，存入现金限额10万元每年，消费、缴费及向非绑定账户转出资金年累计限额10万元	同Ⅱ类账户	金额小、频次高的移动支付缴费等新兴支付方式

（四）落实个人非银支付账户分类管理

对于新兴的个人非银支付账户模式快速发展，人民银行于2015年12月28日发布《非银行支付机构网络支付业务管理办法》，对支付机构网络支付业务进行了系统性规范，并首次确立了非银行支付机构提供账户服务和支付账户的法律地位，开启了我国个人支付账户的监管实施阶段：一是推行支付账户实名制，根据《非银行支付机构网络支付业务管理办法》，非银行支付机构也应和银行机构一样，通过登记客户身份基本信息、留存有效身份证件复印件，并经交叉验证的方式，实现对个人支付账户的客户身份识别；二是将支付账户定位于小额快捷支付，对个人支付账户付款交易设定了最高20万元的年累计限额；三是根据支付机构对客户的了解程度，将个人支付账户同样进行分类管理，不过与个人银行结算账户的实名验证强度及分类管理限制程度正好相反，个人银行结算账户是Ⅰ类账户为基本银行账户，功能最齐全，Ⅱ类与Ⅲ类账户功能递减，而个人支付账户则是Ⅰ类账户支付最为便捷，但相应功能限制最多，Ⅱ类与Ⅲ类账户的实名验证强度递增。原则上，同一个体在支付机构只能开立一个Ⅲ类账户，人民银行多次开展专项账户清理核实工作，要求支付机构对开立的多个Ⅲ类账户予以降级或撤并，贯彻落实账户分类管理及监管措施。

表3—11　　　　　个人非银支付账户分类及功能对比

	Ⅰ类账户	Ⅱ类账户	Ⅲ类账户
验证方式	非面对面方式，只需要一个外部渠道验证	面对面身份验证，或非面对面方式，三个外部渠道验证	面对面身份验证，或非面对面方式，五个外部渠道验证
额度限制	账户累计余额付款限额每年1000元（含向本人账户转账）	账户累计余额付款限额每年10万元（不含向本人账户转账）	账户累计余额付款限额每年20万元（不含向本人账户转账）
功能定位	小额消费与转账	网络购物、消费	购物、消费及理财

根据人民银行《支付机构客户备付金存管办法》规定，支付机构必须在银行开立备付金专用账户（实体账户），以完成客户交易资金的结算。备付金账户包括存管账户、收付账户和汇缴账户三类。同时支付平台也需要为各存管银行和合作银行建立对账专用账户（虚拟账户），以满足支付机构与存管银行之间资金往来对账的需要。

三　目前我国零售支付账户体系存在的问题

账户体系是社会资金运动的起点和终点。在传统的支付体系中，账户体系是由银行等金融机构建设和维护的，银行账户所承载的资金，即银行存款，属于商业银行货币。随着网络及移动互联技术的普及应用，非金融类机构得到了强劲发展，非银支付机构为客户开立了非银支付账户，这类账户所承载的货币资金为企业货币。无论是商业银行货币，还是企业货币，只要其发行者采用社会普遍接受、法律认可的同类记账单位和价值尺度，这些货币就可以实现划转和流通。

电子支付工具的内在价值通常与某个或某种支付结算（或存款）账户相关联，由其发行者的信用和账户的实名程度来决定，信用等级越高、实名程度越强，则风险等级越低。虽然第三方支付机构开立的企业货币账户在信用等级上不及银行开立的结算账户，但是通过账户间的关联绑定，使得银行特许权价值，即吸收存款并开立账户的特权，向非金融支付服务提供商转移。在此背景下，收付款人之间的应收应付信息可以通过票据之外的其他载体进行传递和确认，支付手段和工具的创新使得交易过程中的支付环节和清算环节分离趋势日益明显，金融脱媒不断加剧。在交易过程中，支付环节侧重于满足用户多样化的支付需求，更加关注用户对支付工具的体验；而清算环节则侧重于银行等货币流通机构之间资金转移的制度和技术安排，银行的角色被迫退化为后台服务，在风险可控的前提下，更加关注资金流转效率。市场经济活动的发展，从现金、票据、银行卡再到电子支付工具，支付工具的演变体现出支付的发展，尤其是不断适应支付场景的多样性与交易主体的便利化需求。

从我国来看，由于支付前段的金融中介服务功能逐渐转向集中于非银支付机构，而银行机构在交易活动的作用逐渐转向后台的资金结算，不同功能导向使得支付发展趋向更加追求多样化和便利性属性，这体现在以下几个方面：第一，支付平台与交易平台相结合，从而催生出"场景+"的支付多样化模式。由于突出支付机构的金融中介作用，支付功能不断前端化，呈现支付与交易场景的紧密结合。第二，将支付平台与虚拟账户开立相结合，交易主体和非银支付机构均在银行开立结算账户，同时，交易主体又在第三方交易平台上注册账户，而这两个账户的性质完全不同，一个是实体账户，一个是虚拟账户，通过绑卡的方式，将虚拟账户和实体账户建立关联，从而实现资金的自由划转。第三，从借记方式转向贷记方式，原有借记方式，如票据支付模式下信息流的确认分为支付请求和支付确认两个步骤，而在互联网和移动支付时代，借记方式被转换至贷记方式，即付款方主动申请资金划转至收款方账户之中，减少了支付确认的方式，从而提升了支付效率，节约了支付成本。

在人民银行建设的多层次支付服务组织体系中，主要发挥非银支付机构在零售支付市场的补充作用，实施支付机构市场准入工作，将其纳入统一的支付体系监管中。如2009年4月，人民银行发布公告，对从事支付清算业务的非金融机构进行登记；2010年6月，人民银行出台《非金融机构支付服务管理办法》，正式将从事网络支付、多用途预付卡的发行与受理、银行卡收单等支付服务的机构纳入监管框架；2011年5月，首批27家公司获得人民银行颁发的《支付业务许可证》，成为首批支付机构。自2015年起，人民银行又进一步完善退出机制，增加市场退出压力，推动支付机构合规经营。

实际上不只中国，第三方支付对于包括中国在内的各国零售支付体系而言，都像是一把"双刃剑"，在促进创新提升效率之外，也不可避免地带来了不同的风险和问题。从支付机构自身来说，一是违规经营多；二是风控水平低；三是盈利能力差。同时，从整个市场环境看，支付市场秩序也有待整顿：一是持牌机构无序竞争依然普遍；二是无证经营状况仍大量存在；三是诈骗活动仍呈上升趋势。① 这些现象反映出个人支付方式部分脱离于原有的银行结算体系，无论是理论认知，还是实践改进，仍有很多需要完善和厘清的问题。

一是与银行账户相比，非银支付账户受到的监管相对较弱。由于非银支付账户是在第三方机构设立的虚拟账户，相比于银行结算账户，这种虚拟账户，在客户身份识别机制方面尚不完善，为欺诈、套现、洗钱等违法犯罪活动提供了可乘之机。同时，非银支付机构将借记方式转化为贷记方式，虽然贷记方式提升了支付效率，但其缺少了支付方对付款信息的审核确认环节，进一步增加了客户资金的支付安全风险。此外，相比较银行机构，非银支付机构在风险管理、客户资产安全及信息安全的保障机制方面尚有缺陷，客户权益难以实现全面保障。

二是非银支付账户日益演变为实质性的综合金融服务账户。非银支付账户为强化客户使用黏性，逐渐发展为客户银行资产、证券资产、保险资产等各种金融投资产品的集合平台，跨市场业务的集合也加大了对非银支付账户的资金流动性管理难度以及防范跨市场交易风险的难度。可以说，不少支付机构通过跨界的经营模式，通过与金融机构合作的形式，在本质上已经将支付账户打造为综合金融服务账户，这种运营金融流量入口的平台企业，如何界定其责任范围，如何能够保障个人用户信息安全，防止金融诈骗利用这种"通道"便利犯罪，综合金融服务账户的相关规范仍需不断完善。

三是围绕两类账户所形成的支付体系间缺乏互操作性。尽管非银支付账户逐渐发展壮大，但银行并不希望丢掉零售支付市场，同样发力新型支付领域，这种竞争虽然有助于效率的提升以及创新的涌现，但某种程度上也造成零售支付体系割裂，支付机构与银行各

---

① 杨涛、李鑫：《当前支付清算市场的创新与发展》，《银行家》2018年第6期，第53—55页。

自支付体系之间较弱的互操作性必然会影响到整个零售支付体系的效率。此外，与银行之间以四方模式构成的零售支付体系不同，由互联网企业打造的三方模式支付体系具有表面开放、实质封闭的特点，这也造成围绕不同支付机构所形成的不同支付生态圈之间同样存在较差的互操作性。

四是对货币量的统计造成影响，或者更准确地说对于货币的概念范畴本身造成影响。尽管这个问题在美国可能早已不再是很严重的问题，因为其并不以货币量作为货币调控的中介变量，但对于我国来说意义还是十分重大，因为其客观上弱化了我国中央银行—商业银行的结构与功能。非银行支付体系一旦形成"独立王国"，必然会降低人们对银行支付体系的使用，弱化中央银行通过监督管理银行支付清算设施实现法定货币供应量调节乃至货币政策目标的能力。

总的来看，非银支付账户逐渐与银行账户相脱离，并成为与之功能相似的独立账户体系，这尽管对当下零售支付的效率的提升有益，但其潜在的风险和问题同样不容忽视。尤其是作为近些年我国金融界最热的领域之一，各方主体对于支付市场的参与热情空前高涨，并造成非银支付账户期望不断高涨，但实质上，很多非银账户的商业应用并非是改进其主要的支付功能，而是更多关注支付账户的非支付功能，这种迹象将使得支付市场格局变得越发复杂，相应的问题及隐患也可能进一步加大。

第六节 关于进一步完善个人支付账户监管的政策建议

一 基本原则：破除银行结算账户与非银支付账户的界限划分

支付科技以及非银支付机构的快速发展使得非银支付账户逐渐

与银行账户相脱离，并分割为非银支付账户体系与银行结算账户体系，同时二者功能日益趋同。在我国现有监管框架下，支付账户体系的分割会造成如下一些问题：与银行账户相比非银支付账户受到的监管相对较弱；非银支付账户日益演变为实质性的综合金融服务账户；围绕两类账户所形成的支付体系间缺乏互操作性；货币量的统计受到影响。实际上，我们应该意识到，在金融科技的冲击下，支付体系的分野以及支付账户体系的分割是一个全球性的趋势，只是由于种种原因，我国在这方面表现得相对更加明显。支付和市场基础设施委员会（CPMI）曾于2016年发布了支付领域的金融普惠报告，其中提出了增强交易账户（支付账户）可获得性和使用性的七点原则；尤其是第四点更是直接指向了非银支付服务提供者（PSPs）所管理的账户，指出这些账户应能够通过电子方式低成本开展支付业务，并能够安全地储存价值。① 这意味着我们应该在正确认识非银支付账户存在的客观必然性的基础上，从账户入手完善监管规则，以此来解决由支付科技和非银支付机构带来的监管挑战。

事实上，无论是银行结算账户，还是个人非银支付账户，都可以执行市场交易的支付和结算功能，但在市场实践中，以个人非银支付账户为基础的支付模式其便捷性和场景化胜出传统的银行结算账户为基础的支付模式，如近场移动支付，就是指通过安全的近距离通信技术，包括NFC、红外线或蓝牙等实现移动终端在近距离内实现信息交换，技术的发展对于银行结算账户，特别是个人非银支付账户都是平等的，但之所以呈现"此消彼长"的原因是银行结算账户依据的载体是银行卡，是传统POS交易读取卡内信息，而近场支付依据的载体是手机，是通过NFC技术读取手机中的磁道信息。

---

① CPMI, Payment Aspects of Financial Inclusion, 2016, https://www.bis.org/.

因此，近场移动支付实质上就是通过手机来完成交易信息的交换，替换以前银行卡的交换信息功能，即变"刷卡"为"刷手机钱包"，而就在这个过程中，变相地将银行结算账户的交易功能，转换为个人非银支付账户的交易功能。

从这个替代过程来看，并不是银行结算账户不适应当前个人零售支付的多样化和便捷性需求，而是银行结算账户所关联的支付工具相对落后于个人支付账户所关联的支付工具。从这个意义上来说，可以有两点启示：第一，若银行结算账户所关联的支付工具载体适应新技术的发展以及支付主体的需求，银行结算账户同样可以起到个人零售支付的主要功能；第二，应跳出银行结算账户和个人非银支付账户的概念局限，应从更大的视角来构建整个快捷支付体系，统筹管理对银行结算账户和个人支付账户的支付结算功能，统一对银行及非银行支付机构的监管规范。

二 对于个人银行结算账户

第一，人民币银行结算账户管理系统自2005年6月30日正式启用，但是银行结算账户系统还不能与工商、税务、社保等部门实现网络资源共享。而在国外或是有统一的银行账户管理系统，或各家商业银行本身对所开立银行账户有完整的记录和管理系统，构成比较完整的全社会银行账户管理系统。

第二，随着我国经济的发展，现有的银行账户分类方法及管理手段已落后，应借鉴国际通行做法并考虑我国实际对银行账户重新分类、简化分类，建立银行账户大分类，适当增加商业银行账户操作的自主权，同时统一单位和个人银行账户分类，扩展个人活期储蓄账户功能。

第三，赋予商业银行选择客户开立账户的自主权利，同时要求商业银行尽快建立账户风险等级制度，让商业银行依据风险等级，对不同等级存款人提供不同账户服务的权利，高风险客户收费更高，限制相关银行服务，低风险客户收费更低，同时，鼓励商业银行建立统一的账户数据库，使同一个存款人在不同银行开立的银行结算账户都能相互关联，使一切支付结算业务可以在任何网点办理，提高账户资源利用效率。

第四，在账户管理的法律基础方面，我国习惯用专门的业务管理办法规范银行账户的开立及使用，但我国目前银行账户管理的主要法律依据是 2003 年 9 月实施的《人民币银行结算账户管理办法》，但其立法层次不高，依据"下法服从上法"的原则，商业银行在银行结算账户管理方面遇到很多困难。借鉴国外银行账户管理方面做法，尽快修订相关法律或制定新的法律，提高银行账户管理的立法层次，从立法上理顺账户管理制度，将外币存款账户、个人储蓄账户、邮政汇兑账户，乃至信用卡、支票以及证券保证金账户纳入统一的个人银行结算账户。

第五，账户管理应以防范金融风险为出发点，人民币银行结算账户管理上要着重防范非实名账户、违规使用账户、利用账户洗钱等各种非法活动，确保账户开立、使用、变更和撤销各个环节的风险降到最低。

三 对于个人非银支付账户

第一，对于银行结算账户和非银支付账户应统一监管要求，避免出现监管套利以及不公平竞争。鉴于支付结算的重要地位，应提高支付结算法规制度的法律层级，并以此为契机进一步明确"结算""清算""支付""账户""实名制"等基础性概念，统一对于银行结算账户和非银支付账户的监管要求和监管强度，促使法律法规与支付行业的发展相适应，避免出现银行与支付机构合作进行监管套利，也避免因监管成本差异而造成二者在支付业务上存在不公平竞争现象。一方面，对于银行账户来说，应进一步完善个人账户分类管理，可考虑首先明确区分支付类账户和储蓄类账户，并在监管标准方面设置差异，并要求银行在支付类账户和储蓄类账户之间做出有效的风险隔离，在此基础上再进一步视支付或储蓄类账户功能进行分类。其中，除目前的开户、使用等方面外，甚至可考虑在存款准备金缴纳等方面设置更深层次的账户区分。另一方面，应参照银行支付账户的监管标准来设置对非银行支付账户的监管标准，做到二者监管标准的统一。这意味着需进一步完善针对非银支付机构的客户身份识别制度、可疑交易报告制度等有关账户实名制及反洗钱等方面的监管要求，并完善金融消费者权益保护机制，明确风险责任的分担、信息披露等内容，建立消费者信息保护制度。

第二，对于涉及其他金融业务的非银支付账户，应按照实质重于形式的原则，加强功能监管和行为监管。应推动监管模式由机构监管向功能监管、行为监管转变，尤其是对已经实质上涉及其他金融业务的非银支付账户，应按照实质重于形式的原则，进行穿透式监管，要求相应账户管理机构申领相应的金融业务资质，按照实际功能进行区分并接受与其业务实质相匹配的准入监管和日常管理。或者鉴于金融混业可能带来跨市场交易风险的不确定性，可将相应账户界定为综合金融服务账户，并设置更高的监管要求。总之，与第一点中着重谈论的支付业务一样，涉及其他金融服务的非银支付账户，也应与相应牌照金融机构账户的监管标准保持一致，从而避免监管套利或不公平竞争。同时，针对非银支付账户混业经营以及跨界经营的情况，不仅相应金融业务监管部门需形成监管合力，还要加强金融监管部门与公安、工商、网络信息安全等有关部门的交流合作，建立联合排查整治机制，实现信息共享。此外，加强金融消费者教育不仅有助于保护消费者权益，也是防范化解风险的重要手段之一，调动社会公众的广泛监督力量，强化公众的参与意识和监督意识，形成社会监督机制。

　　第三，加强非银支付账户与银行结算账户之间横向的互联互通，强化系统间互操作性，构建国家快速支付体系。事实上，无论是银行结算账户，还是非银支付账户，都可以执行市场交易的支付功能，并且在市场实践中，以非银支付账户为基础的支付模式在便捷性和场景化方面甚至胜出传统的银行账户为基础的支付模式。因此，在破除二者界限划分、承认二者平等地位的基础上，应打通非银支付账户与银行支付账户之间的横向联系，而不仅仅是以通道形式形成纵向联系，并在此基础上强化非银支付系统与银行支付系统之间的互操作性，从而提升整个支付系统的业务处理与风险防控的能力。可借鉴香港快速支付系统的经验，从更大的视角来构建整个快捷支付体系，统筹管理银行支付账户和非银支付账户的支付功能。这不仅有利于助推新兴支付业务的突破性发展，同时相关数据进入统一平台，纳入统一监管，采用统一的金融标准，能有效化解金融支付风险，避免内地市场上近年来一直出现的第三方账户在监管外循环、形成事实上的"第二货币"并孕育金融风险的可能。同时信息数据的统一也便于顺势调整货币统计口径，从而避免非银支付账户发展造成货币量指标对于货币调控指导意义的下降。